森川ワールド：プラス3

情報革新と社会革新

森 川 信 男

学 文 社

はしがき

　最近の新聞紙上，たとえば今週の日経紙面見出しには，「農業経営，雇用力向上が鍵：食品産業と連携密に」「県境越え地銀連携加速」「旧六国立大，連携さらに」「道州制で野党と連携探る」「中南米の連携拡大意欲」「米韓と連携して対応」などといった形で，「連携」なるキーワードが技術・企業・産業・政治・行政などの，あらゆる領域において多用されてきている観がある。こうした様相から垣間見るまでもなく，確かに現代は「連携の時代」であり，かってないほどに「連携指向社会」となってきているが，こうした現代社会の著しい特徴には，以下の如き三つの今日的な時代背景が挙げられる。

　第一は，ＩＴ化・ＩＣＴ化の進展である。元来個体相互間の結合・連結は，きわめて制約されたある一定の時間・空間・対象において初めて可能であった。しかし，ＩＣＴ化の本質的意義は，時間・空間・対象を超越して複数の個体を結合・連結することにある。換言すれば，ＩＣＴ化の進展によって，組織・社会における人・物・金・情報の経営資源は，「いつでも・どこでも，なんでも・だれでも」，ほとんど時間的・空間的な制約を受けることなしに，迅速かつ自由自在に結合・連結することが可能になるのである。

　第二は，連携思想の展開についてである。連携とは，一言で言えば個人・組織・社会といった「個体が自立的かつ自主的に集合・結合していくこと」である。自由主義や民主主義の発展による成熟社会化や企業競争激化によって，個体相互間の関係は一般に従属的・支配的・服従的な関係よりも，自立的・対等的・協調的な関係が強まる傾向がみられる。

　第三は，連携技術の進化についてである。個体相互間の結合・連結に不可欠なコミュニケーションとコミュニケーションツールについてみると，とりわけ21世紀には，たとえばインターネット化，ケータイ化，モバイル化，クラウド化，ユビキタス化，またメール，ホームページ，ブログ，ツイッター，フェイスブックといったハード・ソフトの両面における著しい展開によって，クロー

ズドで固定かつ一方向的な関係よりも，オープンで柔軟かつ双方向的な関係が強まる傾向がみられる。

　本書は，森川ワールドと冠した8冊目の刊行になるが，ここで筆者の研究経緯について若干触れておきたい。大学入学の春「哲学」の講義において，「宇宙万物すべての事物は体系（システム）を成している」「学問に志す者は常に体系（システム）を求めて止まない」との力強い声が大教室に響き渡っていた。これは，半世紀近くを経過してもなお感慨深い授業風景であった。それ以来，この言葉は，折に触れて筆者の脳裡に深く刻まれて今日に至っている。

　筆者の学問研究におけるささやかな歩みを振り返ってみると，ここが「私の研究」の原点であった。博士課程で初投稿した院生紀要は，「システム概念の本質理解のためのアプローチ(1)(2)」であった。後記に一般システム理論，社会システム理論，経営システム理論の三層構造からなる研究計画を提示し，経営学研究とのかかわりを明示した。助手就任直後，初めて投稿した学内研究紀要は「一般システム理論の形成過程と構築方法(1)(2)(3)(4)」であった。正に文字通り「最初に言葉があった（ヨハネによる福音書第1章第1節）」といった情況にあり，初めに「システム」，さらに「情報」「ネットワーク」なる概念に魅せられた半世紀であった。

　2004年の秋深まる頃になって初めて，研究者となって以来いつも脳裡を離れることがなかった，「大学は自から研究したことを教授する場である」との院生時代の言葉を想い起こして，遅ればせながら，長年唯一の研究テーマとして取り組んできた，情報化に関するそれまでの研究成果をせめて一，二冊の研究書にまとめておきたいとの想いに駆られて，30年振りに先の院生紀要に投稿した当時の研究計画を実現する機会に恵まれた。幸いにも筆が進み，文字通り正に恥も外聞もなく，「清水の舞台」から飛び降りたつもりで，8冊のシステム研究・情報化研究の体系（システム）を著した。

　2005年春から，「森川ワールド：情報ネットワーク化時代」というシリーズ名を冠して，「システム」「情報」「ネットワーク」なる視点から組織・社会における情報化の進展についての「体系的な研究」，といった高邁な理想を掲げ

て取り組んできた微力な研究成果も,「システムと情報」「コンピュータとコミュニケーション」「経営システムと経営情報」「オフィスとテレワーク」「社会システムと社会情報」と5巻を数え,残すところは「ネットとメディア」の1巻のみとなっている。

さらに2011年春から,「森川ワールドプラス」として「情報革新と経営革新」「情報革新と組織革新」「情報革新と社会革新」を刊行した意図は,教育用教材として有効な活用を図るための,次のような事情によるところが大きい。第一は,上梓した5巻はすべて300頁を遙かに超える分量となり,もっとスリム化・コンパクト化を図る必要があること。第二は,よりいっそう理解を深める工夫として,もっと大幅なビジュアル化・チャート化を図る必要があること。第三は,IT化・ICT化は日進月歩の発展を遂げてきているので,適宜捕捉しリニューアル化を図る必要があること。

ともあれ,本書は「情報革新と社会革新」について,21世紀のICT化による情報革新の社会的意義は,個人・組織・社会を問わず個体相互間,また実際と仮想(リアルとバーチャル),物流と情流,商流と資流といった機能相互間の「つながり(連携)」における態様変化にあると捉えて,新たに筆を起こしたものである。森川ワールドプラス1,プラス2と同様に,教育・教材として広く有効に活用することができれば幸いである。

最後になりましたが,田中千津子学文社社長を初め編集スタッフの皆様方に心から感謝を申し上げます。本書の刊行は,筆者と出版社との良き「連携」によって初めて実現したものであるが,多くの足りないところはすべて筆者の責任であるとの思いを新たにしている。

2013年季春

森川　信男

目　　次

はしがき

第1章　情報化と情報化社会 ……………………………………………1

第1節　情報化の本質と意義 ……………………………………1
1．「情報化」の言語的意味 ………………………………1
2．「情報化」と社会革新 …………………………………5
第2節　情報化社会の本質 ………………………………………8
1．現代社会における「革新」 ……………………………8
2．情報化政策の段階 ………………………………………10
第3節　情報化社会の到来 ………………………………………13
1．情報化の進展 ……………………………………………13
2．社会の発展段階 …………………………………………16

第2章　情報化のパラドックス ………………………………………19

第1節　コンピュータの発展と終焉 ……………………………19
1．コンピュータの発展 ……………………………………19
2．コンピュータの普及 ……………………………………20
第2節　コンピュータを巡る環境変化 …………………………23
1．コンピュータを巡る競争激化 …………………………23
2．ＩＴ大競争時代の到来 …………………………………27
第3節　コミュニケーションの環境変化 ………………………31
1．コミュニケーションの増大 ……………………………31

2．コミュニケーションの崩壊……………………………………33
　第4節　「情報」を巡る日本的神話………………………………………36
　　1．「日本的神話」の崩壊…………………………………………36
　　2．「情報タダ現象」の現出………………………………………38
　　3．知識的存在としての人間………………………………………40

第3章　社会の基本的特性……………………………………………45
　第1節　用法上からみた「社会」…………………………………………45
　　1．辞書用語上からみた「社会」…………………………………45
　　2．日常使用上からみた「社会」…………………………………46
　第2節　集団としての「社会」……………………………………………48
　　1．人為的集団としての「社会」…………………………………49
　　2．全体的集団としての「社会」…………………………………50
　　3．共有的集団としての「社会」…………………………………51
　　4．公共的集団としての「社会」…………………………………52
　　5．関係的集団としての「社会」…………………………………52
　第3節　組織と社会の本質…………………………………………………54
　　1．用語用法からみた組織と社会…………………………………54
　　2．日常生活からみた組織と社会…………………………………55
　　3．資源交換からみた組織と社会…………………………………57

第4章　情報社会の社会形成原理………………………………………61
　第1節　情報化社会の社会思考……………………………………………61
　　1．「情報化社会」の意味と意義…………………………………61
　　2．情報化社会の分析思考…………………………………………62
　　3．組織形成の必要性と必然性……………………………………66

第2節　社会形成の基本原理……………………………………………69
　　1．集合の時空と絆縁…………………………………………………69
　　2．社会形成の集合時空………………………………………………70
　　3．社会形成の集合絆縁………………………………………………73
　第3節　社会形成の基本態様……………………………………………76
　　1．採猟社会の社会形成………………………………………………76
　　2．農業社会の社会形成………………………………………………77
　　3．工業社会の社会形成………………………………………………78
　　4．情報社会の社会形成………………………………………………79
　　5．仮実社会の社会形成………………………………………………80

第5章　経営資源からみた組織連携……………………………………83

　第1節　経営資源からみた経営組織……………………………………83
　　1．経営資源と経営組織………………………………………………83
　　2．基幹プロセスと補助プロセス……………………………………86
　第2節　経営資源からみた経営組織の種別……………………………88
　　1．人流型組織…………………………………………………………89
　　2．物流型組織…………………………………………………………90
　　3．金流型組織…………………………………………………………90
　　4．情流型組織…………………………………………………………91
　第3節　経営資源からみた組織連携……………………………………91
　　1．経営資源からみた組織連携の分類視点…………………………91
　　2．組織連携の発展的傾向……………………………………………93
　第4節　経営資源からみた組織連携の類型……………………………95
　　1．基幹結合型…………………………………………………………96
　　2．補助結合型…………………………………………………………97
　　3．混合基幹結合型……………………………………………………98

4．混合補助結合型……………………………………………………99

第6章　企業連携の本質と類型…………………………………………101

第1節　現代社会組織における「企業連携」……………………………101
　　1．現代社会キーワードとしての「連携」………………………………101
　　2．情報化の進展と「連携」思考の拡大…………………………………102
　　3．現代企業連携の必要性と必然性………………………………………105

第2節　わが国産業社会を取り巻く環境変化……………………………109
　　1．人口動向と産業構造変革………………………………………………109
　　2．少子高齢化と産業社会…………………………………………………112
　　3．少子高齢化と企業経営…………………………………………………115

第3節　わが国企業組織を取り巻く環境変化……………………………117
　　1．ケイレツ化の崩壊………………………………………………………118
　　2．ボーダレス化の進展……………………………………………………119
　　3．ネットワーク化の進展…………………………………………………123

第4節　ネットワークの本質と意義………………………………………125
　　1．「ネットワーク」の本質…………………………………………………125
　　2．「ネットワーク」の認識…………………………………………………127
　　3．情報ネットワークの領域拡大…………………………………………127
　　4．人流ネットと情流ネットの融合………………………………………128
　　5．現代的連携としてのネットワーク……………………………………129

第7章　中小企業の企業連携……………………………………………131

第1節　中小企業と組織連携………………………………………………131
　　1．現代社会現象としての「連携」…………………………………………131
　　2．中小企業組合組織の現代的意義………………………………………133
　　3．中小企業組合組織の組織特性…………………………………………136

4．ＩＴ化の推進と組織連携の強化･･････････････････････138
　第2節　中小企業を取り巻く企業連携････････････････････････140
　　1．中小企業における企業連携の類型････････････････････140
　　2．企業連携としての「中小企業組合」･･････････････････144
　　3．連携組織としての「中小企業団体」･･････････････････146
　第3節　中小企業組合における連携強化･･････････････････････147
　　1．組織と環境間における連携強化･･････････････････････148
　　2．組織事業活動における連携強化･･････････････････････150
　　3．情報事業活動における連携強化･･････････････････････152
　第4節　中小企業組合におけるＩＴ化の推進･･････････････････154
　　1．会員情報の整備・閲覧･･････････････････････････････154
　　2．データベース化の拡充･･････････････････････････････155
　　3．ソーシャルメディアの活用･･････････････････････････156
　　4．ホームページの拡充・展開･･････････････････････････157
　　5．ホームページのリンク連携･･････････････････････････157
　　6．ホームページのコンテンツ拡充･･････････････････････158
　　7．組合員企業のホームページ化支援････････････････････159

第8章　「ホームページ社会」の到来･･････････････････････161

　第1節　「スーパーシステム」としてのホームページ･･････････161
　　1．インターネットからホームページへ･･････････････････161
　　2．情報ネットワーク化の進展･･････････････････････････162
　　3．コミュニケーションの態様変化･･････････････････････164
　第2節　「システム」の源流と本質････････････････････････････166
　　1．「システム概念」の源流･････････････････････････････166
　　2．「システム概念」の本質･････････････････････････････168
　　3．システムの階層的秩序･･････････････････････････････169

4．システムの過程的秩序……………………………………………169
　　5．システムの循環的秩序……………………………………………170
　第3節　「物的スーパーシステム」の原型と本質……………………171
　　1．歴代スーパーシステムの変遷……………………………………171
　　2．原始スーパーシステムとしての「自然と宇宙」………………172
　　3．中世スーパーシステムとしての「寺院と城郭」………………175
　第4節　「知的スーパーシステム」の原型と本質……………………178
　　1．近代スーパーシステムとしての「コンピュータ」……………178
　　2．現代スーパーシステムとしての「ホームページ」……………181
　　3．現代スーパーシステムの特徴……………………………………183

文献資料編
　　1．参考文献……………………………………………………………187
　　2．拙稿論文目録（青山学院大学研究誌関係）……………………197
　　3．拙著著書目録（一部調査研究報告書含む）……………………203
　　4．拙著『森川ワールド（全6巻）』総合目次一覧…………………206
　　5．拙著『森川ワールドプラス（全4巻）』総合目次一覧…………214
　　6．事項索引……………………………………………………………218
　　7．人名・社名索引……………………………………………………227

図表目次一覧表

〈第1章〉
図表1－1　情報化の意味………………………………………………1
図表1－2　情報概念の段階……………………………………………2
図表1－3　情報化概念の段階…………………………………………3
図表1－4　情報化の本質：二つのIT…………………………………3
図表1－5　社会の発展段階……………………………………………5
図表1－6　社会の変革要因……………………………………………9
図表1－7　情報化と情報化政策の段階………………………………11
図表1－8　モノの価格決定法…………………………………………15

〈第2章〉
図表2－1　アップル社の製品戦略……………………………………24
図表2－2　コンピュータの発展段階…………………………………30
図表2－3　近代日本的神話……………………………………………36
図表2－4　知識的存在としての人間…………………………………42

〈第3章〉
図表3－1　日常使用上からみた「社会」……………………………47
図表3－2　集団としての「社会」……………………………………48
図表3－3　人為的集団としての「社会」……………………………50
図表3－4　全体的集団としての「社会」……………………………50
図表3－5　共有的集団としての「社会」……………………………51
図表3－6　公共的集団としての「社会」……………………………52
図表3－7　関係的集団としての「社会」……………………………53
図表3－8　資源交換からみた個人・組織・社会……………………57
図表3－9　資源交換からみた個人・組織・社会とネットワーク（概要）……58
図表3－10　資源交換からみた個人・組織・社会とネットワーク（統合）……58

〈第4章〉
図表4－1　情報化社会の分析思考……………………………………63
図表4－2　組織形成の必要性と必然性………………………………68
図表4－3　社会形成の集合時空………………………………………71
図表4－4　社会形成の集合絆縁………………………………………74
図表4－5　社会形成の態様段階………………………………………76

〈第5章〉

図表5-1	資源の流れからみた組織	84
図表5-2	資源プロセスとしての組織（生産企業組織）	85
図表5-3	資源プロセスからみた組織の外部環境（生産企業組織）	85
図表5-4	経営資源の流れからみた経営組織	87
図表5-5	経営資源の流れからみた経営システム（生産企業組織）	87
図表5-6	組織連携の発展的傾向	93
図表5-7	経営資源の流れからみた組織連携の類型	95
図表5-8	基幹結合型組織連携	96
図表5-9	補助結合型組織連携	97
図表5-10	混合基幹結合型組織連携	98
図表5-11	混合補助結合型組織連携	100

〈第6章〉

図表6-1	連携の基本的意味	103
図表6-2	企業取引の類型（自由度と安定度からみた）	106
図表6-3	企業連携の類型	107
図表6-4	中小企業の定義	121
図表6-5	ネットワークの類似用語	125
図表6-6	現代ネットワークの基本特性	126

〈第7章〉

図表7-1	協同組合と株式会社	135
図表7-2	組合組織の特性	136
図表7-3	団体組織の特性	137
図表7-4	現代的な企業連携	139
図表7-5	企業連携の範囲	142
図表7-6	企業連携の段階	142
図表7-7	中央会―組合―組合員企業の相互関係	145
図表7-8	中小企業団体中央の概要	146
図表7-9	組合の諸事業における情報提供事業の位置	148
図表7-10	ネットによる情報サービスの類型	149

第1章 情報化と情報化社会

Morikawa World Plus 3

第1節 情報化の本質と意義

1．「情報化」の言語的意味

「情報化」の言語的な意味についてみると，いま「○○化（-zation）」というのは，ある種の方向性と運動性を示す言葉であり，「○○」への方向，運動，意図，指向，行動，活動，プロセス，動態，動き，現象，経過，流れを表現しており，基本原理的には終りなき過程である。情報化の意味をこうした視点から捉えると，図表1-1「情報化の意味」に示したように，情報化（Informationalization）とは文字通り「情報（Information）」の方向への果てしなき運動であると理解される。

図表1-1　情報化の意味

```
        情報技術の革新
             ↓
  対象  ═══════════>  情報
             ↑
        情報思考の展開
```

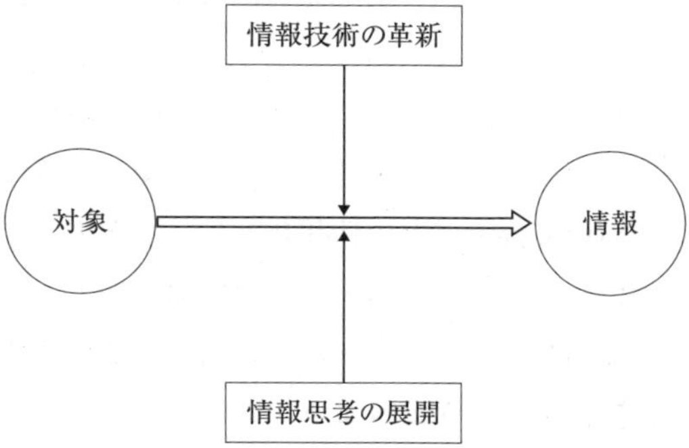

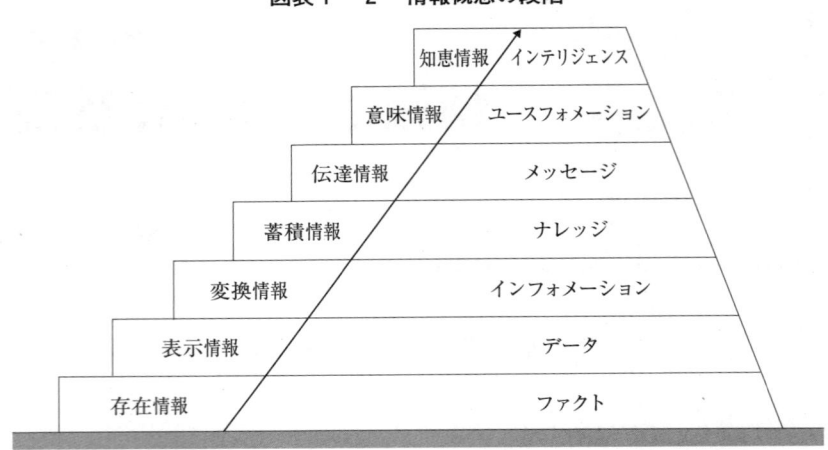

図表1-2　情報概念の段階

　このように捉えると，ここ半世紀間もの長きにわたって，21世紀になると目先を変えて「ＩＴ」なるキーワードが多用されてはいるが，あらゆる企業組織のあらゆる領域・部門・業務において，否先進諸国のみならず発展途上国においても，相も変わらず「情報化」なるキーワードが厚顔無恥にもわが物顔に闊歩し，跋扈している現象も，必ずしも不思議なことではない。

　こうした現象は，情報化なる現象が私達すべての個人・組織・社会に対して，余りにも特異かつ想像を掻き立てる概念であることに起因しているためか，それとも私達人間は未だ情報化以上に創造性に富んだ概念を見出していないためであるかは評価の分かれるところである。

　ここでいま情報の意味を，図表1-2「情報概念の段階」に示したように，存在情報・表示情報・変換情報・蓄積情報・伝達情報・意味情報・知恵情報という七つのレベルにおいて捉えると，情報化とは，図表1-3「情報化概念の段階」に示したように，存在情報の増大・表示情報の増大・変換情報の増大・蓄積情報の増大・伝達情報の増大・意味情報の増大・知恵情報の増大という七つのレベルにおいて捉えることができよう。

　21世紀には，こうした情報の「方向」としては，理念面と技術面，すなわち

「情報思考（Information Thinking：ＩＴ）」と「情報技術（Information Technology：ＩＴ）」という二つの「ＩＴ」において捉えられ，図表1－4「情報化の本質：二つのＩＴ」に示したように，情報化は情報思考の展開と情報技術の革新というように理解される。さらに近年は，情報技術の進展によって，こうし

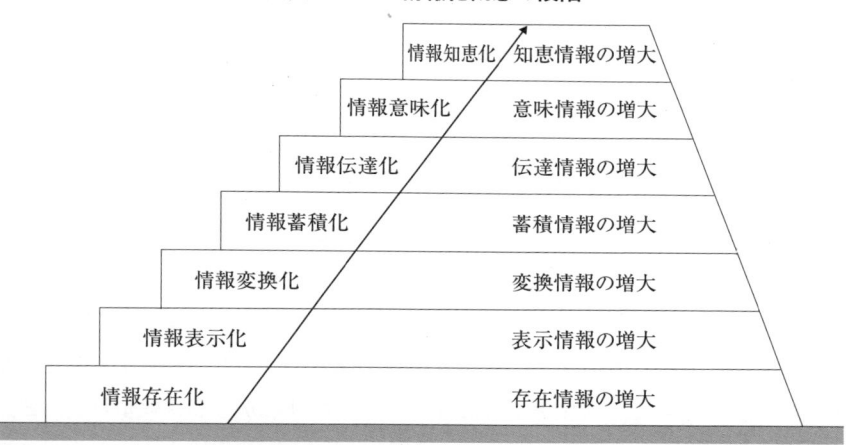

図表1－3　情報化概念の段階

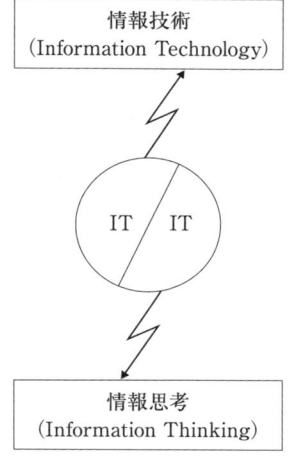

図表1－4　情報化の本質：二つのＩＴ

た二つのＩＴ化から，INT（Information Network Thinking，情報ネットワーク思考）とＩＣＴ（Information Communication Technology，情報コミュニケーション技術）という二つのＩＴ化として発展段階的に捉えられるようになった。

しかし，ここ半世紀間にわたる情報化への関心は，その余りの華々しさに魅了されて，ともすれば情報技術に偏重されてきており，21世紀に入ってのいわゆる「ＩＴ化時代」という呼称においてさえ，依然としてこうした傾向が色濃くみられる。チャンドラー（A.D. Chandler）の「組織は戦略に従う[1]」という周知されている見解に合わせると，「情報技術は情報思考に従う」ということは論を俟たないであろう。したがって，情報化における情報思考の重要性はいかに強調しても強調しすぎることはないのである。

情報化の進展が人間社会の発展にどのような意義や光陰をもたらすのかについては，情報化はさらなる「情報化」を推進することはもちろんのこと，情報化の推進によって国際化や環境化，学際化の推進が容易になることである。この半世紀間における「情報化」なる変革は，コンピュータとそれを取り巻く飛躍的な発展によって，人類史上における狩猟採取社会から農耕牧畜社会，鉱業工業社会，知識情報社会といった四大発展段階の一角に位置するほどの大変革の入り口にあり，良くも悪くも恐らく過去の何百年間かの変化にも匹敵するほどの，著しい変化を個人や組織や社会にもたらすきっかけとなったと言っても過言ではない。

情報技術の革新について特徴的なことは，情報技術はその他の技術とまったく同様に，従来人間によって遂行されてきた，否特殊な作業環境条件のために人間によって遂行することのできなかった作業・業務・活動の有効性と能率を向上させることはもちろんであるが，さらに他の情報処理機械の革新を図り，そうした革新を通して他の物的処理機械やエネルギー変換機械の革新を図ることである。とりわけ，情報機器相互間，情報機器と物的処理機器（エネルギー変換機器）相互間，物的処理機器（エネルギー変換機器）相互間の連携を図ることによって，そうした機器の能率と有効性を飛躍的に向上させることができることである。

図表1－5　社会の発展段階

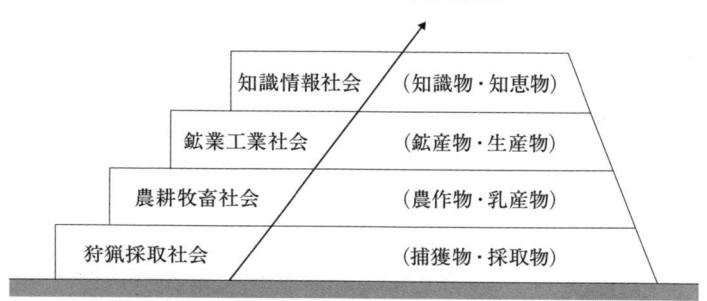

　人類社会をどのように段階づけて理解するかは，社会をいかなる観点から識別するかによって多種多様な捉え方が可能である。上述した狩猟採取社会，農耕牧畜社会，鉱業工業社会，知識情報社会といった区分は，社会をシステム的観点から捉えて，価値の源泉としてどのような産出物をアウトプットしている社会であるかという観点から捉えたものである。

　それぞれの社会における主要な産出物としては，図表1－5「社会の発展段階」に示したように，狩猟採取社会においては捕獲した獲物・魚介類や採取した草花・木の実・果実などであり，農耕牧畜社会においては栽培・育成した農作物や乳産物などであり，鉱業工業社会においては採掘した鉱産物や製造した生産物などであり，知識情報社会においては創出した知識物や知恵物である。

2．「情報化」と社会革新

　日本語特有の妙ではあるが，改めて確認するまでもなく「社会（society）」の逆並び語は「会社」であり，「会社」の逆並び語は「社会」である。すなわち，産業化社会の到来以降私達すべての個人にとって，会社という存在は私達の大半が毎日直接勤務して，日々の糧を得るための収入を獲得するところであるのみならず，逆に食料を初めとする日々の生活物資を直接入手するところでもあるといった関係で，私達のすべてが例外なく密接不可分にかかわっている存在である。

学問的には「経営学」や「マネジメント」といった，「組織」を専門的に研究する学部や大学院が多数設置されてから相当な歳月を経過しているにもかかわらず，日本語の「組織」という言葉は，日常的に見られることは滅多にない。バブル崩壊後のリストラに明け暮れた現在でさえ，「うちの会社」「わが社」という言葉は，会社への忠誠心を示す馴染みの言葉として，また「決められない政治」と政治不信の極にあると言われる現在でも，「わが国」という言葉は愛国心に溢れる一般的な言葉として多用されているが，街中で「うちの組織」「わが組織」などという言葉に出会うことはまったくない。

　このようにわが国では，「組織」なる言葉は一種独特の微妙なニュアンスを有する言葉であるが故に，本来の存在意義を正当に評価されていないきらいがある。しかし，改めて考えてみるまでもなく会社・組織は，私達に大変身近かつ不可欠な存在なのである。それに対して，今日でも依然として「社会」という言葉は日常茶飯事に聞かれる言葉ではあるが，社会自体は，私達が直接的には手に取り目に見ることのできない，「以心伝心」的にしか感じることのできない，あたかも「空気」のような存在なのである。

　世界にはさまざまな「社会」が存在しているが，感覚的にみると，米国は資本主義を標榜する名実ともに資本主義社会であり，中国は社会主義を標榜する資本主義社会に近いとすれば，理論的には当然異論の余地が大きいが，さしずめ日本は資本主義を標榜する社会主義社会に近い国家であると言えよう。しかし，肝心の社会主義を標榜する名実ともに社会主義社会が見当たらないのみならず，そうした社会の存在はいまだこの地球上に存在の影さえ見られないといった状況なのであろうか。

　ともあれ日本社会は，1990年代の平安京への遷都「1200年平安遷都記念事業」や2010年の平城京への遷都「平城遷都1300年祭」に見られる通り，少なくとも千二百年前にほぼ全国的な統一・統治が完成したと言える。また，江戸時代の三百年近くもの長きにわたって，実質的にはほとんど鎖国に近い閉鎖社会として繁栄を維持してきた特異な社会である。

　さらにわが国は，ほぼ「単一民族」であるにもかかわらず，世界でも有数の

一億人を優に超える大人口から構成されている社会であり，特筆すべきことは「世界第二の経済大国」となった時も「経済的な格差」がきわめて少ない「均一社会」である，という歴史的にも類い希な社会である．

元来わが国社会は，「向こう三軒両隣」「遠くの親戚よりも近くの他人」といった古語が端的に示している通り，典型的な「互助社会」「互恵社会」であり，こうした志向をそのままの形で徐々に拡張して，自然に名目的にはともかく実質的には，「社会主義社会」というところに行き着くことになったのであろうか．

このように，わが国は元来社会主義社会的な様相を色濃く有してきた社会であったが，戦後の現代日本は良くも悪くも，たとえば国民皆選挙，国民皆医療，国民皆保険，国民皆年金，さらには国民皆雇用，国民皆教育，国民皆介護，国民皆保護まで掲げて，官民一体となって人類社会未踏の課題に果敢に挑戦してきた．ひとときは見事に達成したかに見えた時期もあったが，将来的には一転して相当に怪しい雲行きとなってきている観がある．

さらに，今般の敗戦に懲りて，これも人類社会未踏の「平和国家」を標榜する余り国民皆軍事，国民皆防衛，国民皆訓練，さらには国民皆奉仕，国民皆競争，国民皆思考を頭から排除し，すべてを「想定外」なる言葉に凝縮することになったと言える．「想定外思考」の横行からみると，わが国は未だ「沈黙は金」，否江戸時代以来の「見ざる聞かざる言わざる（見猿聞か猿言わ猿）」に表象される「三猿の世界」にどっぷりと浸っている感がある．

ともあれわが国は，「失われた二十年」による財政危機に対する火急の対応策として，今後ますます，近年はそうした特性に輪をかける形で，資本主義を標榜する社会主義国として磨きをかけてきている様相であるが，大変身を遂げてきているのか，単に本来の姿形への回帰基線を辿っているのかについては未だ不明朗なところである．

第2節　情報化社会の本質

1．現代社会における「革新」

　私達は，少なくともビジネスともなれば日常的に，たとえば流通革新，オフィス革新，情報革新，技術革新，組織革新，経営革新，社会革新などといった，凜々しさ溢れる「常套句」をいとも簡単に多用してきている．現代社会は，近年における「生物多様性」を取り巻く関心の高まりに見るまでもなく，人間に対してはそれぞれの個性の発現と重視，一人の人間においては自己実現の認識と追求といった形で，歴史上異常とも見えるまでの多様性・新奇性が求められてきている感がある．しかしこうした状況は，裏返して考えてみれば，「生物同質性」の急激な進行や「個性の没落・喪失」現象に見舞われていることへの警鐘や反駁のために，常套句をしばしば意識的にも多用せざるを得ない情況に追い込まれてきているとも捉えられる．

　こうした原因に対する真偽のほどはともかくとして，実際には「日の下に新しきことなし（旧約聖書伝道の書第1章9節）」の言葉通り，現代社会に限らずいつの時代においても，真の革新がそう容易に実現されることは滅多にないであろう．それでもなお，現代に生きる一人の人間としては豊かな自己革新を，あるいは「サラリーマン」から「ビジネスマン」への大変身を，また現代組織は創造的な経営革新を，そして現代社会は共生的な社会革新を，とりわけ情報革新を通して追い求めていかなければならない宿命に置かれてきているのである．

　それはちょうど，コンピュータの発展はコンピュータのさらなる発展を加速するとともに，各種情報機器に組み込まれることによって情報機械の発展を，さらにそうした情報機器が組み込まれることによって物的処理機械やエネルギー変換機械の発展を飛躍的に加速してきたのと同様に，情報革新はさらなる情報革新を追求するとともに，組織革新，経営革新，社会革新を初めとするあらゆる革新を推進する「トリガー（trigger）」ともなりうることを大いに期待

しているからに他ならない。

　人生も長い営みを続けてくるにともなって，好むと好まざるとにかかわらず，「行く河の流れは絶えずして，しかも，もとの水にあらず（鴨長明／方丈記）」との感傷に遭遇することも少なからず多くなってくる。しかし，古今東西この世におけるあらゆるモノ・コトは，唯一つとして自然に生起しているものはなく，例外なく誰か「生身の人間」の具体的な想いが示された結果生じているのである。ましてや，何か大きなモノ・コトを変革していくためには，明確な思考基盤の存在が不可欠である。個人や組織はもちろんのことであるが，個人や組織の何千，何万もの複雑性を有する社会を変革して多様性を確保するためには，尚更のこと明確かつ強固な思考基盤を必要とすることであろう。

　社会はいつの時代も常に変革を遂げてきているとは言え，わが国が戦後文字通り「国破れて山河あり」の混乱期から脱して，いちおうの平常を取り戻して，「もはや戦後ではない（1956年の経済企画庁『経済白書－日本経済の成長と近代化－』）」と高らかにうたわれ，新幹線とオリンピックで華々しく戦後世界デビューを果たし，「花見酒の経済」を謳歌した1960年代からでも，ゆうに半世紀以上の歳月を経過するに至っているが，その間も社会の変化は留まることを知らなかった。

　ともあれ1960年代以降，とりわけわが国社会の変革を牽引してきた根幹的な思考基盤としては，図表1－6「社会の変革要因」に示したように，「たとえ

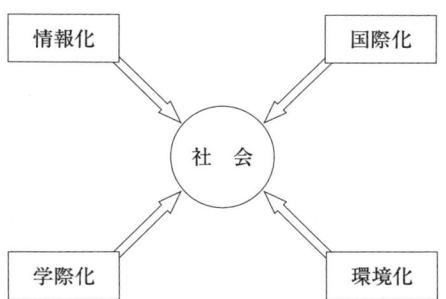

図表1－6　社会の変革要因

ば「情報化」「国際化」「環境化」「学際化」の四つをあげることができる。こうした四つのキーワードは，現代社会変革の指向旗幟として捉えられる。そしていま，人間と他者との関係という観点からみると，それぞれ人間と機械との共生，人間と人間との共生，人間と生物との共生，人間と知識との共生を意味している。換言すれば，それぞれ情報技術との調和，国際社会との調和，自然環境との調和，知識情報との調和を目指したものであると捉えることができる。

　こうした変革は，ここ半世紀間に仕事や生産の場，産業や組織のレベルから，次第に生活や消費の場，家庭や個人のレベルへ，さらには社会や文化のレベルへと確実に，具体的かつ直接的な形で広くかつ深く浸透してきている。また，社会変革の進展方向としては，社会が豊かさを増すにしたがって，個人も組織も社会も多かれ少なかれ，仕事・生産優先から生活・消費優先へ，産業・企業レベルから家庭・個人レベルへ，国家・国民社会から個人・市民社会へと，その重点が移行していくことになる。

2．情報化政策の段階

　わが国では，1960年代以降今日まで半世紀もの長きにわたって，企業も官庁も大学も，大企業も中小企業も商店街も，都会も地方も山村も全国津々浦々において，「日本株式会社」と揶揄されるほどに文字通り官民一体となって，いわゆる「情報化」という高邁な旗印を高らかに掲げて，多種多様な「情報化政策」を強力に推進してきた。

　具体的な情報化政策としては，わが国特有の縦割り構造に基づいて遂行され，必ずしも政府一体となった完全に整合性のとれた形で遂行されてきたか否かは疑問であるが，概してハード分野からソフト分野，コンテンツ分野へ，また企業分野から社会分野，個人分野へとそれぞれ，その時代時代に適合する形で適宜遂行されてきたものと言える。

　わが国における情報化政策は，政府から地方自治体へ，中央から地方へと縦割り行政の特性をそのまま活用して，それぞれの行政担当事業・部署ごとに取り組まれてきた観がある。そして，情報化の語義的意味とかかわる形ではある

が，それでも情報技術の革新段階に符合する形で，政府や地方自治体，企業における情報化政策は，図表1－7「情報化と情報化政策の段階」に示したように，概して以下の如き三つの段階を経てきているものと理解される。

(1) コンピュータ化政策

第一段階は情報化＝コンピュータ化政策であり，1960〜1970年代のＤＰ化時代における旧通商産業省（現経済産業省）主導の産業化政策である。ここでは，コンピュータとその関連機器の生産や販売が増大して，コンピュータの導入・普及が進めば進むほど情報化が進展しているものと捉えて，そうした視点から情報化の推進に邁進してきた。

(2) コミュニケーション化政策

第二段階は情報化＝コミュニケーション化政策であり，1980〜1990年代のＯＡ化時代における旧郵政省（現総務省）主導の社会化政策である。ここでは，電話や郵便，放送，通信等における情報の発信や流通が増大して，コミュニケーションの交流・促進が進展すればするほど情報化が進展しているものと捉えて，そうした視点から情報化の推進に邁進してきた。このように同じ政府部内であっても，政策決定としての情報化の概念は，従来からそれぞれの省庁が所轄する領域や権益が色濃く反映されたものとなってきている。

(3) インフォメーションプロパティ化政策

図表1－7　情報化と情報化政策の段階

	Ⅰ	Ⅱ	Ⅲ
年代	1960〜1970年代	1980〜1990年代	21世紀
時代区分	ＤＰ化時代	ＯＡ化時代	ＩＴ化時代
具体政策	コンピュータ化	コミュニケーション化	インフォメーションプロパティ化
政策方針	産業化	社会化	法制化
主要対象	企業	社会	個人
主導官庁	（旧通商産業省）経済産業省	（旧郵政省）総務省	（旧法務省）法務省

第三段階は情報化＝インフォメーションプロパティ化政策であり，21世紀初頭からのＩＴ化時代における旧法務省（現法務省）主導の法制化政策である。ここでは，知財権や知的財産権，情報権，個人情報保護，情報公開などの整備にともなって，また実際の決定や行動において情報の価値が高まれば高まるほど，有用な情報が増大すればするほど情報化が進展しているものと捉えて，そうした視点から情報化の推進に注力してきている。

　こうした三つの情報化政策は，コンピュータを取り巻く情報技術の発展段階と密接な関係を有している。第一段階の情報化＝コンピュータ化は「情報変換機械としてのコンピュータ」ならびに「情報蓄積機械としてのコンピュータ」の，第二段階の情報化＝コミュニケーション化は「情報伝達機械としてのコンピュータ」の，第三段階の情報化＝インフォメーションプロパティ化は「情報創出機械としてのコンピュータ」の発展と密接に関連しているものと理解される。

　さらに，三つの情報化政策は，コンピュータの個人・組織・社会への適用段階に対応してきた政策であると言える。第一段階は主として組織・産業適用の情報化であり，第二段階は主として社会・地域適用の情報化であり，第三段階は主として個人・家庭適用の情報化である。

　第一段階のコンピュータ化がある程度普及することによって初めて，それを第二段階のコミュニケーション化に活用することが可能になってくるのであり，さらに，あらゆる組織・社会においてこうしたコンピュータ化とコミュニケーション化が相応に進んだ段階になって初めて，その結果としての長短・光陰・明暗が鮮明に浮かび上がることになり，そこで第三段階の情報化＝インフォメーションプロパティ化ということが現実の問題となってくるのである。

　第三段階のインフォメーションプロパティ化，すなわち情報化＝情報価値化という視点は，理念的・概念的には1960年代後半における各省庁による活発な情報化政策議論の当初より，情報化にかかわるあらゆる審議会や研究会における共通認識として共有されてきたものである。

　しかし，こうした視点を実際に具体的に推進していくことが可能となるため

には，第一・第二段階の情報化が相応のレベルに到達しなければ実現不可能なことであった。21世紀のＩＴ化時代を迎える頃には，情報化の推進に日夜没頭した結果，特にインターネットの普及によってそうした情報環境整備が実現してきたことによって，いずれの省庁においてもようやく満を持して，情報化＝情報価値化という旗幟鮮明な旗印を掲げて邁進してきているものと理解される。

　第２章においては，ここ半世紀間における「情報化」を巡って，とりわけ首都東京を中心とする日本列島に連なる大都会において繰り広げられてきた「情報化社会」について，情報化＝コンピュータ化，情報化＝コミュニケーション化といった，情報化政策にかかわる二つの情報化のパラドックスについて再考する。なお，情報化＝インフォメーションプロパティ化の情報化政策については，いま正に「現在進行形」であるために，その評価についてはもう少し推移を見守る必要があろう。

第３節　情報化社会の到来

１．情報化の進展

　「情報化社会とは何か」という命題は，古くて新しい基本的課題である。情報化社会とは何かについては，情報技術の革新・普及と情報思考の認識・展開の時代状況に応じて，「情報化」の認識によって政策的には1960〜1970年代にはコンピュータ化，1980〜1990年代にはコミュニケーション化，21世紀にはインフォメーションプロパティ化を推進する形で対応してきた。しかし，いずれの時代もその根本には，「情報化とは情報の価値が高まることである」，という認識が基本となってきたと言えよう[2]。

　たとえば，「たしかに"情報化"といえば，一般にコンピュータを頭に描くであろう。しかし，"情報化"すなわち"コンピュータ"ではないという点を，まず冒頭に強調しておきたい[3]」という記述に見られる通り，「情報化とはコンピュータ化やコミュニケーション化に非ず」，すなわちコンピュータは情報化のための道具であり，ただ単にコンピュータが増大しても情報化が進展した

とは言えないわけである。そして、コミュニケーションの増大に関しても同様なことが言えよう。

それにもかかわらず、1960年代の情報化当初から20世紀末まで、情報化＝コンピュータ化政策や、情報化＝コミュニケーション化政策が長年にわたって採られてきたのは、次のようなそれ相応の論理的かつ合理的な理由が見られる。それは、「情報化とは情報の価値が高まることである」としても、それを実際に政策のレベルにまで下ろしていくためには、事前に「費用対効果」がある程度予測可能とならなければ実施不可能なことであること、すなわち「費用対効果」という観点からみると、情報化＝情報価値化は予測不可能に近いが、情報化＝コンピュータ化や情報化＝コミュニケーション化は事前にある程度までは明確に予測することができるからである。

さらに、情報化の進展にはたとえ単なる「情報化ツール」であったとしても、コンピュータやコミュニケーションの飛躍的な発展・普及が不可欠であることには疑念の余地はない。また、そうした情報技術の進展も、個人・組織を問わず広く一般社会において容易かつ安価な情報ツールとして実働可能となるためには、21世紀初頭におけるインターネット化の進展・普及まで待つしかなかったのである。したがって、情報化の進展度合いを測定するための「疑似測定尺度」として、コンピュータ化やコミュニケーション化が採用されてきたことは賢明な判断であったと言える。

こうして、ここ半世紀間における情報化の進展にともなって、「情報」は企業・組織活動においては言うまでもなく、私達の日常生活における隅隅にまで流布し普及してきた。しかし、情報の価値は本当に高まったのであろうか。情報化の進展にともなって、その思いとは異なり、情報の価値は徐々に低下してきているのではないであろうか。

もしあらゆるモノ・コトの「価値」を実際に表すモノサシが「価格」であるとすれば、たとえ長くデフレ傾向下にある経済状況であるとしても、バブル崩壊以降における情報化の進展、とりわけ情報技術の革新には、過去の数百年間にも匹敵するほどの情報化が進行してきているという事実に鑑みれば、大いに

疑問の余地がある。たとえば，グローバル化の進展の影響であることとは十分理解されるが，多種多様な情報技術を駆使して，新しい情報を大量に創出しているオフィスワーカーの報酬が一向に上昇しない現実は，論理的には誠に不思議なことである。

　個人の報酬が上昇しないばかりか，リストラや正規社員による職務遂行から各種非正規社員による職務遂行への転換などによって，むしろその総額は大幅に低下してきているというのは歴然たる事実であろう。また，大半の一般的な情報利用者にとっては，特に近年大半の「情報はタダ」同然な様相を呈してきている。

　もし情報化の進展によって，当初の図式通りに情報価値が高まるのであれば，たとえモノの価格は，図表１－８「モノの価格決定法」に示したように，需給均衡法・費用算出法・便益算出法・機会損失法・希少価値法の，さらには情報価値特有の「お布施の原理」にみられる「相互格式法」などの混合的・複合的な仕方によって決定される。しかし，それにしても，オフィスワーカーの産出物のうちの「情報産出物」の割合が低下しているとしても，これだけ情報化の進展した社会における，情報産出者としてのオフィスワーカーの報酬が低下ないしは停滞していることは不思議なことであると言わざるを得ない。

　こうした疑問に対する答えの一つとして，情報は努めて公共財的な性格を帯

図表１－８　モノの価格決定法

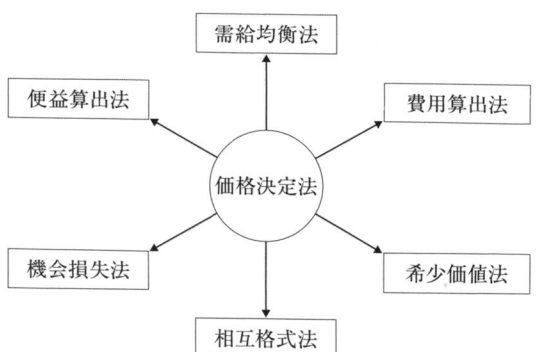

びてきている状況を挙げることができる。すなわち，情報は，生産者・供給者・提供者と使用者・消費者・受給者が異なる「公共財的な性格」を強く帯び，公共財的な特性を強めてきているのであろう。従来の公共財は一般に，すべて必ず政府や地方自治体によって税金から支出し，利用者は通常無料かきわめて安価な負担で使用することができるものである。

現代情報化社会における「情報」を，こうした旧来の公共財と同様なモノとして捉えて良いものであろうか。今日的な流行語でいえば「ソーシャルインフォメーション」といった呼称になるであろう「公共財としての情報財」，すなわち「公共情報財」といった対処は，この情報化時代にふさわしい情報思想なのであろうか。

2．社会の発展段階

20世紀後半から始まった現代社会は，依然として「情報化社会」であるのか，それともすでに「情報社会」に入っているのかについては若干議論の余地があるが，情報化社会はそれまでの社会とどのような関係にあるものとして捉えられるのであろうか。

あらゆるモノ・コトと同様に，たとえどのような「社会」であろうとも決して突然出現したわけではなく，一定の段階を経て生まれるべくして，変貌するべくして現出してきたのである。社会の一般的な変革段階としては，狩猟採取社会，農耕牧畜社会，鉱業工業社会，知識情報社会の四つに区分される。各時代は，それぞれ獲物果実産物，農作乳業産物，鉱業工業産物，知識情報産物といった産出物がアウトプットされる。

1960年代初頭の「情報化社会」の到来は，必ずしも日本国中が歓喜の声を上げて迎え入れたというわけではないが，概して好意的に迎えられた観がある。もちろん，一般的なモノ・コトと同様に，一部には多少の懐疑論・批判論も見られたことは事実であるが，何よりもバブル崩壊以降今日まで引き続いてきているような閉塞感はなく，国民の誰もが将来に対する明るい希望を有しており，未来に疑念を抱く余地が少ない誠に幸せな時代であったためか，そうした声な

き声が露出するような気配はまったくなかった。

　米国ではシステム，システム時代，システム科学，知識，知識産業，知識革命なる「システム・知識」関連用語が多用され，一方日本では情報，情報時代，情報科学，情報産業，情報革命なる「情報」関連用語が好んで多用された。こうしたことから推測すると恐らく，「情報化社会」なる呼称は，わが国で最初に普及をみたことであろう。米国では，当初は脱工業化社会や工業化後の社会，文明化後の社会，知識社会などといった用語がよく見られたが，今日では，情報産業（Information Industry），情報社会（Information Society）という用語はともに日米共通語となってきている。

　ともあれ，わが国では情報化社会なる新しい社会は，サンフランシスコ平和条約締結後十年を経て，ようやく戦後復興を果たした1960年代初頭の工業化真っ最中に，産業化後の新しい未来に対する，漠然とはしていたが，バラ色ともいえる未来志向的な希望に満ちた時代状況を背景として登場した。ちょうど，第二次世界大戦における壊滅的とも言える敗戦の結果，室町時代の荒廃した京都以来の，わが国全土を初めて覆った歴史上最大の広漠たる混乱期を，官民一体となった「護送船団」方式によって何とか無事乗り越えた時期でもあった。

　情報化社会は，大復興に邁進していた1960年代以降，産業・経済・社会・文化のさまざまな局面において右肩上がりのどこまでも未来志向的な，将来の人間社会における夢を担って，「情報」好きとも言えるわが国国民にとっては，その正体はおぼろげではあるが何か新しい希望に満ちた社会として，脱工業化を経過することなく工業化真っ最中の時期に出現してきたと言える。

　それは奇しくも，米国では1961年マッハルプ（Fritz Machlup）によって，米国ではすでに国民総生産に占める知識サービスの生産額や，知識サービスに従事する知識労働者の比率が50％を越えているという「驚くべき」事実が初めて指摘され，「知識産業」なる先見的な概念が提起された時期であった[4]。一方，わが国においては，今日的な使用法とは多少異なってはいるが，1963年生態学者の梅棹忠夫によって提唱された，「お布施の原理」による「情報産業」なる新鮮かつ斬新なアイデアが表出された時期と符合していた[5]。

【注】
1) A.D. Chandler, Jr., *Strategy and Structure,* The MIT Press, 1962.（三菱経済研究所訳『経営戦略と組織』実業之日本社, 1967年, 29頁。）
2) Cf. 通商産業省重工業局情報産業室編, 産業構造審議会情報産業部会答申『情報化へ向かって―われわれの課題―』コンピュータ・エージ社, 1969年。
3) 経済審議会情報研究委員会報告書『日本の情報化社会―そのビジョンと課題―』ダイヤモンド社, 1969年, 5頁。
4) Cf. Fritz Machlup, *The Production and Distribution of Knowledge in the United States*, Princeton University Press, 1962.（高橋達男・木田宏監訳『知識産業』産業能率短期大学出版部, 1969年。）
5) Cf. 梅棹忠夫「情報産業論」『中央公論』第78巻第3号, 第905号, 1963年3月。

第2章 情報化のパラドックス

第1節 コンピュータの発展と終焉

1．コンピュータの発展

　情報化＝コンピュータ化は，個人・組織・社会におけるコンピュータの利用・活用が増大すればするほど情報化が進んだことになる，というように捉えて展開した情報化政策であるが，ここでのパラドックスは，情報化の推進における究極的な結果はコンピュータの終焉に至る，という予期せざる情報化パラドックスである。

　コンピュータは，1946年世界初の電子計算機エニアック（ENIAC：Electronic Numerical Integrator And Calculater）の開発に端を発したが，いまから見ると「計算機大工場」，否重量30 t，大きさ30m平方の「マンモス」のようなコンピュータであった。1951年世界初の商業用電子計算機 UNIVAC-1の発売，1965年世界初のファミリーシリーズ IBM360の開発を経て，その後1970年代には DEC 社（Digital Equipment Corporation）のミニコンピュータ，1978年にはアップル社（Apple）のパソコン APPLE-Ⅱが発売された。

　そして，現代コンピュータ開発から見ると十年間，否1942年のパスカル（Blaise Pascal）による手動計算機の開発に遡ると，実に三百年間も遅れて参入したわが国がようやく世界に追いついた象徴として，1987年には東芝社による世界初のノートパソコン J-3100が発売された。そして，1990年代にはサンマイクロシステムズ社（Sun-Microsystems）のワークステーションが一世を風靡

するとともに，直列（ノイマン型）コンピュータから並列（非ノイマン型）コンピュータの時代に移行した．

　1970年代末以降における日米メーカーによるデスクトップからラップトップ，ブックパソコン，ノートパソコンに至るさまざまなパソコンの開発に牽引され，21世紀には大半の企業組織において完全にコンピュータからパソコンの時代に移行した．さらに，21世紀に至ってもダウンサイジング化の波は衰えることなくミニノートパソコン，ネットブック，ウルトラブックへと発展を続けており，目下の最大の関心事はウルトラブックとタブレットがどのような棲み分けに落ち着くのかということであろう．

　21世紀の第二の節目を迎えた今日，情報化はますます進展してきているが，スマートフォン（Smart Phone，スマホ，高機能携帯電話）やタブレット（Tablet，多機能携帯端末）の急激な普及によって，誠に皮肉なことにまだ確定的になったとまでは言えないが，コンピュータはウルトラブック（UltraBook）の登場をみた今日でも，もはや「ウルトラ（Ultra）」と呼称するには「名前負け」「過大呼称」の感があり，早晩「撃滅種」の指定を回避することができない運命に遭遇している観がある．

　現時点では，まだタブレットの最終的な発展可能性を見極める段階ではないが，もしスマートフォンがケータイを完全に駆逐して「生存種」の地位を確保することになれば，残るはパソコンが勝つかタブレットが勝つか，あるいは今般初めて出現した「タブレットパソコン」なる両者の複合機が制することになるかについて，あるいはこの勝者とスマートフォンとの戦いの行方について衆目の集まるところである．先ずはウルトラブックとタブレットの生死をかけた熾烈な戦いに，いま正に火蓋が切って落とされようとしている事態には，たとえ「ITオタク」ではなくとも，暫くの間は目が離せないところである．

2．コンピュータの普及

　企業におけるコンピュータの導入分野と導入目的は，通常次の三つの段階に区分される．第一段階は，給与計算・売上計算・原価計算といった「事務計算

業務」分野と，文書作成・記帳・転記といった「ファイリング」と呼ばれる「事務作業業務」分野であり，その導入目的は業務の省力化である。第二段階は購買・生産・販売・人事・施設といった各種業務にかかわる「管理業務」分野であり，その導入目的は業務の効率化である。第三段階は調査業務・企画業務・戦略業務といった「経営業務」分野であり，その導入目的は業務の有効化である。大半の企業組織は，相次ぐコンピュータ化によってこうした三つの段階を着実に上って，21世紀を迎えたのである。

わが国政府とすべての地方自治体は，1960年代初頭以来今日まで長年にわたって，特に1960年代から1970年代にかけて，「情報化とはコンピュータ化なり」と捉える見解の下で，個人・組織・社会のさまざまな領域・部門・分野において，コンピュータの生産・販売・導入・活用の増大を図るための多岐にわたる施策を展開してきた。

たとえば，1960年代初頭から相当長期間にわたって，さまざまな補助金対応策と税務対応策を駆使する形で，すべての国産電子計算機メーカーに対して，その開発・製造・販売にかかわる多種多様な支援策を実施してきた。その典型的な施策としては，いわゆるコンピュータ（汎用コンピュータ）時代における，国産コンピュータメーカー7社によって設立されたコンピュータレンタル専門会社である，日本電子計算機株式会社（Japan Electronic Computer Company：JECC）に対する，旧日本開発銀行（現日本政策投資銀行）を通した毎年数百億円にもおよぶコンピュータレンタル資金の投入・支援策や，数次にわたる超大型コンピュータ開発機構の設立による国産コンピュータの開発・支援策などがあげられる。

また，コンピュータ導入企業や大学を含む各種組織に対して，その導入・活用にかかわる幾多の手厚い補助・支援策が実施されてきたことは記憶に新しいところである。こうしたコンピュータ化政策は，コンピュータからパソコンに移行してもなお継続されてきている。その典型的な施策としては，大学における研究・教育用コンピュータの導入にかかわる導入・運営費用の半額補助や，中小企業協同組合における情報ネットワーク化導入費用の補助，あるいは21世

紀を迎えてから数年にわたって実施された，減価償却の前倒しによるパソコン導入減税施策など枚挙にいとまがない。

　1960年代以降，ある意味では戦時下にも引けを取らないような，文字通り官民一体となった挙国一致体制によって，情報化＝コンピュータ化と捉えて果敢にコンピュータの導入を推進してきたが，現象的に見ると旧来からのいわゆる「コンピュータ（汎用コンピュータ）」は，すでに消滅に等しいような状況に置かれてきている。現在すでに，ほとんどすべての企業組織におけるコンピュータはサーバーに転換されており，大学においても，コンピュータが設置されている大学は皆無に近くなってきている。

　さらに近い将来，最新後継機としてのウルトラブックがその名称に似合わずミニノートパソコンやネットブックと同様な運命を辿るとすれば，いよいよパソコン自体が消滅の危機に晒されてくるものと見てよい。ＩＴ業界にとって，従来の現実世界を二分してきた「東西」ないしは「南北」による区分というよりはむしろ，「東西南北」世界が入り乱れた布陣となっており，いま正にＩＴ産業にかかわる世界的な「天下分け目の関ヶ原」，とも言える大決戦の再現といった状況にある。

　情報化の進展は留まらない。情報技術の革新は依然として留まるところを知らないかの如くである，否質量とも革新にますます磨きがかかってきている観がある。

　昨秋の日本経済新聞によれば，たとえば次のような情報技術の革新が報じられている。ＮＴＴとフジクラ，デンマーク工科大学などによる，インターネットの通信容量を大幅に増やすことができる技術革新である。それは，現在実用化されている１テラ（１兆）ビットの光ファイバーの千倍の，毎秒１ペタ（1000兆）ビットの情報を送信することができる光ファイバーの開発である（日経朝刊2012.09.21）。この実用化によって，ハイビジョン映画5000本をわずか１秒で送れる換算になるとされ，スマートフォン等のさらなる飛躍的な発展に応えることが期待されると言われる。

　こうしたＩＴ技術の革新は，すべて千倍を基本単位としており，革新の積み

重ねは天文学的な数字になることが多い。たとえば，コンピュータの記憶容量や通信速度にかかわる単位として使用されるバイト（B：Byte）やビット（b：bit）に見られる，キロ（K：10×3，千），メガ（M：10×6，百万），ギガ（G：10×9，十億），テラ（T：10×12，一兆），ペタ（P：10×15，千兆）という単位表記や，コンピュータの演算速度にかかわる単位として使用されるセカンド（s：second，秒）に見られる，ミリ（m：10×$^{-3}$，千分の一），マイクロ（u：10×$^{-6}$，百万分の一），ナノ（n：10×$^{-9}$，十億分の一），ピコ（p：10×$^{-12}$，1兆分の一）という単位表記において端的に示されている。

　こうした革新は，技術革新という面では同類であると見ることもできるが，たとえば自動車の走行速度や燃費効率といった単位表記はまったく異なっている。自動車の場合には，その技術革新と言っても通常はせいぜい数十％程度である。社会組織的，産業経済的な領域における革新もまったく同様であり，先進諸国における近年の経済成長やGNP，物価上昇，株価上昇などの指標は，いずれもマイナス成長にならなければ良い方で，通常はせいぜい数％程度である。このようにITの革新は，量的・質的，あるいは時間的・空間的に見て他に類のない成長・拡大の軌跡を画くことが大きな特徴である。

第2節　コンピュータを巡る環境変化

1．コンピュータを巡る競争激化

　コンピュータは，1946年の出現以来半世紀以上にわたって順当に発展に発展を重ねてきたが，21世紀になるとコンピュータを巡る環境は大きな変化を遂げた。その直接的なきっかけは，離合集散の激しいコンピュータ業界にあっては珍しく頑なに独自路線に固執しすぎたために，一度は瀕死の状態に追い込まれてやむなくマイクロソフト社の軍門に下ったアップル社の大復活にある。

　アップル社は，ジョブズ（Steven Paul Jobs）によって見事な起死回生を遂げたが，図表2－1「アップル社の製品戦略」に示したように，その製品戦略はアイポッド（iPod），アイフォーン（iPhone），アイパッド（iPad）の発売を契

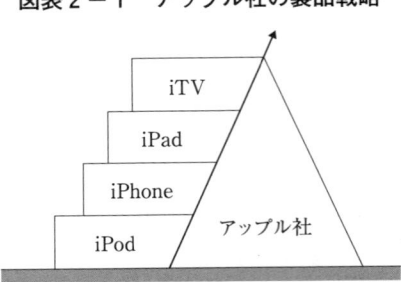

図表2－1　アップル社の製品戦略

```
        iTV
      iPad
    iPhone       アップル社
   iPod
```

機として，さらにはアイテレビまで視野に入れており，それまではそれぞれ独自に発展してきたパソコンと携帯電話が初めて本格的な「融合化」，すなわち両者が一体となる形で発展をめざすようになってきている。21世紀における第二の節目である2010年を迎えると，急速にケータイからスマートフォンへの流れと連動する形で，パソコンからタブレットへの流れがひときわ鮮明になってきている観がある。

　しかし，必ずしもこのまま推移するか否かは余談を許さない状況下にある。かつての「昔ラジカセ，今CD」から「昔携帯電話，今スマートフォン」というように，「昔パソコン，今タブレット」へとスムーズに移行するか否かはまだ不確定である。コンピュータからパソコンへの移行には少なくとも四半世紀の時を要したが，今回はわずか数年でノートパソコンからタブレットに移行することになるのであろうか。

　否，スマートフォンや電子書籍の発展のいかんによっては逆に，再びパソコンが「スーパーウルトラパソコン」，あるいは「タブレットパソコン」として息を吹き返すことになるのであろうか。ここ数年は，パソコン・タブレット・スマートフォンの三者を取り巻くすべての企業と企業集団，産業と産業集団，さらに世界各国の産業経済・社会文化の盛衰をも左右するに至るほどの愁眉の要である。

　かつてのテレビとパソコンの生き残りをかけた最初の「IT戦争」としての「TP（テレパソ）戦争」は，高機能化と高コストパフォーマンス化という制

約条件の下で，前者はテレビ画面本体の超大型軽量化，後者はパソコン画面本体の超小型軽薄化を極限まで追求した技術革新によって，両者棲み分け，両者痛み分けの形でいちおう確定している。

それに対して，今回のスマートフォン・タブレット・パソコンの三者による生き残りをかけた「ICT戦争」として生起してきた「STP（スマタブパソ）戦争」は，まだ開始のゴングが打たれたばかりであるとは言え，前回のテレビとパソコンの場合よりは比較的早期に決着がつく予感もある。

「生存競争」は，動物・人間・氏族・部族・民族・企業・組織を問わずいかなる生存競争であれ，いつの時代にも文字通り過酷極まりない戦いである。例外的には日本文化的な「玉虫色」という解決策も皆無ではないが，勝者と敗者の間は文字通り「断崖絶壁」の様相であり，その参加者にとっては文字通り正真正銘，自己の，企業の，個体の存亡をかけた戦いである。

前回までの何次かにおいて勃発した戦いは，コンピュータメーカーやパソコンメーカー，パソコンソフト会社を中核とした，今から振り返るときわめて限定的な拡がりに留まる事業間競争・企業間競争であった。しかし，このたびの生存競争における最大の特徴は，旧来の競争とはかなり様相を異にしており，狭い領域における競争に留まらず産業間・国家間・国際間競争にまで，戦線が大幅に拡大する兆しを見せてきていることである。

さらに，今般の生存競争における参加企業の顔ぶれを見ると，パソコンからタブレット，ケータイからスマートフォン，完成品企業からコンポーネント企業，メーカーからサービス会社，ハード産業からコンテンツ産業，情報ビジネスからネットビジネスに至るまでの，インターネットを中核とするあらゆる情報ネットワークサービスを取り巻く，余りにも急激で大規模かつ広範なIT技術・ICT技術の革新によって，自然的・自発的・強制的に参加せざるを得なくなった多彩なプレイヤーが勢揃いしており，世界的な大生存競争時代の華々しい幕開けとなってきている。

今回の競争参加企業は，パソコンからタブレット，ケータイからスマートフォンへの重心移行によって，「インターネット総合情報サービス会社」とし

て奇跡的な大復活を果たしたアップル社（Apple），インターネットポータルサイトとインターネット広告の王者グーグル社（Google），ソーシャルネットワーキングサービス（SNS）の雄フェイスブック社（Facebook：ＦＢ），インターネット通販の世界王者アマゾン社（Amazon）など，現代のＩＴ企業を代表するそうそうたるメンバーである。

　今般の世界競争の著しい特徴は，若干の例外を除いては，主要プレイヤーは見事なまでにすべて米国籍であり，ともすれば「米国の米国による米国のための戦い」となりかねないことであるが，アメリカのＩＴ分野における底力の健在ぶりをはからずも誇示したところである。

　また，パソコンソフトの覇者マイクロソフト社（Microsoft Corporation），スマートフォン用半導体最大手クアラコム社（Qualcomm：QCOM），見事にソリューションビジネスの雄に大変身を遂げたアイビーエム社（International Business Machines：IBM），プリンターとパソコンの王者ヒューレットパッカード社（Hewlett-Packard Company：ＨＰ），半導体の王者インテル社（Intel），データセンター事業を中核とするクラウドコンピューティングサービスの雄セールスフォース社（SalesForce）など，いずれもアメリカのＩＴ主要企業群が控えている。

　さらに，通信インフラシステムの覇者アルカテルルーセント社（Alcatel-Lucent），データベース管理システムソフトの雄オラクル社（Oracle Corporation），コンピュータネットワーク機器ルーターの王者シスコシステムズ社（Cisco Systems），没落寸前にあるかつてのインターネット接続サービスの雄ヤフー社（Yahoo）などを巻き込んだ壮大な戦いの舞台となってきている。

　そして，新たにテレビのみならず各種ＩＴ機器において王者に急迫しつつある韓国サムスン電子社（三星電子）の存在が日に日に大きくなってきている。しかし，残念ながらここ半世紀近くにわたって「家電王国」の名を欲しいままに世界を席巻し，「わが世の春」を謳歌してきた，ソニー，パナソニック，シャープの家電御三家を初めとする日本メーカーの影はまったく見当たらなくなってきている。

2．ＩＴ大競争時代の到来

　今回の「ＩＴ大競争時代」における大競争への参加事情は，参加企業ごとにそれぞれ異なる戦略的事情を抱えている。ＩＴにかかわるハードウエア，コンポーネント，ソフトウエア，ネットウエア，コンテンツ，コンテンツ配信サービス，クラウドサービス，ソリューションサービスといったＩＴビジネスのうちの，いずれのビジネスを自社のコアビジネスと位置づけるかによって，また3.5インチ型，4インチ型，7インチ型，8.9インチ型，9.7インチ型など，3インチ台から11インチ台までのいずれの画面に重点を絞るかによって，さらにはそれぞれの企業風土・企業文化からいかなる相手と連携を組むかによって，採り得る企業戦略も大きく相異することになるのである。

　アップル社は，コンピュータ（汎用コンピュータ）時代とは異なりハードとソフトの分離が潮流であったパソコン時代にあって，当初からパソコンのハード，ソフトを一体的に生産・販売し，頑なに連携を拒否して「孤高を楽しむ」気質の強い特異な企業であったが，21世紀になって情報コンテンツ配信サービスにおいて独自な道を切り開いた。

　マイクロソフト社は，文字通りソフト専業メーカーであり，これまでゲーム機器 BOX-A の販売という例外を除いては，自ら直接パソコン機器の生産・販売に参入したことはなかったが，スマートフォンやタブレットの勢いに大きな危機感を抱いて，押されてきたパソコンソフト事業を立て直すために，初めて自らタブレット機器「サーフェス（Surface）」の生産・販売に乗り出さざるを得なくなったのである。

　一方グーグル社は，インターネットポータルサイトによるコンテンツ配信サービスの強化を図るために，自ら独自にアンドロイド方式を開発・公開するとともに，ネット検索を初めとする自社のサービスに適した機器を普及させるべく，タブレット機器「ネクサス（Nexus）」の開発・製造・販売事業に直接参入を果たしたのである。

　アマゾン社は，インターネット通販事業，とりわけ電子書籍事業のさらなる拡大を図るために，小型タブレット「キンドル（Kindle）」や独自ブランドの

「キンドル・ファイア」なる独自な機器を開発・生産・販売に乗り出して，ネット通販やコンテンツ配信の利用者に対する利便性を高める方策を採り，大きな成果を収めつつある。

　こうした各社各様の参入事情によって価格戦略も大きく異なることになる。ＩＴビジネスにかかわるハードウエア，コンポーネント，ソフトウエア，ネットウエア，またコンテンツ，コンテンツ配信サービス，クラウドサービス，ソリューションサービス，あるいはネット広告やネット販売，ネットサービスのいずれのプロセスにおいて自社の収益を確保するかによって，たとえば今般市場に投入したタブレット新製品の価格戦略も大きく異なることになったのである。

　かつてマイクロソフト社は，ブラウザーソフトで先行する「ネットスケープ」を撃退するために，自社のブラウザーソフトである「インターネットエクスプローラー」を「フリーソフト（価格無料）」とする奇策を放ってものの見事に駆逐した。しかし，今回はソフトウエア会社であるマイクロソフトが初めて機器本体に参入するという事情によって，製品機器自体で相応の利益を確保しなければならないために同様な手法を使うことは不可能であり，価格設定に苦慮したことであろう。

　一方アマゾン社は，たとえ製品機器は最低価格で販売して多少の赤字が発生したとしても，世界最大手のインターネット通販で収益を確保することができれば，企業経営上何の問題も生じないのである。同様に，グーグル社も自社のインターネットポータルサイトに誘導し，コンテンツ配信サービスによって利潤が確保できれば問題は発生しないのである。

　こうした価格戦略事情に関しては，当該企業が市場に産出するアウトプットが消費財か産業財か，最終製品か中間製品か，物的製品か情報製品か，単一製品種類か複数製品種類か，製品かサービスかなどによって大きく異なり，各社各様に相応の対応をしてきている。たとえば，自動車産業，鉄鋼産業，造船産業，繊維産業，電機産業を初めとするほとんどあらゆる産業は，大別すると基本的には一つの同じ製品種類のアウトプットを市場に提供しているために，異

業種参入の場合を除いては，今回と多少の類似した事例は見られるとしても，一般的にはほとんど見られない事例である。

　従来のＩＴ業界においても，今般のタブレット製品の生産・販売に見られるような事例は，旧来はきわめて特異な事例であると見て良い。しかし今後は，「ＩＴビジネス」を取り巻く裾野の拡がりによって，こうしたＩＴ業界内部における「異業種参入事例」は，今後も増加していくことが十分に予測されるところである。今回のような，パソコンからタブレットへ，またケータイからスマートフォンへといったような大情報技術革新が次々と起こるような状況にはないとしても，それ相応の情報技術革新は今後も起こりうる可能性が十分にある，というのがＩＴ業界をＩＴ業界たらしめている最大の特徴である。

　ともあれ，こうした過酷な「大情報生存競争時代」におけるその勝敗のゆくえは，直接的にかかわる個々の企業のみならず，関連する企業各社や各種産業，さらには特定国家の産業経済動向や国家間の産業経済関係の将来にも，確実に少なからず大きな影響を及ぼすことになる。ＩＣＴ化時代における電子的な媒体のソフト財は，その「ソフト（soft）」という言語的な感覚から醸し出すイメージとは異なり，また旧来の一般的なソフト財とは大きく異なり，一寸一滴たりとも異端を許さない，文字通り過酷極まりない「唯一最善の法則」が支配する世界なのである。

　今回の情報生存競争は，ゼロサム戦争となるか否かは誰にも分からないが，幾つかの陣営に分かれており，各陣営にとって雌雄を決する戦いとなる恐れは大きい。今後の情報化戦争は，表舞台から見れば間違いなく企業対企業の競争であるが，裏舞台から見れば実質的には国家対国家，否国家群対国家群の総力戦となる退路なき戦争であり，各陣営ともに玉砕も覚悟して戦う情報化戦争の様相を呈することになろう。

　勝敗の結果はなかなか具視化されないが，ひとたび具現化される頃には最早挽回不可能な，「21世紀型」とも呼ばれる電子戦争型の戦争形態となっていることであろう。いずれにしても，情報化はコンピュータの増大をめざしたが，情報化の進展はコンピュータ自体の消滅というまったく想いも掛けない，予期

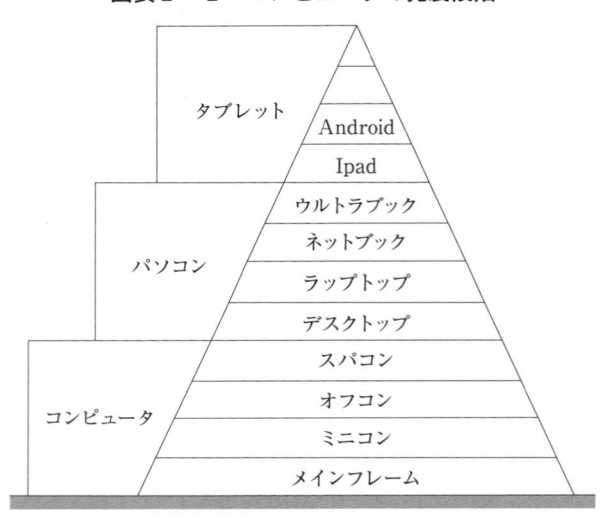

図表2－2　コンピュータの発展段階

```
                    ▲
                   ╱ ╲
                  ╱   ╲
          タブレット  Android
                ╱  Ipad  ╲
               ╱ ウルトラブック ╲
         パソコン  ネットブック
             ╱   ラップトップ   ╲
            ╱    デスクトップ    ╲
           ╱      スパコン       ╲
      コンピュータ  オフコン
         ╱         ミニコン         ╲
        ╱        メインフレーム        ╲
```

せざる結末を迎える可能性がきわめて濃厚である。

　こうした事態も，わずかここ半世紀の間に，図表2－2「コンピュータの発展段階」に示したように，コンピュータ時代における汎用コンピュータ（メインフレーム）からミニコンピュータ（ミニコン），オフィスコンピュータ（オフコン），ワークステーション，パーソナルコンピュータへと，さらにパソコン時代になってもデスクトップからラップトップ，ブックパソコン，ノートパソコン，ミニノートパソコン，ネットブック，ウルトラブックへと限りなき進化を遂げてきた，コンピュータを巡る情報化の一断面である。

　ここに至るまでの幾多のコンピュータメーカーを巡る「栄枯盛衰」は，ＩＴ業界における「生者必滅，会者定離」の一断面なのである。聖句にしたがえば，「一粒の麦が地に落ちて死ななければ，それはただ一粒のままである。しかし，もし死んだなら，豊かに実を結ぶようになる（新約聖書ヨハネによる福音書第12章24節）」との想いであろう。ともあれ，「行く河の流れは絶えずして，しかも，もとの水にあらず（鴨長明／方丈記）」との感傷に浸る間もなく，またＩＴを取

り巻く新たな進化の足音がひたひたと迫りくる状景である。

第3節　コミュニケーションの環境変化

1．コミュニケーションの増大

　情報化＝コミュニケーション化は，個人・組織・社会のさまざまな領域・部門・分野において，コミュニケーションが増大すればするほど情報化が進んだことになる，というように捉えて展開した情報化政策であるが，ここでのパラドックスは，コミュニケーション化の推進における究極的な結果はコミュニケーションの崩壊に至る，という劇的な情報化パラドックスである。

　コミュニケーション（communication）という語は，日本語ではコミュニケーション，通信，伝達，情報，交通，連絡，命令，情報伝達などと訳されることが多いが，語源的にはラテン語の「共有された」「伝えられた」という意味を表わす「communicatio」や「communicatus」からきており，神から人への聖霊の移動という努めて宗教的な香りの濃い用語である。

　コミュニケーションという言葉は，本来は必ずしも情報の移動にのみ限定されるわけではなく，具体的・抽象的なモノの移動・伝達に関係する過程と手段を通しての，複数の人間主体相互間における「モノの共有現象」を指しているものと理解される。しかし，ほとんどコストをかけることなく本当の意味で共有可能なモノは情報に限定されるために，今日的には情報の共有，情報の伝達に特化してきている。

　近年におけるインターネット化の進展によって，こうした「情報伝達（コミュニケーション）」は間違いなく自乗的・幾何級数的に増大し，個人と個人，組織と組織の相互間における情報伝達は増大してきている。しかし，最近における自殺者の増大傾向，たとえば毎年の自殺者が3万人を越えるという驚愕すべきデータを目の当たりにすると，人間個人は形式的・表面的にはともかくとして，内容的・実質的にはコミュニケーションの欠如ないしは崩壊の様相を呈しており，ますます孤独に陥っているものと判断せざるを得ない情況にある。

そして，最近における「ネット依存症」とも言える，新たな「情報化社会病」の出現・流行は，決して看過することのできない問題である。一説によれば，わが国にはすでに500万人もの患者がいるとも言われるが，もしそうであれば，大変深刻な憂慮すべき事態であると言わざるを得ない。病気には自覚症状の有無があるが，この新たな情報化社会病は通常ほとんど自覚症状がないようであり，深刻な事態になって初めて気がつくことになるのであろう。

初期の症状としては，時間があればメールをチェックしている，メールのチェックをしなければ落ち着かない，メールの返信が遅れると大変気がかりになるといった程度であるのかも知れないが，現時点では個人差も大きく，一体どこからか病気の予備群であるのかが不明確である。

少なくとも組織コミュニケーションに関して言えば，組織内外における情報は増加し，「情報伝達」は増大しているが，「コミュニケーション」は大幅に減少，崩壊，否壊滅している観さえある。今日恐らくほとんど大半の企業組織において，組織コミュニケーションが良好に保たれているなどと感じている個人は恐らく少なくなっていることであろう。「飲み（コミ）ュニケーション」の減少とともにコミュニケーションも減少している，ということなのであろうか。

それはちょうど，いわゆる「新人類」が企業社会に大量入社したバブル崩壊以前のある時期には，旧人類・新人類の双方からほぼ同時に，「訳分からない，話が通じない（コミュニケーションが成り立たない）」，あるいは「意味ない，関係ない」といった「"ない"常套句」をしばしば耳にする機会が多かったが，インターネットという超近代的なコミュニケーションシステムの完備した現代社会においても，コミュニケーションの態様において，その時代とはまったく異なる状況ではあるが，ほとんど似たような思いが生じている可能性が大きい。

コミュニケーションには公式的コミュニケーションと非公式的コミュニケーションがあるが，両者のウエイトは一様ではなく，個人や組織，社会，あるいは家族・氏族・部族・民族によって大きく異なる。わが国では，たとえば「以心伝心」「本音と建前」「沈黙は金」「見ざる言わざる聞かざる」「空気を読む」「行間を読む」「ＫＹ（KuukiYomenai：空気読めない）」などといった多様な言

葉が多用されてきているように，非公式コミュニケーションのウエイトが大きいものと考えられる。

2．コミュニケーションの崩壊
(1) コミュニケーションの態様変化

　インターネット化時代の今日，多くのビジネスシーンにおけるコミュニケーションの態様は，とりわけ1970年代以降の情報ネットワーク化の進展にともなう情報通信システムの進化によって，人類史上初めてとも言えるほどの大変貌を遂げてきている。1960年代までは少なくない営業活動において，実際に成約に漕ぎつけるまでには「夜討ち朝駆け」に象徴される，今から振り返るといかにも長閑な古き良き時代の郷愁さえ漂う「フェイスツーフェイスコミュニケーション（Face to Face Communication）」の時代であった。

　1970年代には「手紙で失礼します」，1980年代には「電話で失礼します」，1990年代には「FAXで失礼します」，21世紀初頭には「携帯電話で失礼します」といった様相に変貌を遂げた。そして，ほどなく「メールで失礼します」が横行し，今日ではさらに磨きがかかって「隣り合わせてもメール」といった様相を呈するに至った。ともあれ，こうした現代社会における「メール万能」時代の到来は，元来メールはコミュニケーションのための多種多様な手段の一つであるが，もはや主客逆転をしてきているかの観がある。

　かつての，コンピュータ導入以前の，否コンピュータ導入後も当初の「ペーパーレス時代の到来」という威勢の良い掛け声とは裏腹に，相当長期間にわたった「ペーパーオクトパス（Paper Octopus）」の時代から，誰か特定の主導者が存在したり，一堂に会して申し合わせたわけでもないのに，あっという間に慇懃無礼な「ＣＣメール」が跋扈する「メールオクトパス（Mail Octopus）」の時代へと，不可逆的な形で大規模な民族移動が完了しつつある。

　特にわが国では，21世紀を迎えてからの「ＩＴ化推進本部」の設置によるＩＣ化，ＩＣＴ化の大旗印の下に繰り広げられたインターネット化の展開によって，めざましい変貌を遂げてきた。1960年代から本格化したオフィスへのコン

ピュータの導入とともに発生したが，なかなか一向に改善される気配さえ見られなかった。ともあれ長年の懸案であった「脱ペーパー洪水」が確認される前に，旧来の何十・何百倍もの「メール洪水」「ウエブ洪水」が新たに押し寄せつつあることは，何とも皮肉な巡り合わせであろう。

　しかも，まったく間の抜けたことに今般のメール大洪水は，洪水や被害の発生について誰からも「被害届」の提出はむろんのこと，そうした被害についての自己認識さえおぼろげであり，むしろ「メール閲覧」という新たな職務の追加による多忙から，かつてのバブル崩壊直前における「繁忙を極めた栄華な日々」を懐かしむかの気配さえ感じられる。こうした情景も，紛れもなく高度コミュニケーション化の為せる業である。

　今般のメール洪水は組織的には確信犯的な進行である。新奇性や簡便性の故に大歓迎すら受けるかのような風潮で，ビジネス社会のみならず一般家庭にまで浸透している様相を呈している。それに輪をかけて悪いことに，何よりも見かけ上は追加のコスト負担やスペースがほとんどゼロに近いために，以前のようなオフィスオートメーション化やニューオフィス化運動といったオフィス革新運動の先導者は言うに及ばず，その兆候さえまったく見られない場景である。

　ともあれ早晩，「そのようなお問い合わせは，弊社のホームページでご確認願います」という，「メールオクトパス」ならぬ「ウエブオクトパス（Web Octopus）」の様相を呈して，ひと昔前なら文字通り「慇懃無礼」とも言える情況が現出してきている。こうした「非人間的」とも言えるコミュニケーション態様の常態化は，人間と人間のコミュニケーションにおいて「人間性溢れる」コミュニケーションの実現を夢見て，情報通信技術の発展に粉骨砕身，文字通り骨身を削って邁進してきた先駆者達にとっては「想定外」の光景なのであろう。

　近年大半の企業において，旧来の苦情受付係やお客様相談室における「非サービスの時代」から，カスタマーセンターやサポートセンターによる「サービスの時代」へと大幅な衣替えが急速に進んできていることは，「CSR（企業の社会的責任）」の観点からも大いに評価されるところである。

しかし，電話を掛けようとしても，ホームページ上から電話番号を見出すことは至難の業であるのみならず，話し中が多く，大半はお馴染みの「現在非常に混み合っておりますので，改めてお掛け下さい。お急ぎの方はホームページをご覧下さい」などという聞き慣れた声を耳にすることになろう。結局のところは，立体交差化以前の「開かずの踏切」よりもまだ酷い場合も珍しくはないような状景が垣間見られる。

やっと順番が廻って来たと思っても，「お客様サービスの向上のため」などという，この「個人情報保護」が叫ばれている時代において，実感的には「まったく訳の分からない」理由で，しかも「慇懃無礼」とも言える煩雑なプロセスを経なければ，人間と直接コミュニケーションを採ることが不可能な状況である。ともあれ，生身の人間による対応に辿り着くまでには膨大な手続きやプロセスが必要であり，忍従自重してようやく辿り着いた頃には質問するべきことがおぼろげになっているか，最早質問自体どうでも良い自嘲気味な気分に陥ってしまっても不思議ではないような情景に遭遇することであろう。

最近大多数のカスタマーセンターにおいて，ネット対応時はもちろんのこと電話対応時においてさえ，ＩＤやパスワードといった誠に面倒な長時間にわたる手続きの末に，やっとのことでアクセスが叶ったと思いきや，複数部署をたらい回しされ，一方的に応答録音まで採られた上に，結局は「詳しくは当社のホームページをご覧下さい」などという，何とも素っ気ない対応に遭遇することが多くなってきている。こうした，「慇懃無礼」とも採られかねない「ＩＣＴ化時代の常套句」が日常的に蔓延っているきらいがあるが，これも現代の高度情報ネットワーク化時代に特有の紛れもない一断面なのである。

遠くない将来日常的なビジネスシーンにおいて，こうした状景が想定されるほどにホームページの発展は著しく，最早誰もこうした流れを引き留めることはできない。その極限には，普通のビジネスシーンにおいてさえ，厳重な警戒態勢が敷かれているわけではないが，先進国首脳が毎年集う「サミット（主要国首脳会議）」並みに，いずれ「本当にお会いできて誠に光栄です，まったく夢のような心境です」と真顔で話す奇妙な時代が到来することになるのであろ

うか。はたまた，最重要な案件は当然の如く，再び昔ながらのフェイスツーフェイスコミュニケーションに全面的に依拠せざるを得ない，という何とも原始的な情況が再現されることになるのであろうか。

第4節　「情報」を巡る日本的神話

1．「日本的神話」の崩壊

　神話というものは，「ギリシア神話」や「ローマ神話」のみならず，古今東西いかなる社会にも大なり小なり存在することであろう。そして，わが国にも数多くの神話がみられるであろう。現代日本社会の象徴として語り継がれてきた一つの神話として，出所不明・出典不明ではあるが「水と安全と情報はタダ」という神話がある。少なくともバブル崩壊までは，図表2－3「近代日本的神話」に示したように，「水と安全と情報はタダ」なる神話は，世界に冠たる日本的神話であったと言える。しかし，「情報はタダ」を除いては，情報化の進展とは必ずしも直接的な関係は薄いが，21世紀の今日こうした日本的神話は崩壊寸前にある。

　確かに，井戸水からの汲み上げ水や，ハイキング中に出逢った湧き水，谷川

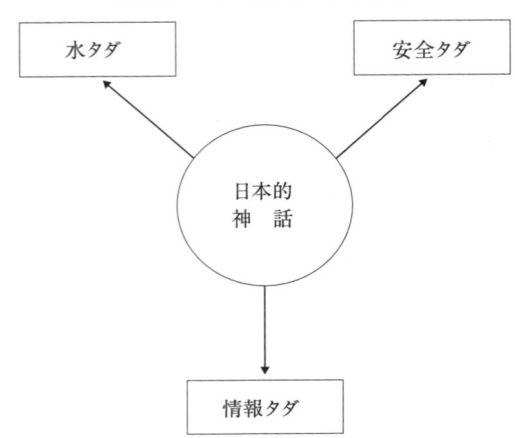

図表2－3　近代日本的神話

をゆったりと流れる清流水はもちろんのこと，一年を通して水道の蛇口を捻れば水がふんだんに出て，しかもそのまま生水として飲める，否実際に飲んでいる国は，世界広しと言えどもそれほど多くはない。先進国を含めて大半の国は，そのまま飲むことはできないばかりか，料理にさえミネラルウォーターが欠かせない国も少なくない。以前のわが国から見ればまったく理解不能なことであったが，極端な場合には，ビールの方が安価である国さえ散見されるところである。

　一昔前の欧州旅行で一番困ったことはと言えば，「水とトイレとチップ」であったが，近年，水に関してはペットボトルの普及，トイレとチップはファーストフード店などの増加によって心配はかなり軽減されてきているが，それでもなお日本のようになるためにはなお相当の歳月を要することであろう。こうした日本の水神話は，今般の貞観地震以来最大の東日本大震災に連動して発生した，千年に一度の大津波による福島原子力発電所の倒壊によって崩壊した。

　一方安全に関しては，戦後の混乱期はともかくとして，たとえ深夜にいずれの地方空港に降り立っても，日本ほど安全な国は見当たらなかったであろう。わが国の首都空港は，近年における世界のハブ空港化の流れからは取り残されて，ここでも「ガラパゴス化現象」が顕著になってきているが，最近ようやく実現した羽田空港の再国際空港化や，将来的な東京駅や成田空港とのアクセス改良によっても，最早絶望的とも言える遅れをとってしまっている観がある。

　こうした事態も資本主義標榜国家ではあるが，いずれの社会主義標榜国家よりも社会主義国家となってしまっている「不思議の国：日本」ならではの現象であろう。ともあれ，豊太閤による「刀狩り」が，それを実行した為政者の意図とはまったく異なってはいるが，いまなおかくも有効な効用を発揮していることに改めて感謝しなければならないであろう。

　しかし，こうした安全神話は，すでに1995年に生じた狂信的な疑似宗教集団によって突如もたらせた「地下鉄サリン事件」と，1997年の「阪神淡路大震災」によって余りにもあっけなく崩れ去った。しかし，それでもなお長年にわたって築き上げられた日本的安全神話の復活が待望されていたが，今般2011年

の東日本大震災によって完膚無きまでに止めを刺された恰好である。

とりわけ，大震災にともなう「原子力日本安全神話」の崩壊は，原子力関連技術や関連企業・関連産業に対する信頼だけではなく，「想定外」という余りにも短絡的な「日本的思考回路」の露呈によって，日本の安全神話を長きにわたって根幹から支えてきたかに見えていた，世界に冠たる「日本株式会社」の総本山としての「日本官僚組織」に対する信頼はもちろんのこと，当該専門家や当該専門知識のみならず「専門家一般」や「専門的知識一般」に対する学問的・科学的な信頼まで根底から覆えさせられたのである。

そして，「情報はタダ」という「日本的情報神話」は，水神話や安全神話の推移とはまったく異なり，逆の方向に向かって猪突猛進してきている観がある。戦後の日本は「スパイ天国」などと揶揄されても一向に介せず，むしろ民主主義国家の「代名詞」か「称賛語」位にしか受け止めてこなかったが，それは本来「情報はタダ」という日本的神話の強固な精神的基盤に支えられた確信犯的対応であったと言える。近年は，この高度情報化時代にあってもむしろ，「情報タダ思考」は組織的・公式的にもますます磨きを掛けてきている観がある。とりわけ今日，こうした日本的情報神話は，隣国からの留学生を含めた外国人一般に広く深く流布・浸透している恐れも大きい。

2．「情報タダ現象」の現出

「情報はタダ」というこの日本的神話こそが，バブル崩壊以降の低迷する日本の最大要因ではないであろうか。この情報化社会では，知識情報こそが唯一の成果物なのであり，最大の資産なのである。この情報化社会における企業組織の唯一の成果物となりつつある「情報」が，もし本当に「情報はタダ」であれば，目立った資源を持たないわが国企業は，一体何を産出すれば企業の存続維持のための収益基盤とすることができるのであろうか。

このように捉えると，「人材」という資源の産出に大きな役割を担うべく情報化時代における「学校教育」，とりわけ「大学教育」「大学院教育」の意義は，鉱業工業社会とは比較にならないほどはるかに大きな重要性を帯びてきている

のである。この世の中で，「無から有を生み出す」ことのできるのは唯人材のみであることを勘案すると，昨今の大学院教育は量的に見てはなはだ低迷している観がある。

ともあれ，「情報タダ現象」についてみると，親子・兄弟相互間までもの，この世における人間関係のすべてに当てはめるわけではないが，一般的には「タダより高いモノはない」「タダほど高いモノはない」という格言が見事に言い得ている通り，実際には，元来この世の中でタダのものなどはなく，情報といえども決して例外ではないのである。とりわけ，こうした日本的神話は隣国の外国人にとっては，日本は「情報天国」に最も近い国と捉えられている恐れがある。

よくよく考えてみれば，すべてのモノには大なり小なりそれ相応の価値がある。もちろん，価値と言っても「正の価値」だけではなく，最近は粗大ゴミや産業廃棄物のように回収費用という「負の価値」も多くなってきているのである。こうしたすべてのモノと同様に，情報も元来すべての情報には大なり小なりそれ相応の価値があり，決してタダではないとすれば，いかなる場合にも，情報がタダで移転していくはずは決してあり得ないことであり，決してタダで移転することがあってはならないのであろう。

情報の伝達・移動には，必ずしも一対一の対応関係になっているわけではないが，例外なく提供者と受領者，生産者と消費者が存在するわけである。情報の伝達・移動に際しては，意識的であれ無意識的であれ情報の価値を正式に認めて，それに対して十分か否かは別として，公式的なルートか非公式的なルートから対価を支払うという選択肢しかあり得ないのである。事実，前者は「光の世界」，後者は「闇の世界」といったような極端な表現にならざるを得ないが，あらゆる人間世界において古今東西，どちらかの対応になっている可能性が高いことであろう。

表面上から見ると「情報タダ現象」は，特にインターネット時代になって少なからず世界中に拡散が加速してきている観があり，必ずしも日本特有の現象ではなくなってきてはいるが，それぞれの置かれている立場・状況に相応して

その意義は大きく異なるのである。あらゆる個人・組織・社会は，すべて例外なく情報の受領・消費側と情報の提供・生産側の両面に位置するが，その両者のウエイトが大きく異なるのである。もし仮にあらゆる個体において，量・質面から捉えた両者のウエイトが同じであるならば，たとえすべての情報がタダであったとしてもそれほど大きな問題ではないが，そうしたことは一つの極々小さな集団内ではともかくとして，大半の場合にはまず絶対に起こり得ないことである。

それでも，現実の多くの世界においては一見すると「情報タダ現象」が多数見られる，否大半そうした現象となっている観があるのは，価値と費用を1対1の個別対応方式による付加ではなく，1対多，多対1，多対多の集合対応方式によって交換しているからである。換言すれば，従来の「情報タダ現象社会」における情報価値の付加は，一般道路や公園のような「公共財」的な性格を色濃く有している。公共財は，基本的にはすべて税金によって形成されており，その価値に対する対価の負担は個人や組織によるその使用・利用の有無や度合とはまったく無関係なのである。

日本は紛れもなく正真正銘の「資本主義社会」「資本主義国家」であるが，年金や医療の平準化によってすでに実態は社会主義国に近くなっていると揶揄されることもあり，このまま「情報はタダ」「情報は皆のモノ」という，情報は公共財的性格を有するものであるとの施策が慣行化されれば，この「情報化社会」においては早晩，本当に多くの国民がそれによってもたらされる結果を望むか否かは別として，日本は文字通り世界最初の「情報社会主義社会」「情報社会主義国家」となる可能性も否定できない様相である。

3．知識的存在としての人間

日本的情報神話については，狩猟社会から農業社会，工業社会までの社会の生産物における情報価値のウエイトが少ない社会においては，またもし江戸時代のようにほとんど国際化が進展していない実質的に鎖国状態の社会においては，文字通り「情報民主化」「情報平準化」，さらには「情報可視化」「情報共

有化」の進んだ先進的な「情報社会主義国」として，世界に冠たる国家であることに誇りを持ったとしてもおかしくはない。

しかし現代社会は，「昔井戸端会議，今ソーシャルメディア」という市井におけるコミュニケーション構造の大転換によって，好むと好まざるとにかかわらず高度情報化社会に突入しており，「情報製品」「情報サービス」の生産・提供によって，国民一人一人の生活を支えていかなくてはならない状況に置かれてきているのである。幾多の企業・組織におけるすべてのオフィスワーカーの生産物はすべて情報製品・情報サービスであり，今すぐ有効活用可能な資源に乏しい，否知識情報資源しか有しない日本国が世界に向かって「輸出」するモノは，今日ではほとんどすべて知識情報製品であり，知識情報サービスとなりつつあるという現実を直視しなければ，国民生活も企業経営も国家社会も到底成り立ち得ないことを理解しなければならないのである。

あらゆる個人・組織・社会は例外なく，基本的には情報の受領・消費側と提供・生産側の両面に位置しているが，両者のウエイトはそれぞれ個体によって大きく異なる。「情報タダ現象社会」では，主として情報の受領・消費側に位置する個体にとってはこの上なき天国となり，他方主として情報の提供・生産側に位置する個体にとってはこの上なき地獄となるのである。

「地球はひとつ，人類はみな兄弟」という高邁な理想に立てば，先進諸国は，ODA（Official Development Assistance，政府開発援助）予算などという旧来型の政策ばかりではなく，「情報タダ政策」によって一気加勢に世界の平準化を図る政策もそれなりに効果を発揮することであろう。しかしその前にまず，すでに好むと好まざるとにかかわらず高度情報化社会に位置している，自国民の生活を維持するための確固たる基盤を確立しなければ「絵に描いた餅」「単なる夢物語」に終わることは自明の理であろう。

「人間とは何か」については常に「古くて新しい課題」であり，古来より多くの先人・賢人・偉人によってさまざまな視点から捉えられてきているが，三人三様，十人十色，百人百様の様相である。それでもなお，人間についての基本的な理解としては，かつての狩猟採取社会から農耕牧畜社会，鉱業工業社会

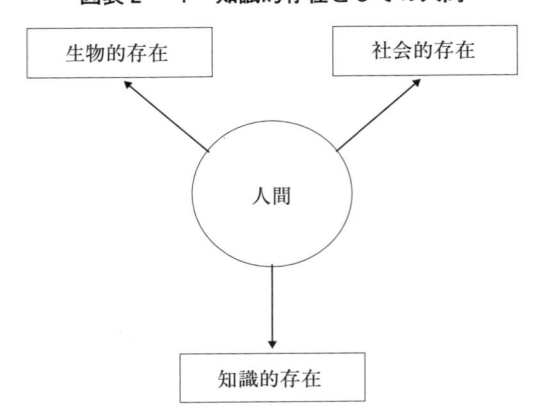

図表 2 − 4　知識的存在としての人間

```
  生物的存在           社会的存在
       ↖           ↗
          ┌─────┐
          │ 人間 │
          └─────┘
             ↓
        ┌─────────┐
        │ 知識的存在 │
        └─────────┘
```

までは，一般的には「生物的存在としての人間」「社会的存在としての人間」という二つの理解で必要かつ十分であった可能性がある。しかし，図表 2 − 4 「知識的存在としての人間」に示したように，今日の高度情報化社会，知識情報社会においては，早急に「知識的存在としての人間」という新しい人間理解を追加する必要がある。

　このように，人間を「知識的存在としての人間」として捉えると，以前の鉱工業の時代以上に決して，今はまったく不幸なことに日常的な相当なじみの深い言葉となってしまっている観があるが，単に「リストラ」などという簡便極まりない理由で，人間を安易に解雇してはならないはずである。しかし，過酷な現実は，少なくともわが国においては，鉱工業時代においてさえほとんど実施されることのなかった，「リストラ」などというまったく理由にもならない理由で人間を簡単に解雇している現状を見ると，その企業には，この国には来たるべき本格的な「情報社会」における将来性がないのではないかという恐れを強く抱かざるを得ないのである。

　今日の情報化時代における「人間」は，もし10年，20年，否30年もの長きにわたって実直に勤務してきた人間ならばそれぞれ，少なくともその付与された報酬総額に匹敵するだけの，それ相応の実務的・経験的・理論的「知識」を

ずっしりと鏤められた「知識的存在としての人間」となっているはずである。

　そうした，貴重この上もない人間を単なるリストラによって，やむなく海外競合企業に転職させてしまうことになれば，「ブーメラン効果」としていずれはその報いを大きく受けることになるのであろう。言ってみれば，豊富な知識の詰まった人間をタダ同然で海外競合企業に「贈り物」として進呈する，否単なる贈り物ならばさして大きな問題は起こらないが，競合相手に対して自社の保有する核心的な知識情報，取得特許を無料公開するにも等しいことを心すべきであろう。

　もっとも，私達人間に内在する知識も情報も，ちょうど河の流れと同様に，必然的に高きところから低きところに向かって流れるものであり，世界の平準化・公平化という高邁な理想の下に，そうした流れを積極的に加速させていくという明確な方針によって実行しているのであれば，たとえ「あとの者は先になり，先の者はあとになる（新約聖書マタイによる福音書第20章16節）」としても，それはそれで良しとしなければならないであろう。

　この大宇宙のあちらこちらに鏤められている正体不明な数千億個もの宇宙船の中で，この運命共同体たる「青緑星：宇宙船地球号」にたまたま偶然の如く乗り合わせた乗客として，「袖振り合うも多生の縁」であり，ともすれば索漠となりがちな狭い宇宙船内において，かけがえのない「一人の地球人」として，それはそれでこの上なき高貴な心意気と清涼な心がけを示すには，もっとも相応しい機会となることであろう。

第3章
社会の基本的特性

Morikawa World Plus 3

第1節　用法上からみた「社会」

1．辞書用語上からみた「社会」

　ここではまず，「社会」の基本的意味について考察する。社会という言葉は，誰しも小学校に入るとともにいわゆる国語・算数・理科・社会という主要科目によって，永く慣れ親しんできている言葉であるだけに，改めて「社会とは何か」などという設問があってもただただ戸惑うばかりであり，一般的には「分かってはいるけど答えられない」ということであろう。そこでいま，代表的な辞書における「社会」の定義を概観してみよう。

　広辞苑によれば，社会について次のような定義があげられている。すなわち，① 人間が集まって共同生活を営む際に，人々の関係の総体が一つの輪郭をもって現れる場合の，その集団，諸集団の総和から成る包括的複合体をいう。自然的に発生したものと，利害・目的などに基づいて人為的に作られたものとがある。家族・村落・ギルド・教会・会社・政党・階級・国家などが主要な形態。② 同類の仲間。③ 世の中，世間。家庭や学校に対して職業人の社会をいう。④ 社会科の略。

　一方デジタル大辞泉によれば，「社会」について次のような五つの意味が挙げられている。すなわち，① 人間の共同生活の総称。また，広く，人間の集団としての営みや組織的な営みをいう。② 人々が生活している，現実の世の中。世間。③ ある共通項によってくくられ，他から区別される人々の集まり。

また，仲間意識をもって，みずからを他と区別する人々の集まり。④共同で生活する同種の動物の集まりを1になぞらえていう語。⑤「社会科」の略である。

そして，「社会」という用語は，明治初期に福地源一郎によって"society"の訳語として採用され，その類語には，世・世の中・世間・民間・巷間・市井・江湖・天下・世俗・俗世・世界・世上・人中・浮き世，ソサエティ，コミュニティなどがある。

社会科学は，社会現象の解明と社会理論の建設をめざす学問であるという観点からみると，「社会」に関する捉え方は，あらゆる社会科学，とりわけ社会学にとっては基本命題である。社会学は，経営学よりも遥かに長い歴史を有する学問でもあり，社会を適確に定義づけることは「研究の初めであり終わりである。」したがって，これは，ある意味では社会学そのものの研究と同一視されるような根幹的かつ重大な課題でもある。

ともあれ，社会についての多種多様な見解がみられるが，最も基本的かつ最大公約数的な捉え方は，「社会とは人間の共同体・結合体・結社体・集合体・複合体，すなわち集合結合共同体であり共同結合的集団である」と言える。社会は，ひとことで言えば共通性と共属性を有する「人間の共同体」である。そして，その結合形態，たとえば共通・共有・共属する空間・関心・利害・態様などによって多様な捉え方がなされるのである。

2．日常使用上からみた「社会」

ここでは，社会に関する定義を詳細に吟味し独自な見解を構築することよりもむしろ，まず私達の身の回りにおいて実際に使用されている社会用語を整理し類型化することによって，社会についての見解を整理しておきたい。私達の身の回りには，社会と呼称される用語は多数散見されるが，図表3－1「日常使用上からみた"社会"」に示したように，いまそれらは以下の如き五つに区分して捉えることができる。

第3章 社会の基本的特性　47

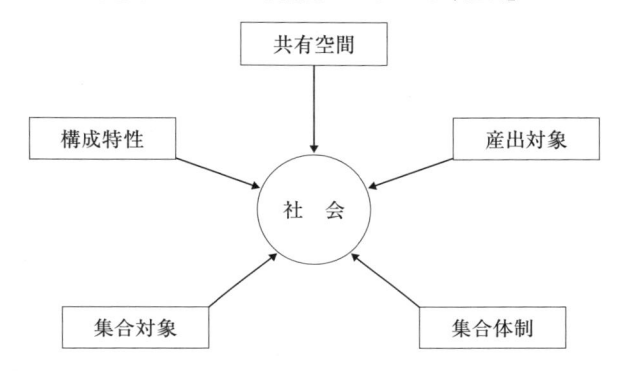

図表3－1　日常使用上からみた「社会」

```
                    共有空間
                       │
                       ▼
    構成特性 ──→           ←── 産出対象
                    社　会
                    ▲   ▲
                    │   │
           集合対象        集合体制
```

(1) 共有空間的視点からみた社会

　第一は，共有空間的視点からみた用語であり，主として社会の共有する空間に焦点を当てた用語で，たとえば近隣社会，地区社会，地域社会，地方社会，国家社会，国際社会，地球社会，集落社会，村落社会，農村社会，田園社会，都市社会，日本社会，米国社会，中国社会，西洋社会，東洋社会などが含まれる。

(2) 産出対象的視点からみた社会

　第二は，産出対象的視点からみた用語であり，主として社会の産出する対象に焦点を当てた用語で，たとえば採取社会，狩猟社会，狩猟採取社会，園耕社会，農耕社会，農業社会，前工業社会，工業社会，脱工業化社会，産業社会，情報社会，情報化社会，知識社会，ネットワーク社会，情報ネットワーク社会，知価社会，超技術社会などが含まれる。

(3) 集合体制的視点からみた社会

　第三は，集合体制的視点からみた用語であり，主として社会の集合する体制に焦点を当てた用語で，たとえば原始社会，未開社会，古代社会，氏族社会，部族社会，民族社会，封建社会，奴隷制社会，貴族社会，武家社会，資本主義社会，共産主義社会，共産社会，国民社会，市民社会，中世社会，近代社会，現代社会，民主主義社会，文明社会などが含まれる。

(4) 集合対象的視点からみた社会

第四は，集合対象的視点からみた用語であり，主として社会の集合する対象に焦点を当てた用語で，たとえば生物社会，自然社会，人為社会，人間社会，家族社会，下層社会，下流社会，中流社会，上流社会，大衆社会，基礎社会，全体社会，部分社会，企業社会，階級社会，母系社会，父系社会，実社会，仮想社会などが含まれる。

(5) 構成特性的視点からみた社会

第五は，構成特性的視点からみた用語であり，主として社会の構成する特性に焦点を当てた用語で，たとえば暗黒社会，利益社会，共同社会，循環型社会，高齢化社会，超高齢社会，縦社会，横社会，訴訟社会，格差社会，車社会，コンピュータ社会，学歴社会，複合社会，市場社会，ゼロサム社会，管理社会，脱管理社会，移民社会などが含まれる。

第2節　集団としての「社会」

上述したように，「社会とは，人間の共同体・結合体・結社体・集合体・複合体，すなわち集合結合共同体であり共同結合的集団である」と言える。そしていま結合形態からみると，図表3－2「集団としての"社会"」に示したよ

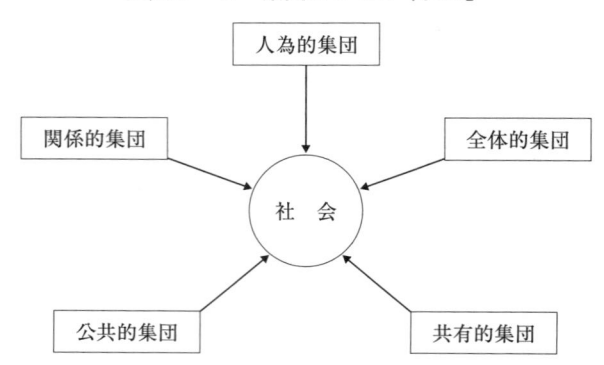

図表3－2　集団としての「社会」

```
          人為的集団
              ↓
関係的集団  →  社 会  ←  全体的集団
              ↑     ↑
      公共的集団   共有的集団
```

うに，社会という用語は本質的に，大別すると以下の如き人為的集団・全体的集団・共有的集団・公共的集団・関係的集団といった五つの意味を識別することができるが，結合する用語とのかかわりにおいてそのうちのいずれか一つ，あるいは複数の側面における意味を特に強調している場合も多い。

　社会は，ちょうどいかなる組織も少なくとも共通の目的という旗の下にしか形成されないように，人間社会であれ動物社会であれ，何らかの「共通性」や「共有性」「共属性」を有する形で仲間集団として形成されることであろう。社会形成のための最も基本的な構成原理としては，何よりも生物学的な意味における「個」の，さらには「種」の生存・存続・保存・保持という目的が優先されることであろう。

　システム論的観点からみると，社会と個人はともにシステムであり，システムとサブシステムの関係にある。社会は，ただ外的に変化するものではなく内的に変化するとともに，外的な変化によって内的な変化が触発され，内的な変化によって外的な変化が生起する。同様に，社会の変化によって個人の変化が触発され，個人の変化によって社会の変化が生起する。したがって，個人にとって社会はただ単に環境ではなく，個人も社会変革に意識的・無意識的に参画しているのである。

1．人為的集団としての社会

　第一は，人為的集団としての「社会（society）」と呼ぶことのできるものであり，自然的結合と人為的結合，自然と人工，自然対社会という対比において捉えられる局面である。この局面における社会は，人為性という特性を有し，たとえば地物・生物・機械・社会という類型の中で識別することができる。図表3－3「人為的集団としての社会」は，社会に対するこうした見方を示したものである。

　そしていま，具体物か抽象物か，無生命物か有生命物か，自然物か人工物かという観点から万物を捉えると，具体物は，無生命物－自然物は地物，有生命物－自然物は生物，無生命物－人工物は機械，有生命物－人工物は社会という

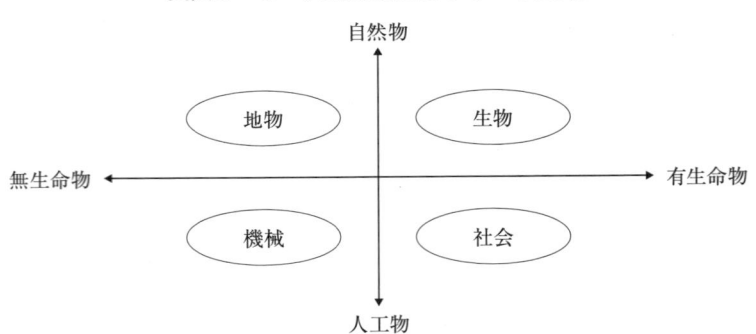

図表3－3　人為的集団としての「社会」

```
                    自然物
                     ↑
          地物              生物

無生命物 ←————————————+————————————→ 有生命物

          機械              社会
                     ↓
                    人工物
```

ように呼称することができよう。

2．全体的集団としての「社会」

　第二は，全体的集団としての「社会（community）」と呼ぶことのできるものであり，部分的結合と全体的結合，個と全体，部分と全体，個体と全体，個人と社会という対比において捉えられる局面である。この局面における社会は，全体性という特性を有し，たとえば個人，グループ，組織，団体，社会という類型の中で識別することができる。図表3－4「全体的集団としての社会」は，社会に対するこうした見方を示したものである。

　そしていま，個人，家庭（グループ），組織，社会という階層関係において

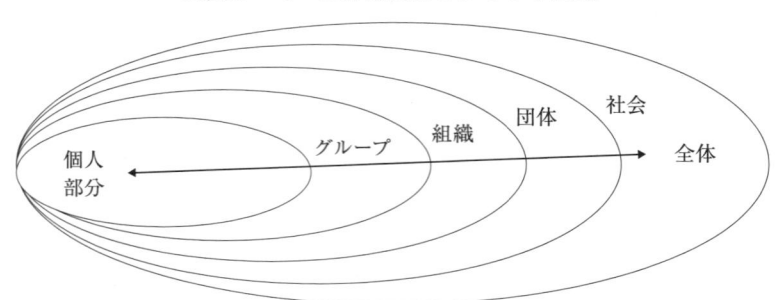

図表3－4　全体的集団としての「社会」

```
              グループ  組織  団体  社会
  個人 ←———————————————————————————→ 全体
  部分
```

把握される「社会」を意味している。この意味での社会とは，全体と個，全体と部分といった対比における，「全体」ないしは全体に近い存在を指しているものと理解される。

3．共有的集団としての「社会」

第三は，共有的集団としての「社会 (association)」と呼ぶことのできるものであり，同類的結合と異類的結合，同と異，同種と異種，同類と異類という対比において捉えられる局面である。この局面における社会は，共有性という特性を有し，たとえば類，系，流，群，界，集，団という類型の中で識別することができる。図表3－5「共有的集団としての社会」は，社会に対するこうした見方を示したものである。

この意味での社会とは，通欲的な表現としてはいわゆる「同好の士」や仲間 (party) に近いものであり，集合した個体が同と異，個と団といった対比における「同」や「団」，より正確には仕事や趣味，趣向，興味，関心，思想，思考，感情，利害，伝統，風俗，習慣，主義，信条，学校，価値観，年齢，世代，空間，出身地，居住地，人種，民族，国籍などにかかわる同一種類の仲間集団における関係を指しているものと理解される。

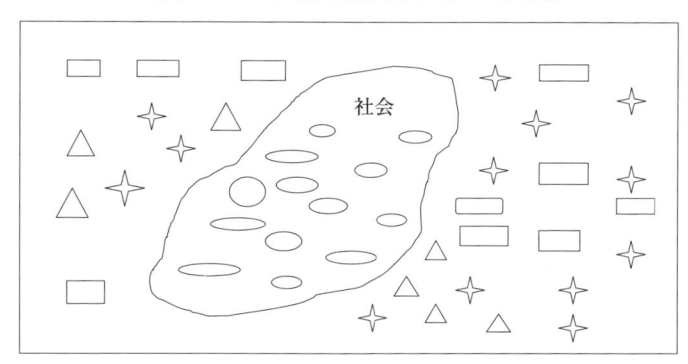

図表3－5　共有的集団としての「社会」

4．公共的集団としての「社会」

第四は，公共的集団としての「社会 (public)」と呼ぶことのできるものであり，公的結合と私的結合，公（おおやけ）と私（わたくし），官と民，官と私，公と民，公共と民間，プライベート (private) とパブリック (public) という対比において捉えられる局面である。この局面における社会は，公共性という特性を有し，たとえば民間，半官半民（第三セクター），社会という類型の中で識別することができる。図表3－6「公共的集団としての社会」は，社会に対するこうした見方を示したものである。

図表3－6　公共的集団としての「社会」

```
                民間         半官半民              社会
                                                  官庁
      私 ←――――――┼―――――――┼――――――――――――――→ 公
                                                公的部門
              私的部門      第三セクター
```

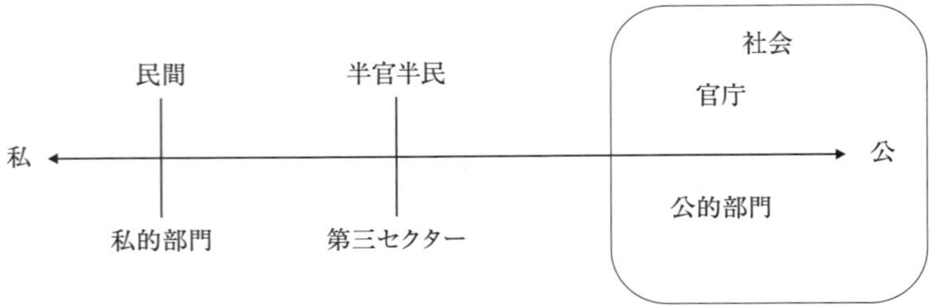

この意味での社会とは，いわゆる「官公民」や「産官学」，「政官財」という表現における，「公」，あるいは「政」や「官」ということを意味する。社会とは元来人間間の秩序を現すものである。秩序には公的秩序と私的秩序があるが，公的秩序に焦点を当てたものである。私達人間は元来，「生物的存在としての人間」と「社会的存在としての人間」という二つの側面を持っているが，前者は私的秩序において存在し，後者は公的秩序において存在している。私達人間は，個人的にも組織的にも，こうした二つの秩序の狭間の中でうまく均衡を保持しながら存在してきたのである。ひとたびは私的秩序の方向に振り子が振れたときもあったが，現在は再び公的秩序が求められる時代になってきている。

5．関係的集団としての「社会」

第五は，関係的集団としての「社会 (connection)」と呼ぶことのできるもの

であり、無関係結合と関係結合という対比において捉えられる局面である。この局面における社会は、関係性という特性を有し、たとえば人間と地物、人間と生物、人間と機械、人間と人間といった対比における「人間」、より正確には「人間と人間の関係」という類型の中で識別することができる。図表3－7「関係的集団としての社会」は、社会に対するこうした見方を示したものである。

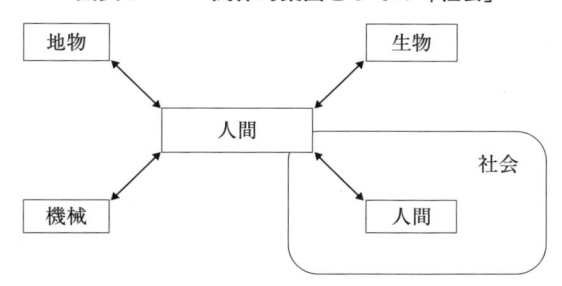

図表3－7　関係的集団としての「社会」

```
 地物              生物
   ↘              ↙
      人間
   ↗     ↘         社会
 機械      人間
```

　社会とは、元来意識的か無意識的かにかかわらず人間の集団であり、人間と人間の関係を現すものであるが、とりわけこうした側面を強調した捉え方である。人間はもちろんのこと、あらゆる生物、さらには地物さえも、「自己」以外の「他者」との関係なくしては元来存在することのできない存在なのである。とりわけ、人間は他者とのさまざまな関係を形成し、そうした関係を基盤にして存在し、存続し、維持され、そうした緊張関係の中で成長し発展してきたのである。

　人間はあらゆる時代、あらゆる場所において例外なく、他者との相互関係において初めて存在してきたのである。しかも、人間を取り巻くいかなる相互関係も決して固定的なものではなく、常に変化するものであり、そうした中で人間は自己を維持し存続していかなければならない存在なのである。人間はそのような存在であるが故に、さまざまな問題や課題を抱えてきているのである。

第3節　組織と社会の本質

1．用語用法からみた組織と社会

「情報化社会とは何か」という問いは，ここ半世紀間に渡って常に古くて新しい命題である。ここでは，「情報化社会とは，社会の形成・活動において情報の価値が高まる社会である」と仮定して，以下では，第1章における「情報化」についての考察に続いて，もう一つのキーワードである「社会」について考察する。

社会という言葉は，私達の日常生活において余りに自然に，しかもその中に取り込まれて長く身を置いてきているが故に，改めて「社会とは何か」と考えてみると明確な答えに窮することになるが，もちろん私達が意識すると否とにかかわらず，今も昔も社会は私達の身の回りに歴然と存在しているのである。否，私達は例外なく，社会の中で誕生し，この世に生存を許される間ずっと社会の只中にいるのである。私達人間は誰しも生まれながらにして，いわば「社会の申し子」なのである。ここでは手始めに，「社会」という言葉の日常言語的な使用法から「社会」を考察してみよう。

表音文字である英語によれば当然のことながら，組織は「Organization」，社会は「Society」というように表記されるために，両者は一見して特別な関係にあるようには想像することさえできないのである。また，小規模な組織であるグループ（group）と社会の部分である地域社会（community）の場合も同様である。他方，表意文字である日本語によれば，典型的な組織は一般的には「会社」と呼ばれるが，「社会」はスペル的にはその「会社」の文字通り逆転語という形をとっているために，一見して容易に両者は密接不可分な関係にあるものと推測される。

もっとも，表意文字である日本語の場合でも言葉遊びではないが，こうした「会社と社会」のような二つの言葉が逆転語であり，かつ相互に関係のありそうな例は，たとえば会議と議会，段階と階段，外国と国外，誕生と生誕，寺社

と社寺のような例示がみられるが意外と少ない。ともあれ，こうした逆転語は，「日本語の妙」という形で両者の関係を見事に表出している。逆転語とは言っても，会社という社会組織については，その本質的な意義などというような小難しい命題でもなければ，改めて考えてみるまでもなく，日常経験的に誰でも容易に理解し実感することのできる個体であるが，社会については少なくとも同一レベルにおいては理解しにくい個体であると言える。

なお，英語の組織「Organization」は文字通り解釈すれば，すでに出来上がっている静態的な存在というよりもむしろ，変化の只中にある動態的な存在という特性が強い言葉なのであろう。したがって，英語の「zation」は日本語の「○○化」という訳出の方がより適確であるとすれば，「組織」というよりもむしろ「組織化」というように解釈するべきものであろう。

また，日本語の組織という言葉は，たとえば経営学の研究対象は「組織」であり，経営とは「組織の管理」であるというきわめてオーソドックスな考え方からもわかるように，学問的にはまったく正当な用語であるにもかかわらず，仮に新宿○○○町辺りで夜半ではなくてもうっかり「うちの組織が」などと言おうものなら大変なことに巻き込まれそうな恐れもあるので，「うちの会社が」という方が無難なことであろう。

2．日常生活からみた組織と社会

こういった「うちの会社が」的な物言いは，少なくとも「日本的経営」真っ盛りの，わが国ビジネス界が「向かうところ世界に敵なし」とわが世の春を謳歌していた観のある，今となっては懐かしい1990年代初頭のバブル崩壊時までは，ほとんどの会社，ほとんどの社員が普通に使用していた何の違和感もない表現であった。しかし，万止むを得ない面があったとはいえ，ほとんどあらゆる会社が遮二無二大リストラ策を強行してしまった後の今日では，相当に異なる様相を呈してきている。

ともあれ，ここでは組織という言葉よりも会社という言葉を使用して，「社会」と「会社」という用語が逆転語の関係にあるという観点からみると，少な

くとも形態的かつ定量的には，日常経験的な感覚とほとんど同じで，社会とは生活を中心とする超大規模な会社であり，会社とは仕事を中心とする超小規模な社会であるというように類推することができよう。

システム的観点からみれば，個人は複数集合してグループを形成し，グループは複数集合して組織を形成し，組織は複数集合して団体を形成し，団体は複数集合して社会を構成するということになる。さらに，その規模に応じて社会を幾つかに区分すれば，たとえば組織は複数集合して地域社会を形成し，地域社会は複数集合して地方社会を形成し，地方社会は複数集合して国家社会を形成し，国家社会は複数集合して国際社会を形成するというように捉えることができよう。

会社については日常経験的に誰でも実際に実感し容易に理解することのできる存在であるが，社会については私達すべての人間にとっていわば空気のような存在であり，改めて問いを発せられると，認識することはできるが，以下の如き事情により，少なくとも会社と同一レベルには理解しにくい存在である。

第一は，私達個人と会社の関係を考えてみると，生活面においては会社から個人への製品やサービスの提供と対価の支払，一方，就業面においては個人から会社への労働サービスの提供と対価の支払というように，いずれも日常的に目にみえる具体的かつ直接的な形で相互関係が発生するために，私達個人は会社を客観的に捉えることができる。それに対して，私達個人と社会との関係は，私達の日常生活において余りに自然に，しかも，たとえば地区社会，地域社会，地方社会，国家社会といったさまざまな社会の中にどっぷりと浸かって，いわば空気のような存在となってしまっているが故に，私達個人は社会を客観視することができない状況に置かれている。

第二は，私達個人は直接的な形では他の個人や会社とかかわる形となっており，社会とは間接的な形でのかかわりに成らざるを得ない。私達個人と社会は，長期的には相互に密接かつ相互依存的な関係において存在しているが，短期的には無意識的かつ間接的な関係で，しかも1対多の関係で存在している。多くの場合には，意識すると否とにかかわらず一方的な関係に終始しているために，

私達個人は社会を客観的に捉えることは困難である。それに対して，私達個人と会社との関係は，多くの場合には意識的かつ直接的な形で存在している。多くの場合には，双方向な関係であるために，私達個人は会社を客観的に捉えることは可能である。

3．資源交換からみた組織と社会

システム的観点からみれば，あらゆる個体は例外なくその環境との間に相互に資源を交換しながら存在している。すなわち，ある個体は，別の個体から何らかの資源を獲得（入力）し，その資源を個体内部において新たな資源に変容（処理）し，その新たな資源を他の個体に提供（出力）することによって，自らの個体を維持し継続し発展させていくのである。そこでいま，資源交換という観点から個人・組織・社会の三つの個体の相互関係をみてみよう。

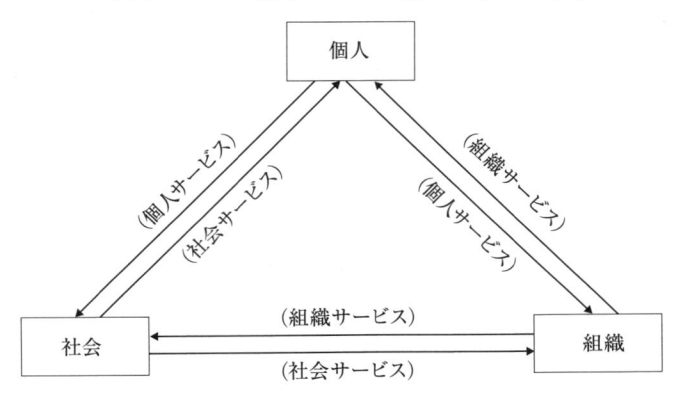

図表3－8「資源交換からみた個人・組織・社会」は，資源交換からみた個人・組織・社会の関係を示したものである。図表3－9「資源交換からみた個人・組織・社会とネットワーク（概要）」は，資源交換からみた個人・組織・社会とネットワークとの関係を概要的に示したものである。図表3－10「資源交換からみた個人・組織・社会とネットワーク（統合）」は，資源交換からみた個人・組織・社会とネットワークとの関係を統合的に示したものである。

図表3－8　資源交換からみた個人・組織・社会

```
                    個人
                   ╱    ╲
         (個人サービス)  (組織サービス)
            ╱              ╲
      (社会サービス)      (個人サービス)
          ╱                    ╲
        社会 ←(組織サービス)→ 組織
              (社会サービス)
```

図表3－9　資源交換からみた個人・組織・社会とネットワーク（概要）

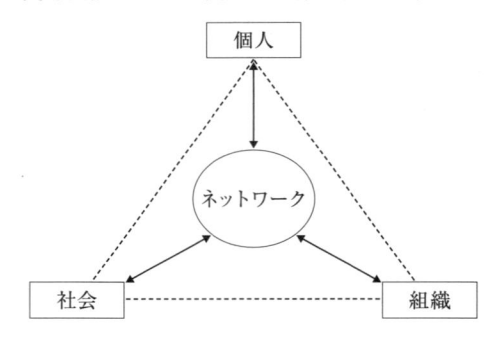

図表3－10　資源交換からみた個人・組織・社会とネットワーク（統合）

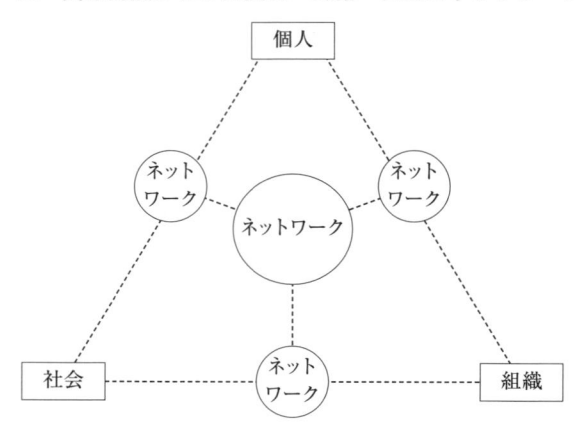

(1) 個人と組織の資源交換

　第一は，個人と組織の資源交換関係についてである。個人は，たとえば多数の商店（組織）から日々の食料品や耐久消費財などの衣食住にかかわる多様なモノやサービスを入手して（入力），日常生活上のさまざまな必要性を満たすとともに，多数の商店（組織）に対してその代金を支払っている（出力）。

　他方組織は，たとえば多数の従業員（個人）から日々の企業活動に必要な営業から生産・調達・研究開発・技術・経理・人事・施設・経営にかかわる多様

な労力を入手して（入力），販売するべき製品やサービスを産出するとともに，多数の従業員（個人）に対してその対価を支払っている（出力）。

(2) 個人と社会の資源交換

第二は，個人と社会の資源交換関係についてである。個人は，たとえば市役所（社会）から日々の生活を歩む上で必要な道路利用や上下水道使用，警察機関や救急医療機関，ごみ収集などの生活基盤にかかわる多様な公共サービスを利用して（入力），日常生活上のさまざまな必要性を満たすとともに，市役所（社会）に対して固定資産税，都市計画税，自動車税などの形で住民税，健康保険料・介護保険料・年金保険料などを納税している（出力）。

他方社会は，たとえば多数の住民（個人）から固定資産税，都市計画税，自動車税などの形で住民税を徴収して（入力），役所の施設維持や職員への給与支給などのために消費するとともに，多数の住民（個人）に対して生活・交通・安全・環境・医療・介護・福祉・年金などの生活基盤にかかわる多様な公共サービスを提供している（出力）。

(3) 組織と社会の資源交換

第三は，組織と社会の資源交換関係についてである。組織は，たとえば市役所（社会）から日々の企業活動を遂行する上で必要な道路利用や上下水道使用，警察機関やごみ収集などの企業活動基盤にかかわる多様な公共サービスを利用して（入力），日常企業活動上のさまざまな必要性を満たすとともに，市役所（社会）に対して固定資産税や都市計画税などの形で住民税，従業員のための一部健康保険料・介護保険料・年金保険料などを納税負担している（出力）。

他方社会は，たとえば多数の企業（組織）から固定資産税，都市計画税，自動車税などの形で住民税を徴収して（入力），役所の施設維持や職員への給与支給などのために消費するとともに，多数の企業（組織）に対して生活・交通・安全・環境・医療・介護・福祉・年金などの企業活動基盤にかかわる多様な公共サービスを提供している（出力）。

第4章 情報社会の社会形成原理

Morikawa World Plus 3

第1節　情報化社会の社会思考

1．「情報化社会」の意味と意義

　「情報化とは何か」，「情報化社会とは何か」という命題は，特にコンピュータがオフィスに導入され始めた1960年代後半以降において大きな課題となってきたが，今日でもなお「情報ネットワーク化とは何か」，「情報ネットワーク化社会とは何か」，「高度情報化社会とは何か」という形で依然として古くて新しい命題である。

　そこでいま，「○○化」とは「○○」への方向であり，運動であり，意図であり，指向であるという観点からみると，情報化ということを理解するためには「情報」の本質について深く考察する必要があるが，この点については第1章において考察した。本章では，情報化社会の本質について，特に情報化社会における組織形成と社会形成，すなわち社会形成原理について探究する。

　今日改めて，「情報化社会とは何か」と思索を巡らせてみると文字通り，「情報化社会とは，情報の方向に向かう，情報の価値が高まる社会である」という見解に辿り着かざるを得ない。こうした見解について改めて再考する今日的意義は，特に21世紀に入ってからインターネット化という形での情報化が世界的に急展開しており，いまや少なくとも情報コミュニケーションの分野においては，1960年代後半にボールディングによって命名された「宇宙船地球号」という呼称が，40年後の今日において現実のものとなってきている。そしてさらに，

従来の幾倍もの規模・速度・範囲において，本格的な情報社会，情報ネットワーク社会の到来を目前にしているからである。

　特に近年，私達先進諸国においては，好悪や意識の有無にかかわらず，たとえば情報公開や個人情報保護，知的所有権，情報財産権などへの社会的関心が高まってきている。そして，組織・社会の基本構成原理が急速に「物」から「情報」へ，さらにビジネスの対象が必然的に「物的製品」から「情報製品」へ，「物的サービス」から「情報サービス」へと大きく重心移動している状況にあり，理論と実務の乖離が大幅に狭まるという形で，本格的な情報化社会の到来を迎えてきている。そうした変容にうまく適応していくためには，何よりもまず情報化社会の本質，とりわけ社会形成原理について改めて熟慮することが肝要である。

2．情報化社会の分析思考

　1960年代以降，オフィス領域におけるコンピュータ化の進展にともなって，現代は「情報の時代」であり，現代社会は「情報化社会」，脱工業化社会，脱工業社会，産業化後社会，工業化後社会，知識社会，情報社会，文明化後社会，コンピュータ社会，電子社会であると叫ばれ，その後のインテリジェント社会，ニューメディア社会，高度情報化社会，高度情報社会，超情報化社会，ネットワーク社会，情報ネットワーク社会，超技術社会，電脳社会，マルチメディア社会などという多種多様な呼称も，少なくとも1990年代までは私達研究者にとっても，論理思考上はともかくとして，実際の生活レベルにおいて振り返ってみると，現実の日常生活が従来と比べて大きく異なるような態様が現出していたわけではなく，ただ意識的に言葉だけが先行していた観は否めなかった。

　しかし，とりわけ21世紀以降のインターネット化，ケータイ化，ブロードバンド化，モバイル化，ユビキタス化の進展にともなって，すなわち新たにＩＴ社会，ＩＣＴ社会，知価社会，インターネット社会，情報通信社会，高度情報通信社会，モバイル社会，仮想現実社会，仮想社会，ユビキタス社会などと呼称されるにともなって，そうした方向と相互にきわめて密接な関係を有する形

第4章 情報社会の社会形成原理 63

で，ビジネスの分野だけではなく官庁・学校・病院・図書館，自動車・列車・航空機，鉄道ターミナル・空港ターミナル・道路ターミナル，家庭など，行政・教育・医療・福祉・文化・交通・輸送に至る，私達を取り巻くさまざまな領域・分野における，「情報ネットワーク化」の浸透を目の当りにして，初めて情報化社会の到来を実感するに至っているという情況にある。

このように，情報化社会についての捉え方は，ここ足かけ半世紀間に渡って，情報技術の革新とその導入による私達人間社会におけるインパクトの意味や意義，その強弱や範囲に依拠する形で，各識者によって自由気ままに付与された，さまざまなキーワードにおいて捉えられてきた観が強いが，そうしたアプローチは，図表4-1「情報化社会の分析思考」に示したように，その対象と領域という観点からみると，以下の如き五つに大別することができる。

(1) 情報の科学・技術面

第一は，情報の科学・技術面であり，情報を変換・蓄積・伝達する情報処理技術の革新に着目して，情報技術の革新・発展という視点から社会の変容を捉えるアプローチである。

近代的な情報技術の革新は，古くは永い中世の暗黒時代をようやく通り抜けた時期の1450年におけるグーテンベルグ（Johannes Gensfleish Gutenberg）による印刷術の発明にまで遡ることができるが，今日の情報化社会を主導する革新

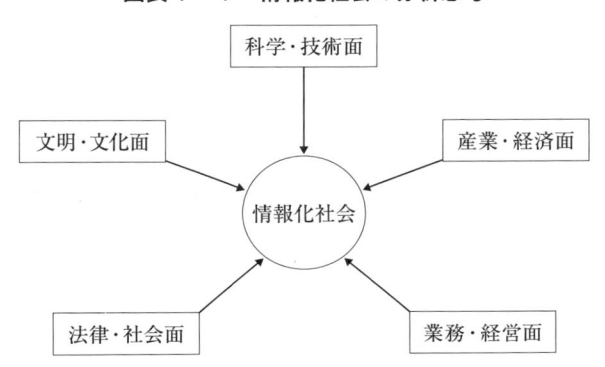

図表4-1 情報化社会の分析思考

は，1946年にエッカートとモークリーによってコンピュータの発明がなされるに至ったことに端を発している。

　その後，コンピュータはパソコンへと大発展を遂げてきているが，最も重要な点は，継続的かつ持続的なコンピュータの革命的な発展がコンピュータだけに留まらないで，たとえば電話や携帯電話，時計やカメラ，ワープロやFAX，コピー機や複写機，ラジオやテレビ，洗濯機や冷蔵庫，自動車やバス，列車や航空機といった，ありとあらゆる情報機器や一般機器の中に深く組み込まれて，そうした多数の機器における画期的な大発展をもたらしたということである。

(2) 情報の産業・経済面

　第二は，情報の産業・経済面であり，情報を変換・蓄積・伝達する情報処理産業の革新に着目して，情報産業の革新・発展という視点から社会の変容を捉えるアプローチである。

　ここ半世紀間に渡る，一瞬たりとも留まることのないコンピュータを取り巻く各種機器の進化にともなって，特に先進諸国においては旧来からの第一次（農林業）・第二次（鉱工業）産業を中核とする産業から，第三次（サービス業）・第四次（情報サービス業）産業を中核とする産業へと産業構造が大きく変貌を遂げてきた。さらに，従来からの工業においても工場におけるハードウエアの製造－生産を中心とする労働集約型の形態から，ハードウエアの効率を向上するためのオフィスにおけるソフトウエアの開発－生産を中心とする知識集約型の形態へと大きく変貌を遂げることになった。そして，経済面においてもハードウエア中心からソフトウエア中心へと，いわゆる経済のソフト化が進行することになった。

(3) 情報の業務・経営面

　第三は，情報の業務・経営面であり，情報を変換・蓄積・伝達する情報処理業務の革新に着目して，情報業務の革新・発展という視点から社会の変容を捉えるアプローチである。

　ここ半世紀間に渡る，コンピュータを取り巻くめざましい進化にともなって，特に先進諸国においては旧来からの工場における製造・生産業務を中核とする

就業形態から，オフィスにおける開発・設計業務を中核とする就業形態へと大きく変貌を遂げてきた。さらに，従来からの工業においても工場における情報の収集－変換－蓄積を中心とする情報処理型の就業形態から，オフィスにおける情報の活用－分析－創出を中心とする情報創造型の就業形態へと大きく変貌を遂げることになった。

(4) 情報の法律・社会面

第四は，情報の法律・社会面であり，情報を変換・蓄積・伝達する情報処理にかかわる産業や業務の革新にともなう就業生活と社会生活の変容に着目して，情報法制の変容・革新という視点から社会の変容を捉えるアプローチである。

ここ四半世紀間に渡る，情報ネットワーク化の進展にともなって，特に先進諸国においては，旧来からのフェイスツーフェイスコミュニケーションや文書・電話を中心とする形態から，ケータイやパソコンを中心とする形態へと大きく変貌を遂げてきた。さらに，従来からの電話についても固定電話や移動電話や携帯電話を中心とする現実通信型のコミュニケーション形態から，ケータイメールや電子メール，ウエブメールや写メール，SNSやブログを中心とする仮想通信型のコミュニケーション形態へと大きく変貌を遂げることになった。

(5) 情報の文明・文化面

第五は，情報の文明・文化面であり，情報を変換・蓄積・伝達する情報処理にかかわる法律や制度の変容にともなう文明や文化の変容に着目して，情報文化の変容・革新という視点から社会の変容を捉えるアプローチである。

ここ四半世紀間に渡る，情報ネットワーク化の広範な展開にともなって，特に先進諸国においては旧来からの人間関係や家族関係，組織関係上における礼儀作法が片方依存関係から，相互依存関係へと大きく変貌を遂げてきた。さらに，従来からの電話についても固定電話や移動電話・携帯電話を中心とする現実通信型の情報文化形態から，ケータイメールや写メール，SNSやブログを中心とする仮想通信型の情報文化形態へと大きく変貌を遂げることになった。

3．組織形成の必要性と必然性

　人間は誰も一人では生まれられない。一人で生まれた人間などは古今東西を問わずただの一人もいないのである。一人で生まれる人間などは未来永劫皆無なのである。人間は，太古の昔より，否人類誕生の当初より，少なくとも父母という家族（グループ）の中から生まれてきたのである。そういう意味では，個人が組織を形成しているのか，組織によって個人が形成されているのか，すなわち「個人が先か組織が先か」という命題は，鶏が先か卵が先かといういわゆる「鶏卵の争い」と似たような情況に陥ることになる。

　人間は一人では生きられない。人間は一人で死ぬことはできない。否人間は一人では生きてはならない。人間は一人では死んではならない。人間は元来，家族（グループ）という組織の中で誕生し，生活し，死亡していく運命に置かれてきたのである。こうした現象は，どのように世の中が変容しても基本的には変わることのない真実である。

　人間は，すでに原始時代においてさえ一人では生きることのできない情況に置かれてきたとすれば，この分業化し複雑化した現代社会においては尚更のこと，私達人間は一人では生存することができないのである。人間は例外なく，生まれながらにして家族という組織（グループ）に好むと好まざるとにかかわらず所属しているのである。

　現代社会においては，人間は，その誕生・成長とともに無意識のうちにさまざまな組織に所属することになる。ひと昔前まで地方においては自宅でのお産が一般的であったが，今日では病院という組織の中で生まれることが大半であり，空間的にはすでに生まれながらにして病院組織の中におり，そこで生存のためのさまざまなサービスを受けているのである。

　私達人間は，この世に生を受けるや否や直ちに，市区町村という地方自治体組織に出生届を出され，たとえば○○市の住民登録が行われる。「少子高齢化」時代の今日では，ひと昔前の多産化時代とは様相を異にして，その当該行政組織のみならず日本国全体にとっての将来を担う重要な構成メンバーとなる。市区町村によっては大盤振る舞いの「誕生祝金」まで支給されて，とりわけ人口

減少の著しい過疎地では人余り時代とは一転して，○○村挙げての大いなる希望の星という破格の扱いを受けることであろう。

さらに，保育園・幼稚園・小学校・中学校・高等学校・大学と進むにつれて，それぞれの教育組織に所属するのみならず，その教育組織の中でもさらにさまざまなクラスやクラブ，サークルなどに所属することになる。社会人となればさらに，勤務会社や労働組合，健康保険共済組合や介護保険共済組合，年金共済組合や失業保険共済組合，互助会や慶弔会といったような多種多様な組織に半ば強制的かつ無意識のうちに加入することになる。

人間は，決して自らの能力向上を怠るための言いわけになってはいけないのであるが，たとえどのような卓越した能力を有していたとしても，唯一人でできうることには自ずと限界がある。否，文字通り厳密に言えば，人間は一人では本当に何もできない存在なのである。あらゆる領域・分野においてより高次な水準が求められてきている現代社会では，当然のことながらますます共同し協働しなければならなくなってきている。

そして，このような限界を少しでも突破していくためには，多かれ少なかれ何らかの組織的活動を進めていく必要があることは明白である。このように捉えると，個人が集まって組織を形成していくことは必要不可欠であり，かつ必然的な過程であると言える。現代社会におけるすべての人間は，多かれ少なかれ組織を形成し所属し依存することなくしては，たとえ一日たりとも生存することはできないという状況に陥っているのである。

そこでいま，もし私達がこのような情況に置かれているとすれば，具体的にはどのような対処をすれば良いのであろうか。消費者・労働者・投資家・納税者の観点からみると，原理的には以下の如きことが言える。あらゆる組織は，図表4－2「組織形成の必要性と必然性」に示したように，例外なくその必要性と必然性のバランスにおいて形成される。

(1) 消費者からみた組織

いま，消費者の立場に立って考えると，優れた組織からは素晴らしいデザインで，故障が少なく，リーズナブルな価格の優れた製品やサービスが提供され，

図表 4 − 2　組織形成の必要性と必然性

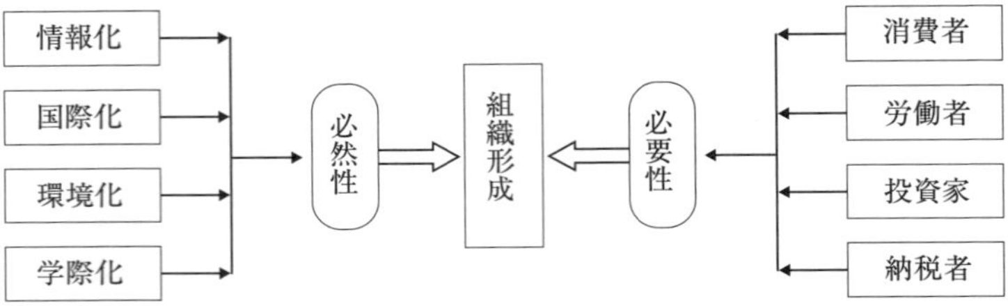

[情報化・国際化・環境化・学際化] → 必然性 → 組織形成 ← 必要性 ← [消費者・労働者・投資家・納税者]

仮にその製品やサービスに何らかの不具合が生じた場合にも迅速かつ適確な対処がなされるので，もし同類の製品やサービスを購入する場合には，兎にも角にも最も優れた組織から購入することが肝要である。

(2) 労働者からみた組織

一方，労働者の立場に立って考えると，優れた組織からはすぐれた職務条件と素晴らしい職場環境が準備され，そこにおける働きは正当に評価され，その働きに見合うに足るだけの十分な対価が支払われ，良質の福利厚生サービスを利用することができるので，もし同類の労働を提供する場合には，兎にも角にも最も優れた組織に提供することが肝要である。

(3) 投資家からみた組織

また，投資家の立場に立って考えると，優れた組織は市場からのより大きな支持を受けることによって，その融資や投資に対して確実に還元することができ，しかもより大きな収益の還元を行うことが可能であり，安全・確実・高価な見返りを期待することができるので，もし同類の投資を実行する場合には，兎にも角にも最も優れた組織に投資を実行することが肝要である。

(4) 納税者からみた組織

さらに，納税者の立場に立って考えると，優れた組織は過大な政府の支援，すなわち納税者の支援を仰ぐことなく，自立的に企業経営を行っていくことが少ないのみならず，多額の税金を納めてくれる可能性が大きいので，いずれの組織も優れた組織に成長・発展していくことが期待される。

こうした点はいずれも誠に明白な事実であるが，問題はそのような優れた組織が実際に存在するのか否か，そのような優れた組織を見つけることが可能か否か，そのような優れた組織はいつまでも優れているのか否かということである。

さらに，最も重要な点は，私達はそのような組織の利用者であると同時に形成者である。換言すれば，私達は製品やサービスを購入するという形で組織からサービスを提供されると同時に，正社員かアルバイトかは別として就労という形で組織にサービスを提供する立場にある。

私達の現代社会においては，組織の増大と多様化，組織成果の増大と多様化，組織依存度の増大という情況に遭遇してきており，組織と組織形成，組織運営の重要性はますます大きくなってきているのである。さらに，それにもまして組織をいかにうまく管理していくか，すなわち組織有効性と組織能率の度合，ならびに両者の均衡ということは最重要課題なのである。

現代社会に生きる私達は，先ず何よりもこのことを十分に認識する必要がある。「組織依存人間になってはならない」，「組織から自立せよ」，「個の自立」などといった誠に勇ましい言葉がしばしば聞かれるが，これは文字通り解釈するべきものではなく，むしろあらゆる組織をその形成目的に照らして，組織は有効性と能率においてうまく管理されているか否か，いかにして卓越した組織を形成しうまく管理していけば良いかということに心を砕く必要がある。

第2節　社会形成の基本原理

1．集合の時空と絆縁

個人が集合して組織が形成されるのと同様に，個人や組織が集合して社会が形成される。そしてちょうど，協働体系の中核として「組織」が存在しているのと同様に，社会の中核として「社会組織」が存在しているのである。さらに，この社会組織は通常，官公庁ならびに関連組織がその中心的な役割を担っているものと理解されよう。

たとえば，国家社会の中核をなしている社会組織は政府官庁組織であり，都道府県地域社会の中核をなしている社会組織は都道府県庁組織である。また，地区社会においても同様に，区社会では区役所，市社会では市役所，町社会では町役場，村社会では村役場がそれぞれ中核をなしている社会組織である。

こうした観点からみると，実感としてはピンと来ないが，地球社会の中核をなしている社会組織はニューヨークの国際連合本部であり，ヨーロッパ連合（European Union：EU，欧州連合）という国際社会の中核をなしている社会組織はブリュッセルのEU本部ということになる。

ともあれ，組織も社会も個人が集合しなければ形成されないのである。個人が集合するためには，集合目的や集合動機の他にも，少なくとも集合時空（集合時間・集合空間）と集合絆縁の二つが不可欠である。複数の，否多数の個人が集合するということを考えてみると，ただ単に通りすがりの個人が偶然に集合することができるわけではない。多数の個人が複雑な目的をめざして集合することができるためには，さまざまな要件が必要であるが，ここでは社会形成の基本原理である集合時空と集合絆縁の二つについて基本的な要件と類型を考察してみよう。

2．社会形成の集合時空

人間は，幼老齢期などの特殊な時期を除いては，例外なく生活と仕事を行っており，両方とも何らかの時空を使用して行われている。このような観点からみると，個人の集合時空は，生活時空と仕事時空の二つに区分して捉えることができる。そしていま，ここでは個人の集合時空を以下の如き五つに類型化してみよう。図表4－3「社会形成の集合時空」に示したように，人間の長い歴史を辿ってみると，ちょうど大きな時代区分に合致する形で，基本的には以下にあげた順序にしたがって，個人の集合時空である生活時空・仕事時空の変容がみられる。

(1) **生活時空と仕事時空の一致**

第一は，生活時空と仕事時空の一致である。この典型的な例としては，たと

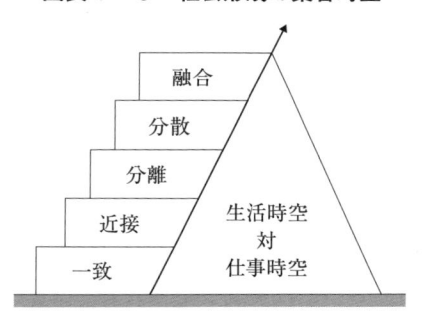

図表 4 − 3　社会形成の集合時空

（ピラミッド図：下から順に「一致」「近接」「分離」「分散」「融合」、中央に「生活時空 対 仕事時空」）

えば採猟社会（採取・狩猟社会）における狩猟場・採取場・採掘場などをあげることができる。

　この時代は，「生きることは働くこと」「働くことは生きること」であった。そして，いつも家族や同族という社会の構成メンバー全員でほとんど一緒の行動をとり，日の出とともに働き，日の入りとともに自然の洞窟や岩場のような空間で寝るといった，ある意味では規則正しい生活をしていたことであろう。

　生活空間と仕事空間は，一定しているが特定の場所に固定しているわけではなく，季節的・気候的・環境的な条件からみた良質な狩猟場・採取場・採掘場を求めて定期的に移動を繰り返していた。当初は収穫物の保存がままならなかったために，文字通りその日暮らしであったが，やがて保存・加工方法の工夫によって，生活時間と仕事時間の間にある一定期間の余裕が生まれることになった。

(2)　生活時空と仕事時空の近接

　第二は，生活時空と仕事時空の近接である。この典型的な例としては，たとえば農業社会（農業・漁業・牧畜・林業社会）における農場・漁場・牧場・農耕場・林場・材木場・集荷場・市場などをあげることができる。

　この時代は，「生活することは仕事すること」「仕事することは生活すること」であった。しかし，農耕作業は季節や気候・天候に大きく左右されており，また繁忙期と閑散期が明確に分かれることになって，生活時間と仕事時間は必

ずしも一致しなくなってきた。繁忙期には，いつも社会のなかの小さな組織構成メンバー全員でほとんど一緒の行動をとり，日の出とともに働き，日の入りとともに寝るといった規則正しい生活をしていた。

　生活空間と仕事空間は，家族単位で特定のところに定着し定住していた。当初は自然の縦穴式や横穴式住居であったが，やがて人工的な高床式住居を建築することになった。収穫物の保存・加工方法が向上してくることによって，ようやくその日暮らしの生活からは脱却することができるようになったが，気候や天候の情況によるリスクは依然として大きいものがあった。

(3) 生活時空と仕事時空の分離

　第三は，生活時空と仕事時空の分離である。この典型的な例としては，たとえば工業社会（鉱業・工業社会）における工場・事業場・鉱場・採鉱場・採油場・鍛冶場・倉庫場・船場・停車場・集積場などをあげることができる。

　この時代は，「仕事は仕事」「生活は生活」となり，生活と仕事は時間的にも空間的にも完全に分離することになった。季節や気候・天候に左右されることはまったくなくなり，年間を通して繁忙期と閑散期の区別もほとんどなくなった。一日の仕事時間と生活時間もほとんど毎日一定となった。

　生活空間は，仕事空間から一定の制約を受けていたが固定かつ定住しており，自分の好きなところに選択することができるようになったが，仕事に必要な知識・技術を習得する過程と仕事を求める過程が個人単位になり，結果として家族はバラバラになって核家族化が急速に進行し，ある意味では豊富な労働力を抱える農村から労働力の不足に悩まされる都市への民族大移動が起こり，付加価値の低い農村と付加価値の高い都市との間の格差が大きくなってきた。

(4) 生活時空と仕事時空の分散

　第四は，生活時空と仕事時空の分散である。この典型的な例としては，たとえば情報社会（情報・知識社会）におけるオフィス・事務場・職場・仕事場・店場・帳場・勘定場などをあげることができる。

　この時代は，仕事だけではなく，仕事も生活も遊びもという，仕事と生活が分散することになった。季節や気候・天候に左右されることはまったくなくな

り，一日の仕事・生活時間はフレキシブルになってきた。生活は定住していたが，仕事を求める過程において家族はバラバラになり，農村から都市への民族大移動が加速されてきた。

(5) 生活時空と仕事時空の融合

第五は，生活時空と仕事時空の融合である。この典型的な例としては，たとえば仮実社会（仮想・現実社会）におけるネット場・情場・仮場・仮想場・休憩場・遊興場・遊技場・競技場・演舞場・演武場・舞踏場などをあげることができる。

この時代は，仕事をしながら遊び，遊びながら仕事をし，仕事をしながら生活をし，生活をしながら遊ぶことができるようになり，仕事と生活，遊びが完全に融合することになる。現実世界と仮想世界の区別も明確ではなくなり，現実世界をある程度まであらかじめ仮想世界で体験することができるようになってくる。

3．社会形成の集合絆縁

人間は，理論的にはすべて自らの意思で組織や社会に参加することができるが，実際には，自らの意思でこの世界に生まれてきたというような人間は，古今東西を問わず未来永劫，ただの一人も存在しないのである。私達は例外なく，自らの意思とはまったく関係なくこの地球上に生まれ，生まれながらにして父母の家庭という組織（グループ）の一員となり，また○○市という地区社会，○○県という地域社会，日本国という国家社会，そして「宇宙船地球号」としての地球社会の一員となってきたのである。

もちろん，私達は成長の過程において，さまざまな既存の組織に参加し，あるいは新たな組織形成に参加するといったことも起こるであろう。しかし，私達の組織参加や組織形成，社会参加や社会形成は，たとえ表面的には自らの完全な意思にしたがっているようにみえても，決して「無から有は生じない」ように，何らかの「絆」や「縁」によって結び合わされることが多いのである。

そこでいま，こうした観点に立って，私達を取り巻く集合絆縁（絆と縁）を

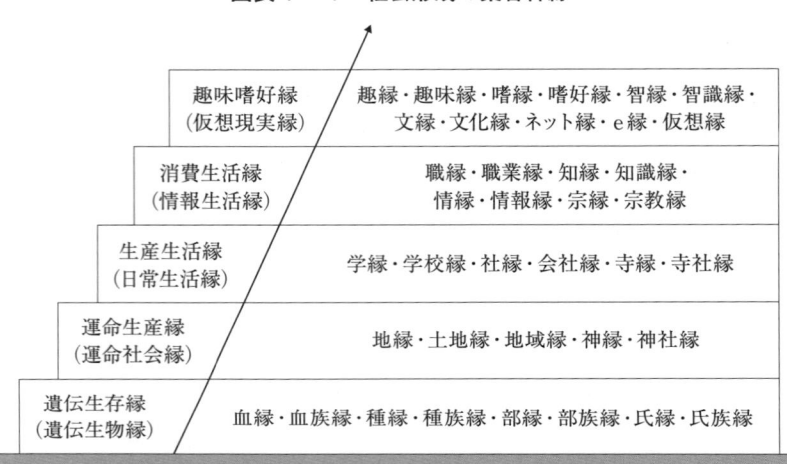

図表 4 − 4　社会形成の集合絆縁

階層	縁の種類
趣味嗜好縁（仮想現実縁）	趣縁・趣味縁・嗜縁・嗜好縁・智縁・智識縁・文縁・文化縁・ネット縁・e縁・仮想縁
消費生活縁（情報生活縁）	職縁・職業縁・知縁・知識縁・情縁・情報縁・宗縁・宗教縁
生産生活縁（日常生活縁）	学縁・学校縁・社縁・会社縁・寺縁・寺社縁
運命生産縁（運命社会縁）	地縁・土地縁・地域縁・神縁・神社縁
遺伝生存縁（遺伝生物縁）	血縁・血族縁・種縁・種族縁・部縁・部族縁・氏縁・氏族縁

　以下の如き五つに類型化してみよう。図表 4 − 4「社会形成の集合絆縁」に示したように，人間の長い歴史を辿ってみると，ちょうど大きな時代区分に合致する形で，基本的には以下にあげた順序にしたがって，個人の集合絆縁における変容がみられる。

　なお，これらのさまざまな「縁」は，一度にすべて移行していくのではなく，次第にそのウエイトが移行していくのである。特に最後のe縁，情縁はそれまでのあらゆる縁と相互補完的な関係に位置づけられるものである。

(1)　遺伝生存縁・遺伝生物縁

　第一は，遺伝生存縁・遺伝生物縁である。これは，「生存」ということに焦点が当てられている遺伝的・生物学的な縁であり，文字通り生物的な遺伝によって決まり，「誰も自分の親を選ぶことはできない」という言葉で端的に表現されるように，すでに前世から決められており，好き嫌いや良い悪いにかかわらず，自分ではどうにもならない縁である。

　この世に存在する限り，いかなる生物もこの縁から逃れることはできないものであり，生物的存在としての人間もまったく例外ではなく，逃れることので

第4章　情報社会の社会形成原理　75

きない縁である。「親子の縁を切る」という古めかしい言葉のみならず，実際にそうした行動も存在するが，たとえそうした行動によっても断ち切ることのできない縁である。

　この典型的な例としては，たとえば採猟社会（採取・狩猟社会）における親子・兄弟・姉妹・家族・親類・氏族・部族といった血縁・血族縁・種縁・種族縁・部縁・部族縁・氏縁・氏族縁などをあげることができる。

(2)　運命生産縁・運命社会縁

　第二は，運命生産縁・運命社会縁である。これは，「生産」ということに焦点が当てられている家族社会縁であり，これもほとんど運命によって決まり，「土着の民」という言葉で端的に表現されるように，後天的な要因もあるがある意味で自分ではほとんどどうにもならない縁である。

　この典型的な例としては，たとえば農業社会（農業・漁業・牧畜・林業社会）における地縁・土地縁・地域縁・神縁・神社縁などをあげることができる。

(3)　生産生活縁・日常生活縁

　第三は，生産生活縁・日常生活縁である。これは，「生活」ということに焦点が当てられている生産社会縁であり，ある程度までは自分や家族の意志によって決定することができ，一定の自由度による縁であるが，その自由度を得るための教育訓練という労苦を必要としている。

　この典型的な例としては，たとえば工業社会（工業・鉱業社会）における学縁・学校縁・社縁・会社縁・寺縁・寺社縁などをあげることができる。

(4)　消費生活縁・情報生活縁

　第四は，消費生活縁・情報生活縁である。これは，「消費」ということに焦点が当てられている消費社会縁であり，ほとんど個人の意志によって自由に決定することができる縁であるが，そのためには自由に決定することのできる能力を教育訓練によって獲得することが不可欠な要件となる。

　この典型的な例としては，たとえば情報社会（情報・知識社会）における職縁・職業縁・知縁・知識縁・情縁・情報縁・宗縁・宗教縁などをあげることができる。

(5) 趣味嗜好縁・仮想現実縁

　第五は，趣味嗜好縁・仮想現実縁である。これは，「趣味嗜好」ということに焦点が当てられている嗜好社会縁であり，ほとんど個人の意志によって自由に決定することができる縁であるが，そのためには自由に決定することのできる趣味嗜好を自ら開拓し獲得することが不可欠な要件となる。

　この典型的な例としては，たとえば仮実社会（仮想・現実社会）における趣縁・趣味縁・嗜縁・嗜好縁・智縁・智識縁・文縁・文化縁・ネット縁・e縁・仮想縁などをあげることができる。

第3節　社会形成の基本態様

　次に，個人集合の基本原理とのかかわりにおいて，上述した集合時空と集合絆縁の観点から社会形成の基本態様について考察する。ここでは，図表4－5「社会形成の態様段階」に示したように，社会形成の基本態様を以下の如き狩猟社会，農業社会，工業社会，情報社会，仮実社会という五つの段階に区分して捉えてみよう。

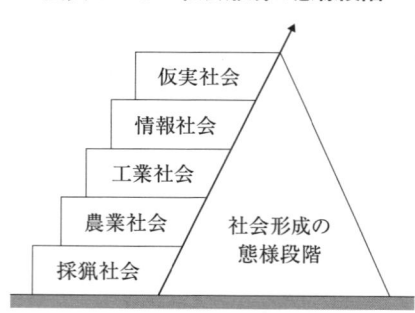

図表4－5　社会形成の態様段階

（仮実社会／情報社会／工業社会／農業社会／採猟社会：社会形成の態様段階）

1．採猟社会の社会形成

　採猟社会は，自然的な「生来生物」を中心として社会形成を図った時代であり，人間が自然に群生する木の実を採取し獲物を捕獲することによって，当初

はある意味では動物とまったく同じような文字通り「着の身着のまま」，つとめて原始的な生活をしていた時代である。

　人間は，良質の狩場（狩猟場）や採場（採取場）をもとめて常時移動を繰り返しており，特定の場所に永く定住することはなかった。もちろん，当然の如く人間は唯一人で狩をしていたわけではなく，集団で狩をしていたのである。人間は，動物とは異なり，次第により効率的な狩猟をするために協働作業を進めて，さまざまな方策や道具を考案してきたのである。

　採猟社会においては，「生きることは働くこと」「働くことは生きること」であって，生活時空と仕事時空はほとんど一致しており，文字通り「生労一致（生活と労働の一致）」の人生を送っていたのである。生活と仕事の時間と空間は自然環境から厳しい制約を受けていたため，寒冷地や熱帯地などの過酷な自然情況の中にはほとんど生存することができなかったのである。

　社会形成のための集合絆縁も，動物的な生存と運命をともにする遺伝生存縁・遺伝生物縁によって固く結ばれ，文字通り生死をともにする家族や氏族・部族・種族による協働体を形成していた。

　そして，いつも社会の構成メンバー全員でほとんど一緒の行動をとり，日の出とともに働き，日の入りとともに寝るといったある意味では規則正しい生活をしていたことであろう。生活・仕事空間は一定していなくて，定期的に移動を繰り返していた。

　人間は，生まれながらにして血族を中心とする氏族や部族，種族の中で育ち，新しい経験をすることはきわめて少なく，大半はその中で一生を終えることになっていたが，生息・活動範囲が拡大するにともなって次第に異なる部族や種族との間の交流も活発になってきた。

2．農業社会の社会形成

　農業社会は，人為的な「栽培生物」を中心として社会形成を図った時代であり，人間がただ自然に群生する植物を採取して生存するのではなく，自ら土地を開拓して定住し計画的に作物を育成することによって，確固とした生存の基

盤を形成してきた時代である。

　人間は，水辺の良質な土地を見つけて農耕地・農場として開拓して，特定の場所に定住しかつ永住することになった。生活の基本単位は次第に部族や種族から家族や氏族となり，そうした基本単位ごとに協働作業を進めて，さまざまな方策や道具を考案してきたのである。もちろん，時には新規開墾地の造成や灌漑用水路の確保などのために集落単位の大規模な協働作業も行われるようになった。

　農業社会においては，「働かざる者は食うべからず」であり，「生活することは仕事すること」「仕事することは生活すること」であった。生活と仕事の時間と空間は，根本的には季節的・気候的・天候的な大きな制約を受けていたが，水資源の豊富な環境の近くに定住することによって，自然環境からの厳しい制約は一気に緩和されてきた。この時代には，生活時空と仕事時空は必ずしも一致ではなく近接になってきたのである。

　社会形成のための集合絆縁も，農耕作業を中心とする生存と運命をともにする運命生産縁・運命社会縁によって固く結ばれ，文字通り生死をともにする家族や氏族による協働体を形成していた。

　そして，繁忙期と閑散期が明確に分かれることになり，閑散期には若干の生活上の余裕も生まれたが，繁忙期には，いつも家族構成メンバー全員でほとんど一緒の行動をとり，日の出とともに働き，日の入りとともに寝るといった規則正しい生活を送っていた。

　人間は，生まれながらにして家族や氏族，部族の中で育ち，その中で一生を終えることになっていたが，生息・活動範囲が拡大するにともなって，異なる家族や氏族，部族との間の交流も活発になり，やがて，知恵のある知略に満ちた氏族の中から豪族が出現してきた。豪族はさらに勢力を拡大して，その最大勢力を誇るものの中から王族となるものが現れてくるのである。

3．工業社会の社会形成

　工業社会は，人工物としての「機械工物」を中心として社会形成を図った時

代であり，人間が人工的な製品やサービスを創出し，市場に供給するために，基本的には組織を形成して，生存の基盤を確固とする時代である。

人間は，仕事を求めて自らの家族を離れて既存の組織に参加し，あるいは自ら新しい組織を形成して，市場に受け入れられる製品やサービスを創出することに努めるようになった。

工業社会においては，「食べるために働く」「生活をするために仕事をする」というよりもむしろ，「働くために食べる」「仕事をするために生活をする」ことができるようになってきた。また，「仕事は仕事」「生活は生活」となり，生活と仕事は時間的・空間的に完全に分離するに至る。生活と仕事の時間と空間は，自然状況からよりもむしろ社会状況から強い影響を受けることになり，生活時空と仕事時空は次第に分離することになってきた。

社会形成のための集合絆縁も，会社の生産作業を中心とする生存と運命をともにする生産生活縁によって工場において固く結ばれ，文字通り社縁（会社縁）によって協働体を形成することになった。他方，仕事と生活が分離したことによって，仕事に必要な知識・技術を習得するために学校における教育を受けることが必要不可欠なこととなり，そうした過程において学縁（学校縁）や日常生活の過程において生じる日常生活縁が大きなウエイトを占めることになった。

仕事上，季節や気候・天候に左右されることはまったくなくなり，年間を通して繁忙期と閑散期の区別はなくなった。一日の仕事・生活時空もほとんど毎日一定となった。生活は定住していたが，仕事を求める過程において家族はバラバラになり，農村から都市，農場から工場への民族大移動が起こった。

4．情報社会の社会形成

情報社会は，抽象物としての「実際知識」を中心として社会形成を図る時代であり，人間が人工的な情報製品や情報サービスを創出し，市場に供給するために，基本的には組織を形成して，生存の基盤を確固とする時代である。

人間は，仕事を求めて自らの家族を離れて既存の組織に参加し，また自ら新

しい組織を形成して、市場に受け入れられる情報製品や情報サービスを創出することに努めるようになった。

情報社会においては、「食べるために働く」「遊ぶために働く」というよりもむしろ、「働くために食べる」「働くために遊ぶ」という傾向が強くなってきた。また、仕事だけではなく、仕事も生活も遊びもという、仕事と生活が分散することになった。生活と仕事の時間と空間は、自然状況からよりもむしろ社会状況から強い影響を受けることになり、生活時空と仕事時空は次第に分散することになってきた。

社会形成のための集合絆縁も、仕事が集団的よりもむしろ個人的に行われるようになり、オフィス（事務場）・店場・市場・空港場において固く結ばれ、仕事よりもむしろ生活を中心とする生存と運命をともにする消費生活縁・情報生活縁によって結ばれ、社縁（会社縁）よりも職縁（職業縁）・知縁（知識縁）・情縁（情報縁）・宗縁（宗教縁）などによって協働体を形成することになった。

他方、仕事と生活が分散したことによって、仕事に必要な知識・技術を習得するために、繰り返し学校における教育を受けることが必要不可欠なこととなり、そうした過程において学縁（学校縁）や消費生活の過程において生じる消費生活縁がますます大きなウエイトを占めることになった。

仕事上、季節や気候・天候に左右されることはまったくなくなり、年間を通して繁忙期と閑散期の区別はなくなった。一日の仕事・生活時空もほとんど毎日一定となった。生活は定住していたが、仕事を求める過程において家族はバラバラになり、都市から大都市、工場からオフィスへの民族移動が加速されてきた。

5．仮実社会の社会形成

仮実社会は、抽象物としての「仮想情報」を中心として社会形成を図る時代であり、人間が人工的な仮想情報製品や仮想情報サービスを創出し、市場に供給するために、基本的には組織を形成して、生存の基盤を確固とする時代である。

仮実社会においては，仕事をしながら遊び，遊びながら仕事をし，仕事をしながら生活をし，生活をしながら遊ぶことができるようになり，仕事と生活，遊びが完全に融合することになった。現実世界と仮想世界の区別も明確ではなくなり，現実世界をあらかじめ仮想世界で体験することができるようになり，生活時空と仕事時空は次第に融合することになる。

　社会形成のための集合絆縁も，仕事が集団的よりもむしろ個人的に行われるようになり，ネット場・情場・仮場（仮想場），あるいはブログ，SNS，セカンドライフなどにおいてゆるやかに結ばれ，仕事よりもむしろ生活を中心とする生存と運命をともにする趣味嗜好縁・仮想現実縁によって結ばれ，趣縁（趣味縁）・嗜縁（嗜好縁）・智縁（智識縁）・文縁（文化縁）ネット縁・e縁・仮想縁などによって協働体を形成することになる。

　他方，仕事と生活が融合したことによって，仕事に必要な知識・技術を習得するためにネット教育を受けることが必要不可欠なことなり，そうした過程において生じるネット学縁（学校縁）が新たな縁として登場し，相応のウエイトを占めることになる。

　仕事上，季節や気候・天候に左右されることはまったくなくなり，年間を通して繁忙期と閑散期の区別はなくなる。一日の仕事・生活時空もほとんど毎日一定となる。生活は定住していたが，仕事を求める過程において家族はバラバラになり，大都市（郊外）から大都市（都心）への民族移動が加速されてくる。

第 5 章 経営資源からみた組織連携

Morikawa World Plus 3

第1節　経営資源からみた経営組織

1．経営資源と経営組織

　組織相互間における組織連携について，本章では経営資源という観点から捉えてみよう。経営組織はさまざまな視点から捉えることが可能であるが，いまシステム的観点からみれば，図表5−1「資源の流れからみた組織」に示したように，あらゆる経営組織は例外なく，その組織環境との間に人・物・金・情報といった「経営資源」を相互に交換することによって初めて存在し維持し発展することを許されているものと捉えられる。

　「経営資源」というのは，経営組織において取り扱われる資源のことである。どのような経営組織も，何らかの経営資源を活用することによって構成・維持・発展している。経営資源としては通常，いわゆる目に見える資源としてのヒト（人），モノ（物），カネ（金）に加えて，目に見えない資源としての情報（知識・技術）の四つを指し，ここではそれぞれ人的資源，物的資源，金的資源，情報資源と呼ばれる。

　そして，これは実際には，経営組織の事業目的・事業対象面，業務手段・業務方法面という二つの側面に対して関係している。ここで，事業目的・事業対象面は，経営組織がその組織環境に対して「どのような」，「有効的な」製品やサービスを提供していくかにかかわる側面である。他方業務手段・業務方法面は，経営組織がその組織環境に対して製品やサービスを「どのように」，「効率

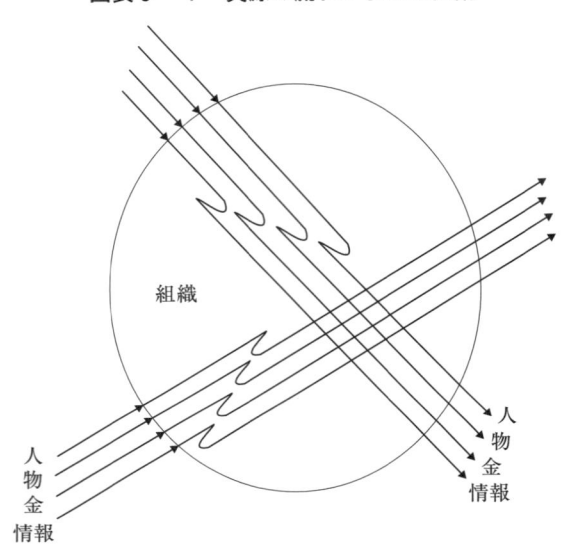

図表 5 − 1　資源の流れからみた組織

組織

人
物
金
情報

人
物
金
情報

　的に」提供していくかにかかわる側面である。
　あらゆる組織は，こうしたシステム的観点からみると，図表 5 − 2「資源プロセスとしての組織（生産企業組織）」に示したように，その使用資源別の軽重はともかくとしてもまったくの例外なく，その組織の外部環境から何らかの資材（原材料・部品）やサービスを入手（入力）し，それを組織の内部環境において何らかの処理（変換）を加え，その組織の外部環境へ何らかの製品やサービスとして供出（出力）することによって初めて存在・維持しているのである。図表 5 − 3「資源プロセスからみた組織の外部環境（生産企業組織）」は，図表 5 − 2 をさらに具体的な形で示したものである。
　要するに，経営組織は本来的にオープンシステムなのであり，いかなる経営組織も例外なく，その外部環境（スーパーシステム）との間で諸資源を相互に交換しあうことによって初めて存在し維持することができる。システム的な視点から捉えれば，経営組織は巨視的には，さまざまな経営資源を媒体とする，社会環境から社会環境に至る「媒介物」であり「変換機構」に他ならない。こ

第 5 章 経営資源からみた組織連携 85

図表 5－2　資源プロセスとしての組織（生産企業組織）

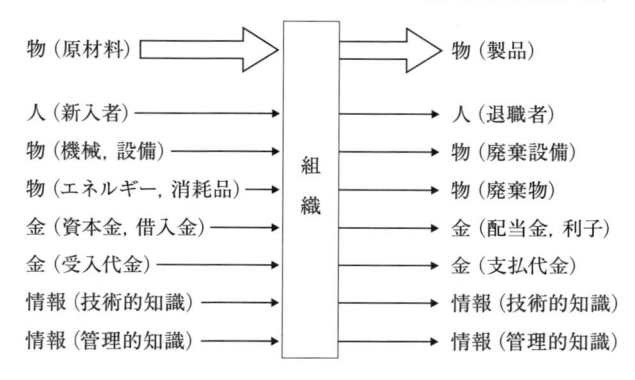

```
物（原材料）  ⟹                ⟹  物（製品）

人（新入者）  ─────→            ─────→  人（退職者）
物（機械，設備）─────→          ─────→  物（廃棄設備）
物（エネルギー，消耗品）─────→   組  ─────→  物（廃棄物）
金（資本金，借入金）─────→      織  ─────→  金（配当金，利子）
金（受入代金）─────→            ─────→  金（支払代金）
情報（技術的知識）─────→        ─────→  情報（技術的知識）
情報（管理的知識）─────→        ─────→  情報（管理的知識）
```

図表 5－3　資源プロセスからみた組織の外部環境（生産企業組織）

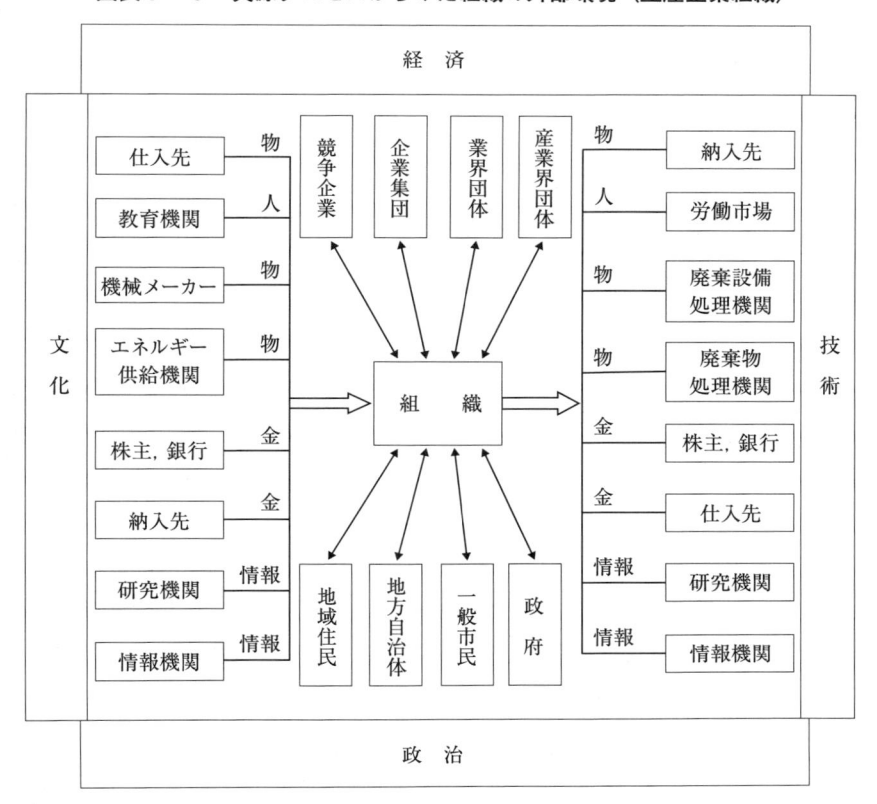

経　済

		競争企業　企業集団　業界団体　産業界団体		
文化	仕入先／教育機関／機械メーカー／エネルギー供給機関／株主,銀行／納入先／研究機関／情報機関	物・人・物・物・金・金・情報・情報　→　組　織　→　物・人・物・物・金・金・情報・情報	納入先／労働市場／廃棄設備処理機関／廃棄物処理機関／株主,銀行／仕入先／研究機関／情報機関	技術
		地域住民　地方自治体　一般市民　政府		

政　治

こで，最も興味あることは，外部環境とか社会環境といっても実際には，それらもまた経営組織や家庭や個人なのであり，さまざまなシステムから構成される個体に他ならないということである。

　こうしたシステム的観点からみれば，経営組織の基本的課題は，一つは有効的な事業目的と事業対象に対して，もう一つは効率的な業務手段と業務方法に対して，各種の経営資源をどのようにうまく使用・活用・配分していくかということにある。そして，こうした資源のうちのいずれの資源を主要な管理の対象としているかによって，経営組織はさらに各種のサブシステムに区分されるのである。経営組織は，経営資源の流れから把握すると，以下の如き基幹プロセスと補助プロセスという二つのプロセスから構成されている。しかも，非常に興味あることは，あらゆる組織は全くの例外なく，こうした分析的枠組みにおいて普遍的に把握することができるのである。

2．基幹プロセスと補助プロセス

　経営組織は，システム的観点から経営資源との関係において捉えると，図表5－4「経営資源の流れからみた経営組織」に示したように，以下の如き基幹プロセスと補助プロセスという二つのプロセスを識別することができる。図表5－5「経営資源の流れからみた経営システム（生産企業組織）」は，図表5－4をさらに経営システムとして具体的な形で示したものである。

　第一の基幹プロセスは，経営組織を流れる資源のうちで，経営組織の事業目的・事業対象面にかかわる資源プロセスである。すなわち，経営組織の主要な成果の産出に直接的にかかわるプロセスであり，企業組織が外部環境に提供・供給・出力している商品・サービスに直接的にかかわる業務であり，この業務なしには個別組織の設立・存在・存続の意義がなくなる業務である。

　要するに，これは個有組織が個有組織として存在している存在要件としての経営資源の流れである。実際の経営組織においては，この基幹プロセスに直接かかわる組織はすべてライン組織ないしはライン部門，現業部門，基幹部門などと呼ばれている。

第5章　経営資源からみた組織連携　87

図表 5 − 4　経営資源の流れからみた経営組織

経営組織

（プロセス）

（インプット）　基幹プロセス　（アウトプット）

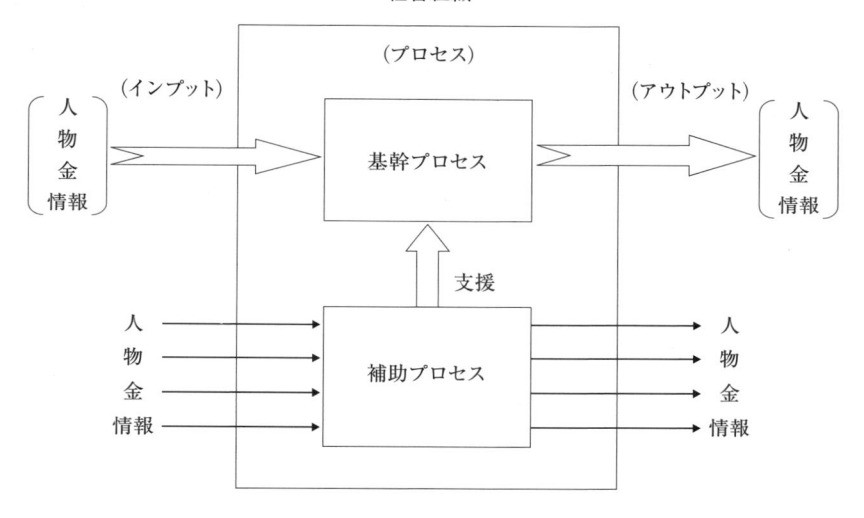

人
物　⇒　　　　　　　　⇒　人
金　　　　　　　　　　　　物
情報　　　　　　　　　　　金
　　　　　　　　　　　　　情報

支援

人　→　　　　　　　　　　→　人
物　→　補助プロセス　　→　物
金　→　　　　　　　　　　→　金
情報　→　　　　　　　　　→　情報

図表 5 − 5　経営資源の流れからみた経営システム（生産企業組織）

経営システム（生産企業組織）

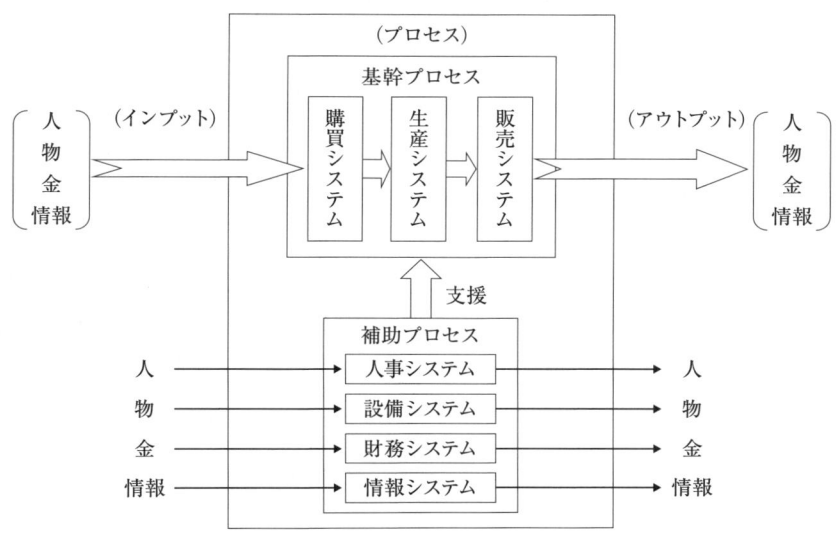

（プロセス）

基幹プロセス

（インプット）　購買システム → 生産システム → 販売システム　（アウトプット）

人　　　　　　　　　　　　　　　　　　　　　　　　　人
物　⇒　　　　　　　　　　　　　　　　　　　　　⇒　物
金　　　　　　　　　　　　　　　　　　　　　　　　　金
情報　　　　　　　　　　　　　　　　　　　　　　　　情報

支援

補助プロセス

人　→　人事システム　　→　人
物　→　設備システム　　→　物
金　→　財務システム　　→　金
情報　→　情報システム　→　情報

第二の補助プロセスは，経営組織を流れる資源のうちで，経営組織の業務手段・業務方法面にかかわる資源プロセスである。すなわち，経営組織の主要な成果の産出に間接的にかかわるプロセスであり，企業組織が外部環境に提供・供給・出力している商品・サービスに間接的にかかわる業務であり，この業務なしには個別組織の運営・活動・展開の実施ができなくなる業務である。

　要するに，これは個有組織が運営組織として存在している支援要件としての経営資源の流れである。実際の経営組織においては，補助プロセスに直接かかわる組織をすべてスタッフ組織ないしはスタッフ部門，支援部門，補助部門など呼ばれている。なお，ここで補助プロセスというのは，基幹プロセスを有効的かつ効率的に支援する役割という意味で使用しており，決して基幹プロセスよりも重要性が低いという意味ではない。

　この基幹プロセスと補助プロセスという二つのプロセスは，相互に密接かつ不可分な形で関連し，補完し合っており，どちらが重要であるというようなものではない。もし仮に，基幹プロセスが「肉体」であるとすれば補助プロセスは「精神」に相当し，あるいは基幹プロセスがコインの表であるとすれば補助プロセスはコインの裏である。ともあれ，補助プロセスにおける経営資源の流れは，基幹プロセスを流れる経営資源に対して実際的に付加価値を付け加えていくという役割を担っており，両者は正に一つになって初めて経営組織が構成されるという，いわば表裏一体的・相互補完的・相乗作用的な関係にある。

第2節　経営資源からみた経営組織の種別

　現代は「組織の時代」であると呼ばれることも多いが，特に近年，情報・医療・福祉・介護・環境面における社会的ニーズの生起や変化，あるいはいわゆる規制緩和による，従来は公的サービスによって提供されてきた分野への私的サービスの参入等によって，経営組織の事業目的や事業分野は多岐にわたってきている。そして，今後ともこうした組織の多様化傾向にいっそう拍車がかかることが十分に考えられる。しかし，こうした新たな状況においても，経営組

織は例外なく，その基幹プロセスと補助プロセスの両方がそれぞれ「入力－処理－出力」という一連の過程において，何らかの経営資源にかかわって存続するという基本構造には，全く変化はないのである。

まず，基幹プロセスを流れる経営資源は，通常はいわゆる人，物，金，情報のうちのいずれか一つの資源からなっており，複数の資源にわたることはほとんどないが，その資源の種類は多くの場合，組織目的からみた経営組織の種類と一致する。一方，補助プロセスを流れる経営資源は，いわゆる人，物，金，情報の四つの資源からなっているが，その資源の具体的な内容は基幹プロセスを流れる資源のいかんによって大きく異なる。

ともあれ，基幹プロセスを流れる資源は，基本的には経営組織のいわゆる「業種」からみた種類・産業ごとに大きく異なる。そこでいま，こうした基幹プロセスにおける経営資源の流れという観点からみると，経営組織は大きく，以下の如き四つの類型に区分することができる。

1．人流型組織

第一は人流型組織であり，基幹プロセスの経営資源の流れが「人」を中心としているものである。ここでは，入力から出力に至るプロセスにおいて実際に特定の具体的な個々の「人間」に対して，身体上・精神上にかかわる形で具体的なサービスが付与される。ここで，「資源の流れ」という意味は，文字通り解釈すると「人間」が移動・移行するということになるが，そういう意味ではなく実際には個々人に対して，たとえば教育的・文化的・宗教的・医療的・介護的・観光的・移動的な種々のサービスが付与されることを意味する。

このタイプの具体例としては，たとえば①学生の入学から教育，卒業に至る幼稚園から大学・大学院に至る学校や各種専門学校，学習塾，カルチャースクールのような教育機関，②患者の入院から治療，退院に至る病院のような医療機関，③患者の受入から収容・介護，退出に至るまでの老人ホームや老人保健施設のような社会福祉施設，④信者の確保から教育，救済に至る寺院や教会のような宗教団体組織，⑤顧客の宿泊依頼から受入・宿泊，送出に至

る旅館やホテル会社のような宿泊施設といった多様な組織が含まれる。

2．物流型組織

　第二は物流型組織であり，基幹プロセスの経営資源の流れが「物」や「エネルギー」を中心としているものである。ここでは，入力から出力に至るプロセスにおいて実際に特定の製品や商品という，具体的な「物質」や「エネルギー」という形でアウトプットされていく具体的なサービスが付与される。ここで，資源の流れという意味は，文字通り解釈して物質やエネルギーが移動・移行することを意味する。

　このタイプの具体例としては，たとえば①原材料・部品から製造（組立・加工・検査），製品・商品に至る自動車会社や電機会社，機械会社，造船会社，繊維会社，鉄鋼会社，製紙会社，化学会社，薬品会社，食品会社，石油精製会社のような生産企業組織，②商品の仕入から陳列・展示，販売に至る百貨店やスーパー，量販店，専門店，コンビニエンスストア，商社，卸売会社，小売店，ガソリンスタンドのような流通企業組織，③物品の輸送依頼・集荷から輸送，配送に至る運送会社，④郵便物や現金の郵送依頼引受から輸送，配達に至る郵便局会社，⑤土地の購入・調達から造成・開発，引渡に至る不動産会社といった多様な組織が含まれる。

3．金流型組織

　第三は金流型組織であり，基幹プロセスの経営資源の流れが「金」を中心としているものである。ここでは，入力から出力に至るプロセスにおいて実際に特定の金融商品という，具体的な「金銭」や「財務」という形でアウトプットされていく具体的なサービスが付与される。ここで，資源の流れという意味は，文字通り解釈して金銭が移動・移行することを意味する。

　このタイプの具体例としては，たとえば①預金・貯金から貸付，回収に至る銀行やゆうちょ銀行のような金融機関，②生命や物件に関する保険契約の獲得から認定・算定，保証供与に至る生命・損害保険会社やかんぽ生命保険会

社のような保険機関，③株式の売買依頼から売買仲介，代金決済に至る証券会社，④顧客からの信託依頼から信託，回収に至る信託会社，⑤信用の供与から支払の代行に至るカード会社のような信販会社といった多様な組織が含まれる。

4．情流型組織

　第四は情流型組織であり，基幹プロセスの経営資源の流れが「情報」を中心としているものである。ここでは，入力から出力に至るプロセスにおいて実際に特定の情報商品や情報サービスという，具体的な「知識」や「情報」という形でアウトプットされていく具体的なサービスが付与される。ここで，資源の流れという意味は，文字通り解釈して情報が移動・移行することを意味する。ただし，情報の場合には人・物・金の場合とは異なり，厳密に言えば移動・移行ではなく複写・転記ということになる。

　このタイプの具体例としては，たとえば①ニュースの取材から編集，報道に至る新聞社や放送会社，②雑誌や書籍の原稿の依頼・収集から編集，発行・出版に至る雑誌社や出版社，③映画や番組の制作依頼引受から制作，供給に至る映画製作会社や番組製作会社，④コンピュータソフトやゲームソフトの制作依頼引受から制作，供給に至るソフトウエア会社，⑤ゲームソフトの制作依頼から制作，供給に至るゲームソフト会社といった多様な組織が含まれる。

第3節　経営資源からみた組織連携

1．経営資源からみた組織連携の分類視点

　「組織連携」というのは，広義には経営組織と経営組織がどのような組織的な関係によって形成・維持・存続しているかということである。経営組織は，もしそれが継続的に存在し，維持しているものであるならばいかなるものであれ，その経営環境との間で，基幹プロセスと補助プロセスのそれぞれ入力と出力の両側面において，人，物，金，情報という経営資源を媒介として何らかの

関係を有している。ここで，経営組織の経営環境もまた多くの場合に，入力と出力の両側面において，少なくとも必ず一つの経営組織を含んでいる。

経営組織は，他の経営組織と何らかの結合関係を有しており，他者と全く無関係に孤立して存続し続けることはできない。産業やビジネスの発展は必然的に，経営組織と組織環境間，とりわけ経営組織の相互関係をいっそう緊密化・多様化・複雑化する。ともあれ，経営組織は他の経営組織との間で，経営資源を媒介とする何らかの結合関係の中で存続し，発展しているのである。ここでは，研究の対象としているある組織を「対象経営組織」と呼び，それに関係している他の組織を「関係経営組織」と呼ぶことにしたい。

こうした経営組織相互間，すなわち対象経営組織と関係経営組織間の結合関係は，以下のような四つの視点から類型化することができる。

第一は結合主体の種類によるものであり，結合主体の種類が同種類のものであるか異種類のものであるかによって，たとえば同業種的結合と異業種的結合の二つに大別することができる。ここで同業種的結合は，結合主体の基幹プロセスを流れる経営資源の種類が全く同じで，内容の関連性がみられるものである。一方異業種的結合は，結合主体の基幹プロセスを流れる経営資源の種類と内容が両方とも異なるか，または種類は同じでその内容の関連性がみられないもののどちらかである。

第二は結合資源の種類によるものであり，経営組織相互間を結合している経営資源の流れがそれぞれ人，物，金，情報のいずれであるかによってそれぞれ，人流型結合，物流型結合，金流型結合，情流型結合の四つに区別することができる。

第三は結合度合の程度によるものであり，たとえば結合度合の強いものから順に系列的結合，提携的結合，一般的結合の三つに大別することができる。ここで，系列的結合は組織相互間の結合が一方向的・従属的な関係の強いものであり，提携的結合は双方向的・対等的な関係の強いものであり，一般的結合は通常の市場的・相対的な関係の強いものである。

第四は結合プロセスの種別によるものであり，経営組織相互間を結合してい

る経営資源の流れが，基幹プロセスと補助プロセスのいずれのプロセスを通してなされるのかということであり，基幹結合型，補助結合型，混合結合型の三つに大別することができるが，後で詳述することにしたい。

2．組織連携の発展的傾向

　経営組織相互間における組織連携は，結合主体，結合資源，結合度合，結合プロセスの四つ，すなわちどのような結合主体が，どのような結合資源によって，どのような結合度合において，どのような結合プロセスを通して相互に関係しているかという四つの観点から捉えることができる。

　そしていま，近年における組織連携の著しい特徴としては，(1)結合主体からみると，同業種の結合から異業種的結合へ，(2)結合資源からみると，人・物・金のハード的結合から情報・知識・技術のソフト的結合へ，(3)結合度合からみると，一方向的な結合である従属的結合から双方向的な結合である対等的結合へ，といった三つの傾向を指摘することができる。

　そしてさらに，こうした視点から捉えると，今後の組織連携は，図表5－6「組織連携の発展的傾向」に示したように，「物的価値」指向のハード的結合から「情報的価値」指向のソフト的結合へ，また「規模の経済」指向の同業種的

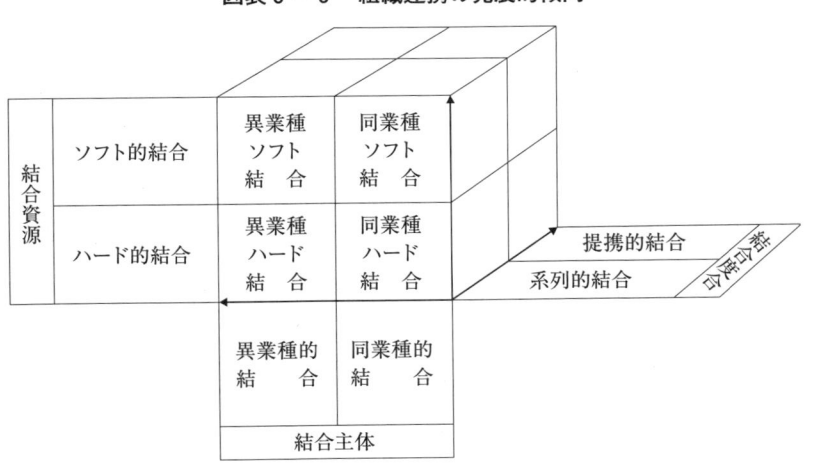

図表5－6　組織連携の発展的傾向

結合から「連結の経済」指向の異業種的結合へ、さらに「タイトな」指向の系列的結合から「ルースな」指向の提携的結合へと変容していくことであろう。

換言すれば、同業種間の従属的なハード的結合から異業種間の対等的なソフト的結合へと、いわゆる異業種情報ネットワーク化の方向へと次第にその重心を移動していくことになる。そして、情報の一元化と同時化を促進する高度情報化の進展にともなって、経営組織はその業種・規模・地域のいかんを問わず、異業種融合的（異業種交流・異業種連携・異業種融合）でグローバルな情報ネットワーク化へと、いわゆる情報化と業際化、国際化が密接かつ同時並行的に結合した形で、新しい発展を遂げていかざるを得ない。

以下では、経営組織における三つの結合関係のうちのまず第2番目の結合資源の側面を中心としつつ、それに第3番目の結合度合の側面を加えながらさらに詳述していくことにする。結合資源を中心に把握したのは、一つは経営組織と経営資源という分析視点との整合性を図るという意味において、もう一つはその分析フレームワークの中に情報概念が直接的に関係しているという理由によるものである。また結合度合を付け加えたのは、実際の事例に対応して理解することが容易であることによる。

すでに示した、経営資源の流れから捉えた経営組織という観点から二つの組織と組織の関係を捉えると、経営組織間の関係は、対象とする経営組織のインプット側かアウトプット側のいずれかに位置し、基幹プロセスか補助プロセスのいずれかのプロセスと、何らかの経営資源を媒介として密接な関連を有するものとして捉えられる。

換言すれば、システム的観点からみると、組織連携は、その基幹プロセス相互間、補助プロセス相互間、あるいは基幹プロセスと補助プロセス間において、人、物、金、情報の四つの経営資源のうちの一つないしは複数の資源を媒介物として、結合・連結しているものとして把握することができる。そして、経営組織は、その事業対象・事業領域・事業規模の拡大にともなって必然的に、結合の対象・範囲・内容を拡大化・多様化・複雑化することになるのである。

第4節　経営資源からみた組織連携の類型

　ここでは，すでに述べた結合プロセスの種別によって，経営組織相互間の組織連携の類型化をすることにしたい。こうした結合プロセスの種別によって捉えると，組織連携は，経営組織相互間を結合している経営資源の流れが，基幹プロセスと補助プロセスのいずれのプロセスを通してなされるのかによって，すでに述べた通り基幹結合型，補助結合型，混合結合型の三つに大別される。

　そしてさらに，混合結合型，すなわち基幹プロセスと補助プロセスの間における結合は，対象経営組織が基幹プロセスで関係経営組織が補助プロセスである「混合基幹結合型」と，逆に対象経営組織が補助プロセスで関係経営組織が基幹プロセスである「混合補助結合型」の二つに区分することができる。

　そこでいまこれをまとめると，経営組織相互間の組織連携は，図表5－7「経営資源の流れからみた組織連携の類型」に示したように，以下の如き四つの基本的な結合形態に大別することができる。しかし実際には，系列的関係とか連携的関係と呼ばれる場合には，経営組織相互間は単一の結合形態や単一の経営資源によって結合されていない場合も多い。結合関係が密接不可分な形になればなるほど必然的に，複数の結合形態や複数の経営資源によって結合されるようになる。なお，以下の各結合形態の具体例の提示に際しては，その結合形態の特徴が最も明白になっている従属的な結合形態，すなわち「系列型」だけを取り上げる。

図表5－7　経営資源の流れからみた組織連携の類型

システム		システムプロセス	関連経営システム	
			基幹システム	補助プロセス
対象経営システム	基幹プロセス		基幹結合型	混合基幹結合型
	補助プロセス		混合補助結合型	補助結合型

1．基幹結合型

第一は基幹結合型であり，図表5－8「基幹結合型組織連携」に示したように，対象経営組織と関係経営組織の二つの経営システムの基幹プロセス相互間が，何らかの経営資源によって結合されている場合である。その結合資源が人，物，金，情報のいずれであるかによって，それぞれ基幹人流型，基幹物流型，基幹金流型，基幹情流型の四つに区分される。さらに，従属的関係の強いものはそれぞれ，基幹人流系列型，基幹物流系列型，基幹金流系列型，基幹情流系列型と呼ばれる。

図表5－8　基幹結合型組織連携

関係経営システム	対象経営システム	関係経営システム
基幹プロセス ↑↓ 補助プロセス	→ 基幹プロセス ↑↓ 補助プロセス	→ 基幹プロセス ↑↓ 補助プロセス

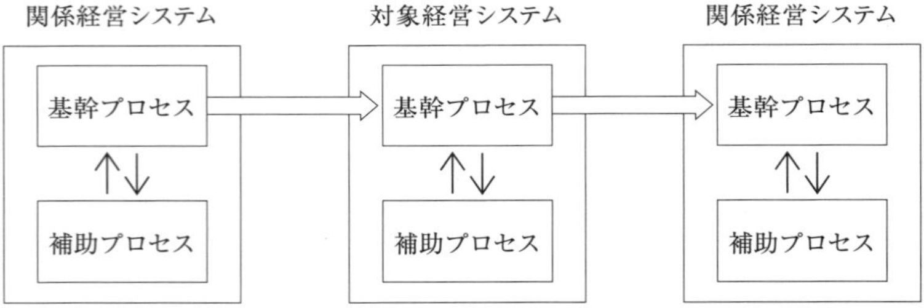

基幹人流系列型の具体例としては，たとえば小学校のほとんど全員の卒業生が中学校への進学を保証されている付属小学校や，中学校のほとんど全員の卒業生が高等学校への進学を保証されている中高一貫校とか，高等学校と大学がほとんど同様な関係を有する大学付属校などがあげられる。

基幹物流系列型の具体例としては，たとえば大手メジャーからガソリンを一手に供給されているガソリンスタンド，本部から商品の供給を一手に受けているコンビニエンスストア，同一事業所内で原料の供給－受入システムが整備されている化学コンビナート，食材やパック等の必要な資材の供給を受けているファーストフードチェーン，クリーニングや写真等の注文を受けた品物を集中的に処理するクリーニングチェーン店や写真現像取次店，宅急便会社との間で契約をして宅急便の集配を担当している会社などがあげられる。

基幹金流系列型の具体例としては，たとえば必要な資金を供給している大手

銀行系列のノンバンク，保険会社の契約した保険を再保険している再保険引受会社，大手クレジットカード会社が提携クレジットカードの発行を許可している中小のクレジットカード会社などがあげられる。

基幹情流系列型の具体例としては，たとえばテレビ局相互においてテレビ番組の配給・供給契約を結んでいるテレビ会社，映画製作会社と映画のフィルムの配給契約を結んでいる映画館，書籍やビデオの取次・配給・供給契約を結んでいる出版取次チェーンやビデオレンタルチェーンなどがある。

2．補助結合型

第二は補助結合型であり，図表5－9「補助結合型組織連携」に示したように，対象経営組織と関係経営組織の二つの経営システムの補助プロセス相互間が，何らかの経営資源によって結合されている場合である。その結合資源が人，物，金，情報のいずれであるかによって，それぞれ補助人流型，補助物流型，補助金流型，補助情流型の四つに区分される。さらに，従属的関係の強いものはそれぞれ，補助人流系列型，補助物流系列型，補助金流系列型，補助情流系列型と呼ばれる。

補助人流系列型の具体例としては，たとえば経営幹部役員を派遣している会社，自社の教育・研修施設において関係会社からの研修要員を受け入れている会社，納品業者として定期的・継続的にデパートへ販売促進要員を派遣している会社，政府官庁から継続的に天下りを受け入れている特殊法人や企業組織な

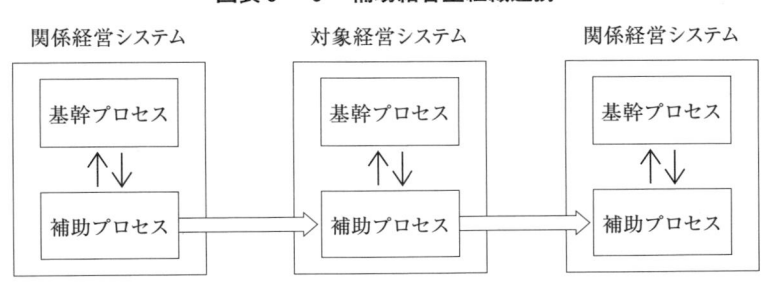

図表5－9　補助結合型組織連携

どがある。

　補助物流系列型の具体例としては，たとえば大手新聞社との間で自社の余剰印刷設備の活用のために長期間の新聞印刷を契約している地方新聞社や，印刷会社との間で長期間の発行雑誌の印刷業務を契約している雑誌出版社などがある。

　補助金流系列型の具体例としては，たとえば過半数の株式を所有している会社，相互に株式を持ち合っている株式持合会社，親会社や取引会社から多大な資金の融資を受けている製造会社や販売会社などがある。

　補助情流系列型の具体例としては，たとえば航空券の発券システムを共有化している航空会社，マイル交換システムやポイント交換システムに加入している各種のカード発行会社，鉄道会社や航空会社との間で乗車券の発券システムを契約・導入している代理店，ホテルや旅館との間で宿泊券の発券システムを契約・導入している観光会社や旅行会社，大手予備校から使用テキストや衛星通信による授業の提供を受けている系列予備校，本山や本部組織から教義の布教活動許可を得ている寺院や教会等の宗教団体組織などがある。

3．混合基幹結合型

　第三は混合基幹結合型であり，図表5－10「混合基幹結合型組織連携」に示したように，ある対象経営組織の基幹プロセスと別の関係経営組織の補助プロセスが，何らかの経営資源によって結合されている場合である。その結合資源

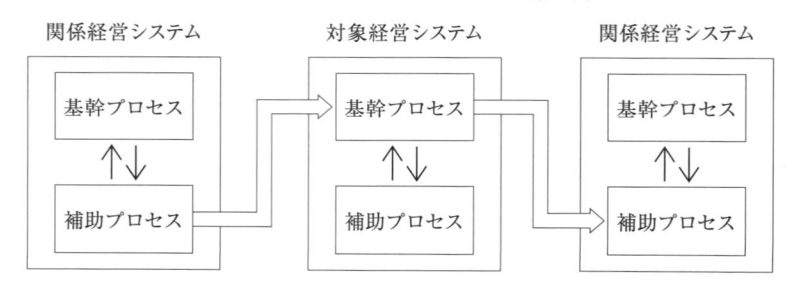

図表5－10　混合基幹結合型組織連携

第5章　経営資源からみた組織連携　99

が人，物，金，情報のいずれであるかによって，それぞれ混合基幹人流型，混合基幹物流型，混合基幹金流型，混合基幹情流型の四つに区分される。さらに，従属的関係の強いものはそれぞれ，混合基幹人流系列型，混合基幹物流系列型，混合基幹金流系列型，混合基幹情流系列型と呼ばれる。

　混合基幹人流系列型の具体例としては，たとえば特定の企業から社員を大学院生として派遣されている大学，中小企業から研修のために学生を受け入れて教育・訓練をしている中小企業大学校，各企業からの研修生を受け入れて訓練をしている各種業界の職業訓練学校などがある。

　混合基幹物流系列型の具体例としては，たとえば企業から耐用年数を経過した機械を産業廃棄物として引き取って処理する会社，自動車メーカーの生産した自動車をレンタカーやタクシー用車両として調達するメーカー系列のレンタカー会社やタクシー会社などがある。

　混合基幹金流系列型の具体例としては，たとえば預金の獲得を特定の大企業の膨大な余剰資金に大きく依存している銀行，大手銀行との間で資金供与を受けている消費者金融会社などがある。

　混合基幹情流系列型の具体例としては，たとえば研究調査の依頼を特定企業に大きく依存している特定企業によって設立された総合研究所や調査機関，政府予算に大きく依存している，いわゆる政府系の調査研究機関などがある。

4．混合補助結合型

　第四は混合補助結合型であり，図表5-11「混合補助結合型企業連携」に示したように，ある対象経営組織の補助プロセスと別の関係経営組織の基幹プロセスが，何らかの経営資源によって結合されている場合である。その結合資源が人，物，金，情報のいずれであるかによって，それぞれ混合補助人流型，混合補助物流型，混合補助金流型，混合補助情流型の四つに区分される。さらに，従属的関係の強いものはそれぞれ，混合補助人流系列型，混合補助物流系列型，混合補助金流系列型，混合補助情流系列型と呼ばれる。

　混合補助人流系列型の具体例としては，たとえば人材の確保を人材派遣会社

図表 5－11　混合補助結合型企業連携

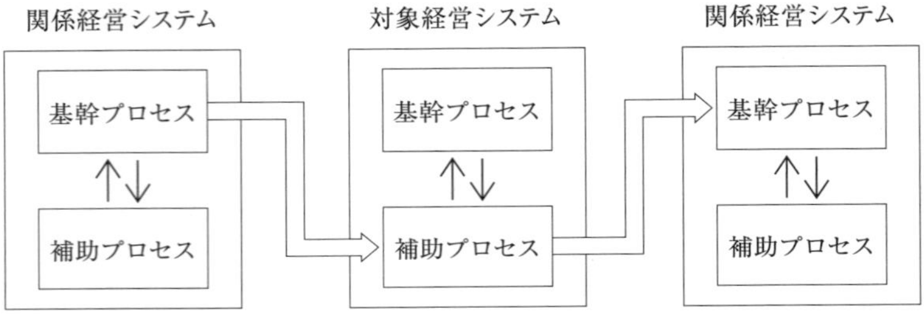

```
関係経営システム        対象経営システム        関係経営システム
┌─────────┐          ┌─────────┐          ┌─────────┐
│ 基幹プロセス │─────────→│ 基幹プロセス │─────────→│ 基幹プロセス │
│    ↑↓    │          │    ↑↓    │          │    ↑↓    │
│ 補助プロセス │─────────→│ 補助プロセス │─────────→│ 補助プロセス │
└─────────┘          └─────────┘          └─────────┘
```

からの派遣に大きく依存している会社，卒業生を全員受け入れる航空大学校，業界によって設立されている研修訓練学校，特定大学の医学部や医療看護学部から継続的に卒業生の医師や看護婦を受け入れている大学付属病院や大学系列病院などがある。

　混合補助物流系列型の具体例としては，たとえばリース会社との間でコンピュータやクレーン車，車，産業用設備・機器のレンタルやリースの契約を結んでいる会社などがある。

　混合補助金流系列型の具体例としては，たとえば銀行から大口の融資を受けている会社，クレジット会社と契約を結んで売上金の回収をしているクレジット加盟店などがある。

　混合補助情流系列型の具体例としては，たとえば信用情報機関との間で定期的・継続的に信用情報の提供を受ける契約を結んでいる会社，地域気象情報会社との間で定期的・継続的に天候情報の提供を受ける契約を結んでいる，毎日の天候状況によって業務が大きく左右されるような会社などがある。

第6章 企業連携の本質と類型

Morikawa World Plus 3

Morikawa World Plus 3

第1節　現代社会組織における「企業連携」

1．現代社会キーワードとしての「連携」

　最近，新聞紙上その他の情報メディアにおいて，企業組織や産業社会のみならずさまざまな領域・分野・部門において，さらに広く一般社会や国際社会においても「連携」や「提携」という言葉が多用されてきているとの印象がある。実際にそのような傾向が強くなってきているか否かの真偽はともかくとして，先ずは産業・企業分野，政治・行政分野における身近な例を幾つか具体例示的に挙げてみよう。

　たとえば，「東急電鉄は国土交通省と連携し，車中マナー向上に努めております」「丹沢・大山の観光振興，携帯ゲームと小田急が連携」「カゴメ，アサヒなどと物流連携を拡大」「事業者間の連携が問題解決の鍵」「ネットサービスとの連携強化」「パナソニック，三洋パナ電子と連携」「労働組合との連携強化」，あるいは「坂井市，県やハローワークと連携し，市民の暮らしを守る」「水関連ビジネス：自治体と企業の連携」「江東区，パソナと連携」「民間事業者との協定で連携を強化」「事業継続で産学連携」「大学間の連携を促す」「スピード感のある国際連携が不可欠」「米，日・韓と防衛連携拡大」「安保で連携強化」「日米の連携で核兵器廃絶を」「民主，自民，公明3党の政策連携」などといった具合である。

　こうした「連携」なる用語は，特に近年企業・産業などの民間部門だけでは

なく，医療・福祉・教育・情報・行政・環境などの公的部門にまで順次拡大普及してきている。たとえば，旧来からの生産者と消費者の提携，産業連携，企業連携，組織連携，新連携，国際連携，産学連携，異業種連携，製販連携などから，新たに医療と看護の連携，医療と介護の連携，医療と福祉の連携，情報と通信の連携，通信と放送の連携，放送と情報の連携，官民連携，公民連携，官公民連携，産学官連携，産官学連携，産官学軍連携，地域連携，社会連携，学社連携，異分野連携，農商工連携，医療連携，病診連携，医工連携，幼保連携，小中連携，中高連携，高大連携などへと広範に多用されてきている。

さらに，連携から一歩進んだ形の「融合」や「一体」といった指向も現実化してきている。たとえば，マーケティング・流通分野においては製販（製造・販売）一体化，製販卸（製造・販売・卸売）一体化，卸小売（卸売・小売）一体化，産直（生産・消費）融合化，情報・通信分野においては情報と通信の融合化，放送と通信の融合化，情報・通信・放送の一体化，輸送・交通分野においては輸送の空陸（航空・陸上）一体化，輸送の水陸（水上・陸上）一体化，交通運輸（交通・運輸）一体化，金融分野においては銀証（銀行・証券）融合化，銀保（銀行・保険）融合化，生損（生命保険・損害保険）融合化，教育分野においては幼保（幼稚園・保育園）一体化，小中（小学校・中学校）一貫化，中高（中学校・高等学校）一貫化，高大（高等学校・大学）連携などがみられる。

2．情報化の進展と「連携」思考の拡大

1980年代以降に始まったこうした異業種交流，異業種連携，異業種融合などを端緒とする試みの大半は，少なくとも21世紀におけるIT化が進展するまでは，個体相互間の交流・連携・融合を促進するための「思考旗印」としてはともあれ，シーズとしての情報ツール・コミュニケーションツールが未整備であったために，実質的には大きな成果を上げることができなかったものと理解される。しかし，21世紀における急速なICT化の展開によって，たとえばグローバルとローカルの連携，リアルとバーチャルの連携，オフィスとホームの連携，仕事と休息の連携，物流と情流の連携などが初めて本格化して，飛躍的

な前進を果たすことになった。

　このように捉えてみると，世の中「連携流行」であるようにも見えるが，図表6－1「連携の基本的意味」に示したように，「連携」とは文字通りそれぞれの自立した個体が，それぞれ自由意思に基づいて相互に「手を携えて連なる」ことを意味している。改めて考えるまでもなく，このように捉えられる「連携」は，社会形成には元来必要不可欠なことである。「人間は一人では生きられない，否一人で生きてはならない」ということは，誰しもその人生においてしばしば実体験することであり，経験的かつ普遍的な真実であろう。

　努めて日本語特有な言葉の妙ではあるが，元来「人間」とは「人と人の間」という意味であり，人間とは「人」と「人」の間に生きる「人」であると言える。このように捉えてみると，個体と個体，とりわけ人間によって構成される組織や社会もまったく同様に，厳密に言えば「組織も社会もそれ単独では一瞬たりとも存続することができない」のである。人間，組織，社会を問わずあらゆる個体は元来，個体と個体との関係，他者との関係性において初めて自己の存在を許され，自己の発展を担保される存在なのである。

　こうした人と人，個人と個人，個体相互間の繋がりに関しては，理念面，ニーズ面における認識の展開だけではなく，情報通信技術面，シーズ面における発展を無視することはできない。私達人間は，ここ半世紀間における情報化の進展によって，とりわけ21世紀におけるＩＣＴ化のハード・ソフトの両面に

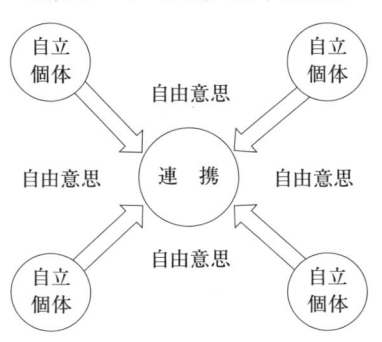

図表6－1　連携の基本的意味

おける発展によって，少なくとも情報通信技術的には，この地球上において「いつでも，どこでも，だれとでも」繋がるための，有力なコミュニケーションツールを確保することになった。すなわち，ハード面においては，たとえばインターネット化，ブロードバンド化，ケータイ化，クラウド化に象徴されるＩＣＴ化の発展があげられる。一方ソフト面においては，たとえばメール，ホームページ，ブログ，スカイプ，ツイッター，ソーシャルネットワークサービス（SNS）といった多種多様なソーシャルメディアの展開があげられる。

こうした多種多様なソーシャルメディアの展開によって，近年わが国では，その好き嫌いや良い悪いにかかわらず，たとえば電車中の通勤時間帯はもちろんのこと終日，若年者から壮老年者に至るまでケータイに首ったけになっている，「昔ラジカセ，今ケータイ」なる一種異様な光景を眼にすると，すでに「一億総中流症候群」ならぬ「一億総繋がり症候群」とでも形容すべき異様な情況に陥っている恐れもある。

しかし，こうした一億総繋がり症候群時代の到来も決して，一億総中流症候群時代のように本当に深いつながりを求めているか否かは疑問の余地がある。何よりも，現代社会の形成基盤となっている「自由主義・民主主義」とは，本来個人個人が完全に自立・独立し，各個々人の完全な自由意思によって自主的に社会を構成・参画・運営していく，換言すれば「繋がれど，依存せず」という高邁な理想に立脚しているのであろう。

こうした観点に立てば，たとえあらゆる社会形成において「絆」や「縁」がいかに大切なものであろうとも，もし各個人個人の繋がる範囲と度合いに限界があるとすれば，特定の個人同士が過剰につながり過ぎることは，ともすればすべての事柄がかえって濃厚な絆や縁に結ばれたきわめて狭い仲間内だけで取り仕切られるという危険も大きくなり，不幸にして絆や縁を築き得なかった個人には，そうした恩恵に浴する機会がかえって少なくなり，自由主義・民主主義の理想郷として多くの人が何となく描いている姿形とは懸け離れる，というパラドックスが生じることになろう。

3. 現代企業連携の必要性と必然性

　企業経営の要諦は，当面の直面する経済的合理性の追求と，長期的な視野に立った組織的安定性の確保という，相反する二つの課題の微妙な均衡に対する挑戦であると言える。あらゆる企業組織は，その経営理念と組織使命を達成するために必要な経営資源の入手と，企業組織の経営成果として産出する経営資源の供出について，いずれも組織環境との間で最も経済的な合理性が高く，長期的な安定性が高い形で交換することが重要である。

　バーナード（Chester I. Barnard）によれば[1]，組織の基本構成原理としては，組織の共通目的を達成するために，組織構成員たるそれぞれ貢献意欲をもった個人が，相互にコミュニケーションをとりながら集合することによって初めて構成されるものと理解される。そして，「ゴーイングコンサーン（Going-Concern）」をめざすためには，その存続・発展のために必要な組織有効性と組織能率を確保することが不可欠な要件となる。こうした捉え方は，複数の個人による単一組織の組織構成の場合はもちろんのこと，複数の組織による複合組織の組織構成の場合にも同様に当てはまることであろう。

　ここで，個体と個体の関係について，とりわけ企業と企業の取引（Transaction）を中心として，企業相互間における原材料や資材，製品やサービスなどの経営資源の取引にかかわる「自由度」と「安定度」のいかんという二つの観点から捉えてみよう。いま，こうした企業相互間における取引形態という観点から企業連携を捉えると，実際にはさまざまな前提条件によって異なるが，ここでは最もシンプルな形で大別すると，図表6－2「企業取引の類型（自由度と安定度からみた）」に示したように，少なくとも一般的取引，提携的取引，系列的取引，すなわち「一般」「提携」「系列」といった三つの組織間形態を識別することができる。

　一般的取引は，すべての取引をその時その時の市場条件に基づいて，市場を通してまったく自由にかつ相互平等的に行うことができるが，安定性という面では最も低い位置に甘んじることになる取引形態である。提携的取引は，すべての取引を事前に定められた特例条件に基づいて，直接組織を通して相互互恵

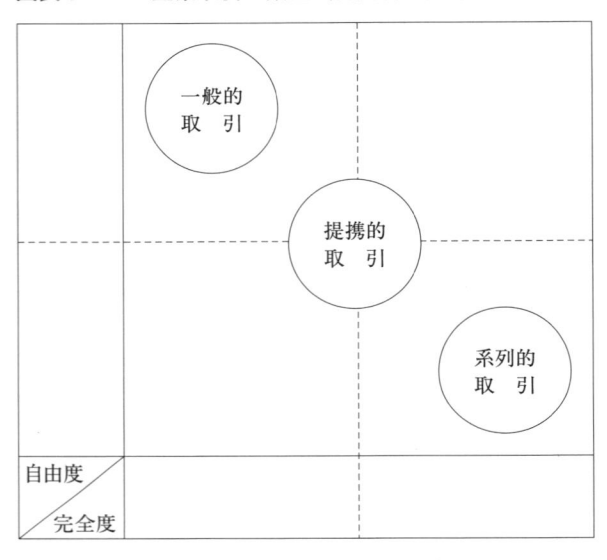

図表6－2　企業取引の類型（自由度と安定度からみた）

```
           ┌─────────────────────────┐
           │       ○                 │
           │    一般的               │
           │    取　引               │
           │                         │
           │           ○             │
           │        提携的           │
           │        取　引           │
           │                         │
           │                ○        │
           │             系列的      │
           │             取　引      │
           │                         │
           │┌──────┐                 │
           ││自由度│                 │
           │├──────┤                 │
           ││完全度│                 │
           │└──────┘                 │
           └─────────────────────────┘
```

的に行うことができるが，自由度と安定度においてはいずれも中位の位置に甘んじることになる取引形態である。系列的取引は，すべての取引を事前に定められた特定条件に基づいて，直接組織を通して支配従属的な関係の下で，双方ともに最も安定的に行うことができるが，自由度は最も低い位置に甘んじることになる取引形態である。

　ここで，「連携」と「提携」の関係についてみてみると，両者はほとんど同じような意味において捉えられることも多いが，より厳密に言えば，連携はまだ具体化されていない包括的かつ抽象的な段階であり，提携は何らかの個別的かつ具体的に至った段階であるものと捉えることができる。図表6－3「企業連携の類型」は，こうした企業相互間における取引関係を一般，連携，提携，系列，統合という五つのレベルにおいて捉えて，企業関係を段階的に示したものである。

　次に，企業連携の必要性と必然性について考察するが，私達人間社会にとっての一般的な必要性と必然性についてはすでに述べたので，いま何故「連携な

図表6－3　企業連携の類型

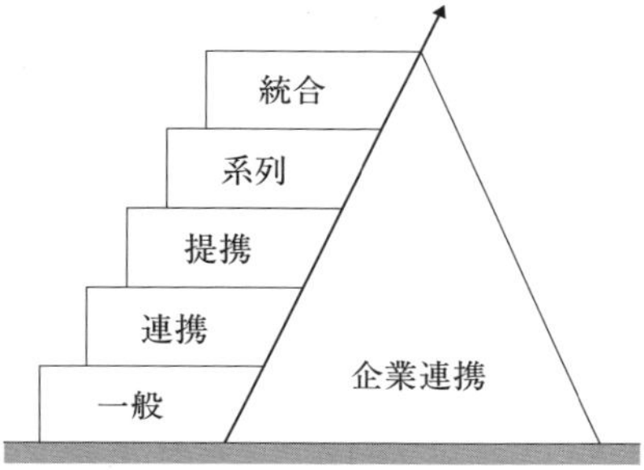

```
        統合
      系列
    提携
  連携         企業連携
一般
```

のか」,「一般ではなく連携なのか」,「系列ではなく連携なのか」について明確にしたい。いま何故「一般でも系列でもなく連携なのか」については,いずれも一言で言えば,系列から連携へ転じる時代的背景ということにはなるが,以下の如き多少似通った三つの点を指摘することができる。

(1) 人口構造と海外進出にかかわる時代的背景

　第一は,わが国の人口構造と海外進出にかかわる時代的背景である。わが国では,かつての高度成長期においてはほとんどの製品やサービスの供給において,国内の人口増加や海外への輸出拡大にともなう旺盛な需要に対応するために,生産は毎年右肩上がりに増加し,とにもかくにも製品やサービスを安定的に供給する体制を整える必要が大きく,そのために「ケイレツ（系列）」という日本独自の産業組織体制を整えることになった。

　バブル崩壊を契機として国内人口の減少傾向,とりわけ少子高齢化と海外勢の追撃による製品やサービスの減産体制に転じる必要があり,そうした新しい状況に対応するためには,従来は日本の活力の源泉であったケイレツが大きな足かせとなってきた。しかし,一般取引では安定性に不安があるために,系列的取引の有する安定性と,一般的取引の有する自由性という二つの長所を相応に併せ持つ連携的取引が,従来以上に注目されるようになったのである。

(2) 産業企業構造上の変革にかかわる時代的背景

　第二は,産業企業構造上の変革にかかわる時代的背景である。系列は企業相

互間の厳密かつ固定的な結合であるが，わが国の産業社会は，戦後からバブル時までは何はともあれ，明確な目標としての，自由資本主義の盟主たる米国に追いつき追い越せの時代であったために，そうした目標を達成するためには系列のような固定的な，がっちりした関係がより適していたと言える。

しかし，国防・軍事・航空・衛星・コンピュータ・医療関係はともかくとして，少なくとも繊維・家電・造船・鉄鋼・精密機械・電子部品・自動車にかかわる経済産業面においては，米国にほぼ肩を並べるまでの成長拡大を果たしたことによって，戦後一貫して追い求めてきた米国というお手本としての目指すべき目標を初めて見失う状況となり，今後は日本独自の道を模索し，果敢に未来を切り開いていかなければならなくなってきた。そうした新しい未知の状況に対処するべく，個々の企業の存続・発展のためには，厳密かつ固定した系列的な関係よりもむしろ柔軟かつ緩やかな連携的な関係をより必要とするようになってきたということである。

(3) 一般性研究と専門性研究にかかわる時代的背景

第三は，一般性研究と専門性研究にかかわる時代的背景である。学問研究の場合には，歴史的にも一般性研究と専門性研究の必要性が必ずしも一定間隔ではないが，一般性・一般化研究と専門性・専門化研究が交互に花開く時代が周期的に訪れている。そうした周期においてはもちろん，同じ次元に回帰するわけではなく，螺旋系を描いてもう一段高次な次元に回帰するのである。こうした現象は恐らく，学問研究の具体的な展開先としての産業経済分野においても同様に普遍的にみられることであろう。

同様に，この世におけるあらゆるモノ・コトはただ単に一直線に進行するものではなく，通常は，必ずどこかに明示的・不明示的なターニングポイントが存在することは明らかであり，産業経済分野における発展の場合にも，決して成長拡大，否衰退縮小一辺倒に進んでいくわけではない。急激に成長拡大を果たしたかと思えば，しばらくは停滞して，そのうちまた少し方向性の異なる形で成長発展していく，専門化と一般化という形での同様な循環サイクルがみられることであろう。

系列関係は，一般化と専門化のどちらに近いかと考えれば，特定の関係を安定的に深化させていくものと捉えれば間違いなく専門化に近い。しかし，系列という専門化はある程度深めていけば，思考構造的にはともすればマンネリズムに陥りやすくなり，一定の壁に遭遇することになり，当面容易にはそれ以上の改善・発展を見込めなくなってしまう。そのような場合には，別の優れた新しい取引先と新しい関係を自由に築くという一般化を図ることによって，新しい改善・発展が見込まれることも多いのである。

第2節　わが国産業社会を取り巻く環境変化

あらゆるモノ・コト，あらゆる個体はその環境に何らかの変化を及ぼすとともに，環境の変化によって何らかの影響を受けるが，いかなる産業や企業も一つの個体としてその例外ではない。一般的に言えば，環境と無関係な個体は存在しないが，個体を取り巻くモノ・コトのすべてが環境であるというわけではない。

原理的に言えば，環境とは個体に影響を及ぼすモノ・コトであり，個体から影響を受けるモノ・コトである。したがって，個体にとって環境とは既知の存在するモノ・コトには留まらないで，未知の認識するモノ・コトをも包含するのである。このように捉えると，環境にはあらゆるモノ・コトが含まれるが，以下では，あらゆる産業・企業にとっての最大の環境は「人口動向」であると捉えて考察を進めることにしたい。

1．人口動向と産業構造変革

わが国産業を取り巻く第一の環境変化は，いわゆる少子高齢化といった形での人口動向の変化である。社会や産業，組織の盛衰にかかわる最も基盤的な指標は人口動向であり，あらゆる社会的な環境変化は「すべて人口に依拠する」と言っても過言ではない。人口の増減や人口構成比の変容は，あらゆるビジネス変動，あらゆる社会変動にかかわる動向分析の要諦である。一人の人間は，

その経済状況や社会状況によって大きく異なることは言うまでもないが，一日・一年・一生の間にそれぞれ一定の衣食住を必要とするので，人口が増加すれば必然的にいわゆる「衣食住」の生活に必要な資源に対する需要が増加し，他方人口が減少すればその需要も減少することは自明の理である。

わが国における「少子高齢化」が叫ばれて久しいが，わが国はすでに人類史上最速の「超少子高齢化社会」に突入しており，ただ「自然の摂理」に委ねるかのような対応では，最早ソフトランディングはきわめて困難な状況に立ち至ってきている。少子高齢化は，わが国のみならず歴史的にも初めて大規模な形で現出する状況ではあるが，旧来からのただ「産めよ，増やせよ」政策や，明治維新によって強力に推し進められてきた「富国強兵」「殖産興業」政策とは相容れない大転換になろう。

しかし，人口減少自体は，旧来の「拡大的均衡」から「縮小的均衡」への転換ということで，この「緑青地球号」上の人類がいずれは辿らなければならない道であるので，長期的に捉えれば決して過度に悲観的になる必要などはなく，今後多かれ少なかれあらゆる国が遭遇する根本的な人口問題の予兆でもある。わが国がそのさきがけとして問題解決に挑戦する貴重な機会を得たというように理解する必要があるが，問題は国家境界壁の硬軟度と急激な高齢化の進展ということに尽きる。

私達人間は有史以来たゆみなく，その活動領域を時間的・空間的・次元的に拡大することに努めてきたが，とりわけ中世の暗黒時代を通り抜けた，西洋のルネッサンス期の開花によって思想的・学術的・産業的な急展開が図られてきた。改めて考えてみると，私達人類は，マクロ的な視点から捉えると，その誕生以来旧約聖書の「産めよ，増えよ，地に満ちよ（創世記第9章1節）」の言葉通りに進行してきているが，ミクロ的な視点から捉えると，個別の自然環境や社会環境の変動に対応する形で，個々の民族や国家，地域はそのすべてがこうした人口増加一辺倒で進んできたわけではなくて，むしろその逆に人口減少や人口撃滅という結果に終わった場合も少なくないのである。

人口論についての本格的な学術研究書としては，イギリスの古典派経済学者

マルサス（Thomas Robert Malthus）によって1798年に出版された『人口論』が見られるが，この中で「人口は，何の抑制もなければ等比級数的に増加する。一方，人間の生活物質の増え方は等差級数的である[2]」，換言すれば「幾何級数的に増加する傾向を有する人口と，算術級数的にしか増加しない食糧との差違に起因する人口過剰が発生することになるが，これは社会制度の改良では回避され得ない」との見解が示された。

こうした見解は，あらゆる分野・領域・部門における科学化・情報化・国際化・環境化・学際化が高次に進展した21世紀の現代社会において，いまなお「世界中には飢えに苦しんでいる多数の人々がいる」という状況を直視すると，きわめて有意味な一つの見解であることに変わりはない。

近年における人類・人口と地球・環境については，すでに1970年設立のローマクラブ（Club of Rome）による，1972年刊行のレポート『成長の限界[3]』によって世界各国の知識人，経営者らの，人類と地球が置かれた危機的状況に対する共通認識となっている。私達人間社会におけるさまざまな営みは，環境悪化と環境改善の両方向に進んできているが，ここ半世紀間における「人口爆発」ともいえる現象と，この「青緑星地球号」自体の絶対許容量という観点から考えると，40年後の今日はさらにそうした危機は大きくなってきているようにも感じられる。

わが国においては恐らく，人口減少自体は歴史上初めてのことではあるが，何よりも目下のところは世界全体では人口は依然として急激な増加傾向にあり，近年における交通手段や通信手段の急速な発展を勘案すれば，一昔前に比べて人間の移動自体はきわめて容易になってきており，理論的には移民政策の大転換による海外からの大量の人口流入ということも決して不可能なことではない。ともあれ，1990年代初頭における英国の著名な調査研究機関による，「日本が現行の豊かさを維持するためには毎年百万人の移民を受け入れなくてはならない」といった驚愕的な指摘はともかくとしても，早晩相当数の移民の受け入れなしにはいずれ立ちゆかなくなる恐れもあろう。

昨今の日本経済は，一昨年の東日本大震災と原子力発電危機の勃発によって

わが国から退去する外国企業も多く，また昨年来の本格的なユーロ危機の顕在化に至って，わが国を初めとする先進諸国における経済活動が旧来にもまして先行き不透明な状況となってきている。さらに近年は，急速な少子高齢化の進展に加えて，わが国における自殺者が年間3万人を超えているという，ただ経済的に豊かな社会を形成すればすべての問題はほぼ解決されるものと捉えて，ただただ戦後の混乱期を無我夢中で働いてきたが，こうした想像さえしていなかった驚愕的な事実を目の当たりにして，いよいよわが国にも本当に危機が迫ってきているとの認識を強くするところである。

　企業組織を取り巻く環境変化は，分析者によってさまざまな視点から捉えることが可能であるが，大半の企業組織にとって人口動向はその最大の要因であろう。人口動向が直ちに日々の事業活動に直接影響を有する企業もあれば，その事業活動の対象や方策のいかんによって，当面はそれほどの直接的な影響を受けにくい企業もある。しかし，あらゆる企業組織において例外なく，人口動向，すなわち人口自体の変容や人口構成の変容は，長期的な盛衰を左右する最重要要因の一つであることに疑念の余地はない。文字通り正に「この世はヒト次第」，さらに「ビジネスは人口次第」と言っても過言ではない。

　経営資源の流れという観点から捉えると，企業組織は典型的には，その経営理念を達成するために必要な製品やサービスを開発し，その生産のために必要な経営資源を企業の外部環境から調達し，それを基にして企業内部において製品やサービスを生産して，それを外部環境に提供・販売することによって存在する。組織環境は，経営資源の観点から見ると，いわゆるヒト・モノ・カネ・情報の四つの経営資源の変化として捉えることができるが，ヒト以外の資源が単独で移動・変容することはなく，すべてはヒトが密接不可分な形で関与することによって初めて変容することになるので，あらゆるビジネスの基盤は人間であり，文字通り「すべてのビジネスはヒト次第なのである。」

2．少子高齢化と産業社会

　あの第二次大戦後の一面焼け野が原のまったくの広漠・荒廃した，文字通り

「国破れて山河あり」との様相からわずか20年しか経ていないにもかかわらず，東京オリンピックの開催と新幹線の開通を契機として，産業経済面における大躍進ぶりを称えて，かつて米国の著名な未来学者で一般システム理論の論客としても知られ，シンクタンクのハドソン研究所創設者でもあったハーマン・カーン（Herman Kahn）をして，1970年には著書『超大国日本の挑戦[4]』において「21世紀は日本の世紀」「21世紀は日本の時代」とまで語らしめた日本は，現下の中国にも劣らない，恐らく歴史的にも類を見ないめざましい躍進を遂げた。

　バブル崩壊直前の1990年代初頭には，政治家や経営者，マスコミさえも「東京の土地でアメリカ全土を購入することさえできる」「もはや世界に敵なし」といった類いの，今となっては誠に分不相応な根拠なき豪語ぶりであった。さらに浅薄なことに，学術界においても本来は控え目なはずの研究者ですら少なからず，「もはやアメリカに学ぶものなし」とまでの発言が聞かれるような状況であった。大学内でも「もはやキリスト教の時代ではない」と建学の精神，アイデンティティーさえ疑問を呈する声が垣間見られることとなった。

　しかし，こうした驕り高ぶりの結果は，バブル崩壊後の「失われた二十年」を経た今日でも，世界におけるわが国の位置は，少なからずの指標において「かつての栄光は今いずこか」の観がある。バブル崩壊後20年の歳月を経た今日，とりわけ都市から地方への工場移転にともなう繁栄によって「企業城下町」となった一部地方においては，海外への急激な工場移転によって，ともすれば「夏草や兵どもが夢の跡（松尾芭蕉）」とでも形容せざるを得ない事態に立ち至りつつある。バブル崩壊後比較的早く，企業組織においては企業における経営理念や創業の精神，アイデンティティーへの「原点回帰」に熱い視線が注がれるようになり，しばらくすると大学領域においても同様に，一様に再び「建学の精神」が声高々に叫ばれる様相を呈していることは記憶に新しい。

　かつてはテレビや半導体によって世界を席巻した，少なからずの日本のＩＴ企業の最近におけるあまりの盛衰ぶり・凋落ぶりに遭遇するとき，「失われた十年」ならぬ「失われた二十年」を経てもなお，政治的・経済的の両面におい

てますます混迷・低迷を続けているような有様である。ハーマン・カーンの「2000年頃に日本の国民一人当りの所得がアメリカと並んで世界一のレベルに達する」との予測は十年早く達成したものの，現在は先進諸国の内では最下位の成長予測となった現実の受容はまだしも，今となっては「軍事的にはアメリカの，経済的には中国の影響下に置かれる」などといった予想だけは決して現実にはならないことを祈るのみである。

　元来，わが国国民の多くが「行く川の流れは絶えずして然も元の水にあらず（鴨長明『方丈記』）」，「生者必滅・会者定離」の自然経過的な DNA を色濃く有しているとしても，またたとえヨーロッパにおける歴史を垣間見るだけでも，「栄枯盛衰」は古今東西を問わず世の常であり，人類不変の原則であることは十分に理解されるとしても，特にここ最近は，本当に「このままわが国は歴史の彼方に埋没してしまうのか」，「わが国企業はこれから，いったい何によって企業価値（Value Chain：ＶＣ）を高めて，ゴーイングコンサーンを確保していけば良いのであろうか」といった現実が散見されるに至っている。

　何よりも，市井の国民にとってこの狭い日本のいったいどこに蓄積されているのかと疑念の余地さえ呈されることの多い，1400兆円とも喧伝されるわが国の金融資産ではあるが，このままただ「埋蔵金のありか」の探索だけに頼っているかの様相では，たとえ実際に予期せぬ埋蔵金が発掘されたとしても，いずれは大幅な劣化ないしは跡形もなく費消されることであろう。「わが国国民はこの先，いったい何によって日々の生活の糧を得ていけば良いのであろうか」といった危惧の念，半ば諦めにも似た感情を強く抱くに至っているのが，率直な今日の状況であろう。

　こうした危惧の念は，たとえば近年躍進のめざましい中国に，いわゆる「勝ち組」の一員として進出を果たしている多くの企業においてさえ，少なからず共有しているところである。進出先の現地企業においてかつての高度成長期における日本企業におけるように，日夜文字通り身を粉にして働く多くの企業戦士達も少なからず，「中国進出は本当に日本企業にとって企業価値を高めることになるのであろうか」といった疑念を払拭することはできなく，「連結決算

上の企業価値を高めることには寄与することができる」，ともかく「バスに乗り遅れるな」という形で中国におけるビジネスに臨んでいるところも少なからずみられるところである。

それと同時に，バブル崩壊後二十年を経てもなお低迷を続けているが，私達すべての国民の心の奥底のどこかに今日でもいまなお強く，「あの歴史的にもわが国最初の，第二次世界大戦による壊滅的な敗戦による広漠・荒廃した国土から奇跡的ともいえる復興を果たし，あの1970年代後半に突如発生した未曾有の石油危機を見事に乗り切って，ひとときは世界ナンバー2の経済的地位を獲得するまで上り詰めたわが国が，このまま為す術もなく低迷しつつけるはずはない」という，必ずしも確たる根拠のない漠然とした希望が交差している感がある。

長期低迷の中にも，常に一筋の希望を抱くことは，どのような状況においても誠に好ましいことであり，たとえいかなる希望であれ生存のためには不可欠なことではあるが，反面こうした漠然とした希望の故に，とりわけ新興国世界におけるめざましい発展を直視することを怠ってきたつけが大きくなってきている。私達日本国民は，かつての蒙古襲来における「神風願望」「神風神話」から未だ抜け出していない恐れもある。しかし決して，蒙古襲来時に「神風神話」が流布していたり，「神頼み」などに任せていたわけではなく，危機を脱皮するべく生死をかけて勇敢に立ち向かったのであり，神話の形成はすべて後生の歴史の成せる技であることを理解する必要があろう。

3．少子高齢化と企業経営

企業経営は，システム的観点から捉えると経営資源の流れとして捉えることができる。人口動向，とりわけ少子高齢化の進展は，こうした経営資源の流れという観点から，営利企業と非営利企業，物理的企業と情報的企業，製造型企業とサービス型企業，大企業と中小企業，全国展開企業と地域限定企業を問わず，あらゆる企業組織に大きな影響を及ぼす。しかし，その影響は組織特性や事業特性，企業経営のいかんによって大きく異なり必ずしも一様ではない。以

下では，製造業企業とサービス業企業，大企業と中小企業という二つの対比について考察したい。

まず，製造業企業とサービス業企業という対比において，その影響を考察してみよう。製造業とサービス業の事業特性についてであるが，輸送手段と通信手段の発達した現代社会においては通常，製造業は生活消費現場に近くなくても十分に事業遂行は可能であるが，サービス業は生活消費現場にできる限り近いところが望ましい。少子高齢化によって製造業務に適した若年層が減少し，また付加価値面と機密保持面から開発業務はできる限り多く国内に留め，製造業務は必然的に海外移転の促進を図る必要がある。他方，サービス業務は実際にサービスを供与する現場にできる限り近いところに留めておく必要性が高いために，一定のサービス業務は国内に残す必要がある。

したがって，国内では製造業企業の空洞化が激しくなり，必然的にサービス業企業のウエイトが高くなる。こうした傾向は，たとえ円安局面に入ったとしても，製造業を支える若年層の減少によって容易に改善されるには至らないであろう。また，あらゆる企業において，サービスを受ける対象者の高齢化に対応するために，製品やサービスの内容自体を大幅に変容する必要に迫られる。製造業においては，たとえば大型自動車から小型自動車，大型住宅から小型住宅へ，少品種大量生産から多品種少量生産などへと変容を促す必要がある。一方サービス業においては，たとえば多容量パックから少容量パック，一括大口配送から多頻度小口配送，育児介護などの若年層向けサービスから福祉介護などの高齢層向けサービスなどに変容する必要がある。

次に，大企業と中小企業という対比において，その影響を考察してみよう。大企業と中小企業という対比においては，少子高齢化よりはむしろ経済のグローバル化の影響の方がより大きいものと捉えられる。グローバル化による現代日本経済における危機は，大企業や中堅企業はもちろんのことであるが，とりわけわが国産業における企業数の99.7％，就業人口の約75％，総生産高の約50％を占める中小企業においては正に危機的状況であり，文字通り企業としての「存亡の危機」を迎えている。

わが国における中小企業問題は、いわゆる日本特有な「産業の二重構造」問題として旧来から取り上げられてきており、何も今急に問題提起がなされていることではないが、グローバル化の進展が著しい現代社会においては、この問題は旧来にもまして大きな問題となってきている。大企業の海外進出は、今日のグローバル化が突然発生してきたわけではなく、相当長期にわたる国際化の結果として、その延長線上に今日のグローバル化へと発展してきていること、資金的・人材的にみてそれなりの経営資源の蓄積を有することによって比較的容易であるが、大半の中小企業にとっては、海外進出は初めて遭遇する場合が多く、規模的・人材的に見ると大企業と比較するまでもなく海外移転が容易ではない。

たとえ、海外企業とのジョイントベンチャー等によって運良く海外進出が叶えられる状況に至ったとしても、長期的に見ると、いずれは海外企業の傘下に入らざるを得ない状況に置かれることが容易に想像されよう。しかも、資金や知識のみの移転となり、人材自体を移転することはほとんど不可能なことによって、国内の事業拠点は早晩空洞化されることになるであろう。こうした点において、今般の中小企業危機は、旧来からの周期的に叫ばれてきた中小企業危機とは大きく異なる様相を呈しており、わが国中小企業にとっては正真正銘、いま正に企業存亡の瀬戸際に立たされていると言っても過言ではない。

第3節　わが国企業組織を取り巻く環境変化

以上の如きわが国産業・企業を取り巻く人口動向から見た環境変化について考察したが、さらにたとえば情報化・国際化・環境化・学際化といった現代社会変革のキーワードから見た環境変化から、今日の企業組織を取り巻く具体的な環境変化について考察することもきわめて有益である。また、中小企業を取り巻く環境変化については、経済的・産業的・経営的・政治的・社会的・文化的・技術的・国際的といったさまざまな観点から捉えることができるが、ここでは、とりわけバブル崩壊以降のわが国における企業組織を取り巻く環境変化

について、ケイレツ化の崩壊、ボーダレス化の進展、ネットワーク化の進展といった、具体的かつ顕著な三つを取り上げることにしたい。

1．ケイレツ化の崩壊

ケイレツ化の崩壊は、大企業と中小企業の関係における系列的組織関係の崩壊であり、系列的関係から連携的関係への変容である。かつての世界に冠たる「日本的経営」の基盤としては、会社と従業員との間における「年功序列・終身雇用・企業組合」と、企業内部における「稟議制度」と企業相互間における「忠誠恩寵」と「相互互恵」を基盤とする「企業系列（ケイレツ）」を指摘することができる。

しかし、バブル崩壊後、会社存亡の危機に遭遇して劇的な形で嚆矢を放った、たとえば日産自動車を初めとする自動車会社各社から、電気産業や造船産業、精密産業、繊維産業、建設土木産業に至る広範な産業領域において、長年にわたって培われてきた強固な「ケイレツ」の解消ないしは希薄化が急速に進んできた。企業と従業員、企業相互間におけるこうした関係は、少なくとも形式的にはかなり形骸化されてきたとはいえ、依然として存続されてきてはいるが、実質的には従業員マインド・経営者マインドの双方においてともに崩壊寸前にあると言える。

わが国は、第二次大戦にともなう産業・企業・個人を対象とする、いわゆる1940年からの「戦時体制」政策の強化を契機として、経済産業構造の二重化が加速されてきたが、それにともなっていわゆる大企業による中小企業の「ケイレツ」化も加速されるに至ったのであろう。ともあれ、系列的組織関係の崩壊は、中小企業の自立的発展に対する自覚と必要性そのものは増大したが、反面において大半の中小企業にとっては必然的に発展か滅亡かの二者択一を迫られることになった。

それまでの大企業と中小企業の一般的な関係は、系列子会社は親会社からの「無理難題」をすべて粛々と受容し実行する代償として、それ相応の庇護を供与されるという、ある意味では「相互互恵」の精神を具現してきた。しかし、

中小企業は，長年にわたってこうしたあまりに堅固で，一方的な「傍若無人」とも言える関係に甘んじてきたが故に，いざケイレツ関係から解放されると多くは直ちに「茫然自失」状態に陥ることになったのである。

バブル崩壊以降における厳しい経済環境に加えて，主として発展途上国からの原材料・資材の輸入から，自国におけるその加工・生産の過程を経て，自国製品の主として先進諸国への輸出に端を発する国際化から，一足飛びに国内の加工・生産過程の一部または全部を発展途上国に移転するという世界化，グローバル化の急速な展開によって，相当数が成長・発展よりはむしろ淘汰される状況に立ち至ったということである。

バブル崩壊以降，こうした製造業の領域・分野におけるケイレツ化は相当少なくなったが，反面流通業のケイレツ化はますます加速してきている。たとえば現代ビジネスの代表的な成功事例の一つであるコンビニは，そのコンビニエンスチェーンへの加入・脱退は，中小企業というよりは零細企業である事業者の全くの自由意思によって行われることは間違いないが，それでもなおある意味では，流通業の「現代版企業系列（ケイレツ）」であると言っても過言ではない。実際的にも，大半の個人商店は，昨今は一昔前のスーパーの全国展開に加えて，近年におけるコンビニの急速な全国展開によって，大都市における激減はいうまでもなく，多くの地方都市においても「シャッター通り」の出現とともに，静かに退却を余儀なくされつつある。

2．ボーダレス化の進展

自由主義社会・資本主義社会であると言っても，あらゆるビジネス活動は，多かれ少なかれその良し悪しはともかくとして明示的・非明示的な形で，規模的・資金的・業種的・業態的・時間的・空間的・地理的，あるいは何らかの法律的・経済的・経営的・社会的・文化的・国際的・技術的な面から，自ずと何らかのボーダーが設けられていた，良く言えば「棲み分け」，悪く言えば「規制」が設けられていた。

しかし特に近年，ビジネス活動におけるボーダレス化の進展が著しい。旧来

は，たとえばリアルとバーチャル，ライブとネット，ローカルとグローバル，物流と情流，同業種と異業種，製造と販売，通信と放送，医療と診察，保健と看護，美容と理容，スーパーとネットスーパー，電気とガス，私的部門と公的部門，民業と官業，規模の利益と範囲の利益などといった，明示的・非明示的な形で歴然と存在していたさまざまな「境界」や「障壁」は，多種多様な要因によって，とりわけ情報化・国際化・学際化の急速な進展によって，ビジネスの「ボーダレス化」が浸透してきている。

　ここでは，中小企業と大企業相互間におけるビジネス活動のボーダレス化の進展について取り上げたい。時期的には必ずしも明確ではないが総じてバブル崩壊以降，中小企業と大企業相互間におけるさまざまな領域・分野においてボーダレス化が進展してきている。そして，それは製造業・サービス業にかかわらず，中小企業が大企業の事業領域・分野に進出するよりもむしろ，逆に大企業が中小企業の事業領域・分野に進出することが容易になってきている。

　たとえば製造業においては，大企業は旧来規模の利益を享受するために同一品種大量生産を中心とし，中小企業はニッチの利益を得るために各企業においては同一品種少量生産であるが，各中小企業が異なる品種を生産することによって，中小企業全体としては相異品種少量生産を中心とする形になり，大企業と中小企業間においてある程度大まかな「棲み分け」がなされていたと言える。しかし，とりわけ情報技術の進化にともなって，大企業が旧来の少品種大量生産中心からさらに多品種少量生産分野への進出が可能となったことにより，次第に中小企業を馳駆する形でのボーダレス化が進展してきた。

　一方，サービス業においては，旧来は中小企業というよりはむしろ街の小さな商店といった零細企業が多くを占めていたが，スーパーや量販店・専門店の広範な展開によって食料品店・書店・靴屋・果物屋・雑貨店・酒屋，またチェーンストアとしてのコンビニエンスストア（コンビニ）やドラッグストア，各種フランチャイジングの大量出店によって雑貨店・薬屋・文房具店・美容院・ガソリンスタンド，あるいはファーストフード店，ハンバーガー店，うどん屋・そば屋・居酒屋，大半の零細企業は完全な廃業・淘汰か各種チェーンス

トアへの加入かの道を辿ることになった。これらは「フランチャイジング（Franchising）」という形の新たな「ケイレツ」として捉えることもできよう。

旧来は，良くも悪くも好むと好まざるとにかかわらず，中小企業と大企業のビジネスは，主として中小企業・大企業の組織的・環境的特性に起因する要因の相違によってそれぞれ大きく異なっており，ビジネスにおける規模の利益・範囲の利益によって，両者の実質的な「棲み分け」がなされてきた。かつてはスーパーや大規模店の進出・開店には，全国各地において恒例ともいえる出店反対運動が展開されてきたことは記憶に新しいところであるが，1973年10月に制定された「大規模小売店舗法（大規模小売店舗における小売業の事業活動の調整に関する法律：大店法）」が2000年6月に廃止されたのを契機として，とりわけ近年は，両者間における「共存共栄」「相互互恵」関係という形で，ある意味では静かに新しいボーダレス化が進行しつつあるとも言える。

旧来大企業と中小企業を明確に隔ててきた壁は，企業の企業規模（資本金・従業員数）という法制的かつ形式的なものがすべてである。たとえば，図表6-4「中小企業の定義」に示したように，現行（1999年12月3日公布・施行）の中小企業の定義は，製造業その他においては資本金3億円以下，従業員300人以下，サービス業においては資本金5000万円以下，従業員100人以下を中小企業と定めている。しかし，中小企業と大企業の相違は，こうした法律上の二つ

図表6-4 中小企業の定義

＜新しい中小企業基本法＞1999年12月3日公布・施行

	製造業その他	卸売業	小売業	サービス業
資 本 金	3億円以下	1億円以下	5,000万円以下	5,000万円以下
従 業 員	300人以下	100人以下	50人以下	100人以下

＜改正前の中小企業基本法の定義＞

	製造業その他	卸売業	小売業	サービス業
資 本 金	1億円以下	3,000万円以下	1,000万円以下	1,000万円以下
従 業 員	300人以下	100人以下	50人以下	50人以下

の局面における相違だけではなく，企業組織と企業経営に重要な影響を有する差違がみられることであろう。

　ここでは，経営的かつ実質的な視点から大企業と中小企業を隔てている壁を捉えてみよう。両者を分け隔てている壁は，資本金と従業員数の他に売上高・利益額・資産額・役員数，顧客数・顧客種類数・顧客所在範囲，単品生産と多品種生産といった業務方式，業務分量・業務地域・業務拠点数・活動領域，取扱製品・サービス種類数，競争相手・仕入先・納入先の数や種類，ステークホルダー数，企業設立経過年などから捉えられる。一般的には，大企業はこうした多種多様な視点から捉えた企業規模が大きい企業であると捉えられる。

　こうした国内を中心とするボーダレス化に加えて，特に近年経済・産業・企業の国際化・グローバル化の展開によるボーダレス化が進行しつつある。わが国産業経済は1960年代以降たゆみなく国際化の展開を図ってきたが，とりわけ21世紀のグローバル化はわが国が初めて経験する本格的な国際化であると言える。1960年代から1970年代までのわが国における国際化は，主として発展途上国から原材料を輸入し，わが国において製品（消費財・生産財）として加工・生産を行って，製品を国内で消費すると同時に先進国に販売するという形での国際化が中心であった。1980年代から1990年代における国際化は製造業の海外移転，海外生産の増大という形での国際化が進展し，中小企業は親会社の海外進出にともなって，好むと好まざるとにかかわらず海外進出をせざるを得なくなったのである。

　一方，21世紀における国際化は，スーパーやコンビニといった各種サービス業の海外進出のウエイトが高くなり，多くの企業が国内ビジネスから国際ビジネスにシフトし，わが国企業の有する人・物・金・情報資源のすべてを海外に移転する形での国際化，すなわちグローバル化の進展である。国内のあらゆる地域，あらゆる企業活動におけるグローバル化の影響が拡大し，文字通り大競争時代の到来であり，中小企業にとっては現実に文字通り成長か衰退か，生か死かを迫られることになった。中小企業においては，製造業は独自で海外進出することは容易ではないために多くの場合には廃業を余儀なくされるか，製造

業から市場が比較的国内に限定されるためにサービス業への転換を図るか，あるいは各企業の有する人・物・金・情報の経営資源を最大限活用して新しい業務の創造，新しい業務プロセスの開発を行って生き残りを図ることになる。

3．ネットワーク化の進展

情報化によってネットワーク化が進展することになり，大企業・中小企業を問わずすべての組織に対して大きな影響を及ぼしてきたが，企業規模に対するその影響は必ずしも一様ではない。企業規模に優位に働いた面と非優位に働いた面がある。情報化の影響は，産業業界面（たとえば第二次産業分野か第三次産業分野か），業種業務面（たとえば生産業務か販売業務か），活動領域面（たとえば狭域活動か広域活動か），構成規模面（たとえば資本金・従業員数・売上高・資産・顧客数・取引先数・取扱製品サービス種類数）などのさまざまな領域・分野から捉えることができる。

情報化投資が大規模となり，情報化投資コストがかさむようになってきた。情報化の進展によって，情報化投資費は，これまで研究開発費と同様に企業成長の重要なバロメータとなってきた。調達費や製造費・販売費，あるいは人件費や施設費・広告費などの大半の企業経費とは異なり，研究開発費と情報化投資費の両者は好不況にかかわらず一定の投資を継続しなければならない経費として認識されてきた。情報化投資費は，研究開発費と同様な特徴を有しており，その削減や停滞は技術革新に取り残されて将来の発展の芽を摘んでしまう恐れが大きく，両者は不況の時ほどむしろ増加しなければならないような経費である。否両者は，米国企業では多くの場合に日本企業とは異なり，経費ではなく資産と捉える見方も一般的になってきている。

情報化の進展によって多品種少量生産，多頻度小口配送，顧客から個客へ，個別配送販売が可能となったことによって，大企業と中小企業の棲み分けがボーダレスになった。すなわち，大企業業務分野から中小企業業務分野への進出は容易になったが，反面中小企業業務分野から大企業業務分野への進出は困難となってきたため，結果として中小企業の生存領域が狭くなってきたとも言

える状況が散見される。たとえば，文具等各種オフィス用品の小口ネット販売・小口配送化によって，以前は街のあちこちに見られた文具店が大幅に減少しており，書籍のネット販売や大型書店化によって全国至る所にあった街の本屋さんもすでに同様な傾向にあるが，今後は電子書籍化の進展によってさらに大きく様変わりすることであろう。

ここ半世紀以上，わが国における情報化の進展は留まるところを知らないかの観がある。わが国における情報化は，1960年代初頭のＤＰ化に端を発し，1980年代からのＯＡ化，21世紀直前のＩＴ化への移行と，文字通り一瞬の滞り・一瞬の休みもなく進化を遂げてきた。とりわけ，たとえばスマートフォン，タブレット端末，アンドロイド，ワイファイ（Wireless Fidelity：Wi-Fi），またツィッター（Twitter），フェイスブック（Facebook：ＦＢ），ソーシャルネットワーキングサービス（SNS），ソーシャルネットワーク，そしてシンクライアントコンピュータ，ビックデータ，データセンター，クラウドコンピューティングといった相互に密接な関連を有する多彩なキーワードによって喧伝される，2010年代に至って本格化してきたＩＣＴ化の進展は，遠くない未来の新しい情報ネットワーク化社会の出現を予告するものでもある。

一般的に言えば，中小企業が大企業に伍していくためには，人・物・金・情報といった経営資源のあらゆる局面において，大企業よりも身軽でかつ迅速に対処しなければ，たとえニッチな棲み分け分野における事業活動であったとしても，到底大企業には太刀打ちすることはできない。情報化と情報ネットワーク化を促進するとともに，異業種の広範なヒューマンネットワークを育むことによって，事業の有効性と能率をあげることが何よりも肝要である。中小企業における真の改革は，高次なＩＣＴ化と豊かなヒューマンネットワークを基盤とする企業連携によって初めて実現することができるのである。

第4節　ネットワークの本質と意義

1．「ネットワーク」の本質

ネットワーク（network）は，図表6－5「ネットワークの類似用語」に示したように，基本用語的にはいずれも「網」と和訳される「ネット（net）」，「メッシュ（mesh）」，「ウェブ（web）」の三つの意味を含んで使用されているものと捉えられる。

旧来は鉄道網，道路網，電話網などと一般に「網（もう）」と呼称されていたが，情報化の進展にともなって物流ネットワーク，金融ネットワーク，医療ネットワークなどと片カナ表記のままで多用され，近年は「ソーシャルネットワーク」といった超現代的な響きをもって迎えられている感がある。ネットワークの本質は，明るくみれば「絆」や「縁」，暗くみれば「コネ」や「縁故」という古風な言葉と相通じるが，漢字，ひらがな，片カナを自由に駆使することができる機微に富んだ日本語の言語的特有性によって，旧来の漢字表現では困難な新しい意味が付加されたものと理解されよう。

ネットワークは，ミューラー（Robert Kirt Mueller）によれば「ネットワークは複数の相互連結によって関連づけられた諸要素の集合である[5]」と言われる。こうした見解に立てば，ネットワークは，相互連結・要素・集合といったキー

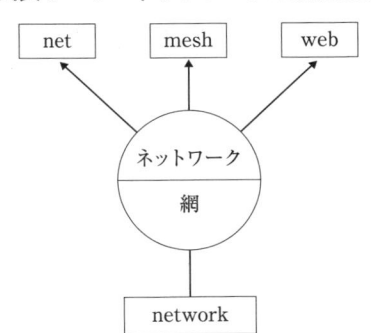

図表6－5　ネットワークの類似用語

ワードにおいて捉えられ，その基本的な特性は，「つながり，ひろがり，あつまり」，すなわち「連携性，拡張性，集合性」にあると言える。

しかし最近は，とりわけスマートフォンやタブレット，ウルトラブックの活用によるツイッターやフェイスブックなどの「ソーシャルメディア（Social Media）」なるコミュニケーションツールによる，ネットワークの適用範囲の飛躍的な拡大が著しい。こうしたソーシャルメディアの革新・普及を念頭に置くと，ネットワークの特性として新たに「とびまり（飛び鞠），飛翔性」という特性を追加する必要性が大きくなってきたと言える。

こうして，超現代的な新しいネットワークの特徴としては，図表6－6「現代ネットワークの基本特性」に示したように，「つながり，ひろがり，とびまり，あつまり」，すなわち「連携性，拡張性，飛翔性，集合性」となり，こうした変容にともなって，社会形成過程における次の態様変化が確実になりつつある。第一は，農業社会の血縁・地縁，工業社会の学縁・社縁中心から趣縁・智縁への重心移行である。第二は，フェイスツーフェイスに繋がるリアル縁中心から，スマートフォンやタブレットを中核とするソーシャルコミュニケーションツールを介在して繋がるネット縁への重心移行である。

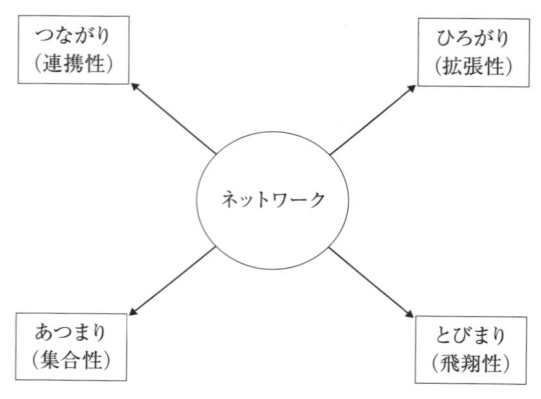

図表6－6　現代ネットワークの基本特性

2．「ネットワーク」の認識

　旧来の「網」ネットワークに対する認識は，次の三つの社会的インフラ領域に焦点があった。第一は交通輸送網や運輸流通網に見られる物的ネットワークであり，第二は電力供給網や上下水道網に見られるエネルギーネットワークであり，第三は郵便配達網や電話通信網に見られる情報ネットワークである。

　1980年代以降の「新」ネットワークは，次の三つの社会的・組織的・個人的ネットワークに焦点がある。第一はハイテクによる新しい社会的インフラとしての電子通信ネットワークであり，第二はハイテクによる電子通信ネットワークを基盤とした，ハイタッチによる生産者と生活者を直接結合する情報通信ネットワークであり，第三はハイタッチによる生活面におけるヒューマンネットワークや社会組織ネットワークである。

　こうした新しいネットワークの認識と活用，換言すれば社会・組織・個人のさまざまな分野における，ネットワーク現象，ネットワーク効果，ネットワーク運動の重視というところに，現代がネットワーク時代であり，ネットワーク社会と呼称される真の意味がある。ビジネス分野におけるネットワーク化の進展によって，「規模の経済」から「範囲の経済」「連結の経済」への重心移行が加速している。新しいネットワークのもう一つの大きな特徴は，情報通信ネットワークの発展によって，すべてのネットワークが地球的領域にまで拡大しつつあることであり，ボールディング（K.E. Boulding）の「宇宙船地球号[6]」が現実のものとなってきている。

3．情報ネットワークの領域拡大

　「ネットワーク」は，少なくとも1960年代前半まではきわめて限定的に，主としてラジオやテレビの放送分野におけるキー局とローカル局間の番組配信，すなわち同一番組を相異空間において同時に放送するために，各地に拡散している放送局を結んだ放送網を指していた観がある。

　1960年代後半になると，それまでは「スタンドアローン（stand-alone）」で使用されていたコンピュータが，通信との複合的な発展にともなって端末機と

接続して，データの入出力を行うオンラインネットワークとなった。1970年代後半には，通信回線を介して複数のコンピュータが直接相互に結合して，広範な領域でデータを授受する「コンピュータネットワーク」に発展した。

　1980年代後半には，ハードウェアとしてのコンピュータ相互のつながりから，そこにおける「情報の流れ」に焦点が置かれた「情報ネットワーク」が登場した。1990年代後半には，「情報と通信の融合」，すなわちコンピュータの情報処理機能と情報通信機器の情報伝達機能が複合化されて，「情報通信ネットワーク」に至った。

　21世紀のＩＣＴ化時代には，パソコンとテレビ（情報と放送），携帯電話とテレビ（通信と放送），携帯電話とパソコン（通信と情報），さらにはスマートフォンやタブレット，ウルトラブックといった新しい情報機器の登場を基盤として，携帯電話とパソコンとテレビといった，情報・通信・放送ネットワークの本格的な融合化が目前に迫ってきている。

4．人流ネットと情流ネットの融合

　ネットワーク概念は必ずしもこうした電子的手段による結合ばかりではなく，1970年代後半には「ネットワーキング（networking）」，すなわち環境保護運動や生活改善運動，核廃絶運動，平和運動，医療福祉支援活動といった，「共通的な価値観・世界観を共有する自立的な個人による緩やかな結合」としての，ヒューマンネットワークの分野に拡大してきた。

　今日ネットワークは，次のような一見相矛盾する両極の領域において多用されている。第一はハイテク分野，とりわけ明示的か否かは別として，コンピュータによる情報ネットワークが基盤となっている結合分野である。第二はハイタッチ分野，とりわけ奉仕・福祉・環境といった，人間と人間とのフェイスツーフェイスな関係に全面的に依拠する結合分野である。

　ビジネスにおける情報ネットワーク化の要諦は，ネットワーク化以前とネットワーク化以後における「緊密な関係づくり」にあるが，感性豊かな人間相互のヒューマンネットワークにおいては尚更のことである。ネットワーク化は，

その形成とともに維持にも多大な労力を払わなければたちまち機能不全に陥ることになる。

ＩＣＴ化時代の今日，特に物流ネットワークと情流ネットワーク，ヒューマンネットワークと情報ネットワークの融合化が急務の課題となってきている。たとえば，臓器提供支援ネットワークにおいて，たとえどのような貴い意思が示されたとしても，それを支援する高度な情報ネットワークが整備されていなければ実現不可能であろう。こうしたネットワークの本質は，「災害と人間」にかかわる「災害支援ネットワーク」においても同様である。

5．現代的連携としてのネットワーク

少し前のことにはなるが，人間は世界中の誰とも６人を介してつながるという，ミルグラム(Stanley Milgram)による「六次の隔たり(six degrees of separation)」，「スモールワールド（Small Worlds）」なる「壮大な概念」が注目を浴びた[7)8)]。当初は余りの新奇性故に懐疑的であったが，経験的にみると確かに６人ものネットワークを辿れば，相当な「つながり」と「ひろがり」に至り，「人類は70億を超える人々の複雑きわまりないネットワークである」と捉えられる。

近年，特にツイッターやフェイスブックに代表されるソーシャルメディアやソーシャルコミュニケーション，ソーシャルゲーム，ソーシャルビジネス，ソーシャルマーケティングを中心とする「ソーシャル時代」の到来によって，ソーシャルネットワークに多大な関心が払われているが，いかなるネットワークも決して「万能薬」ではない。ネットワークは，その形成・活用・運用のいかんによっては，光陰・聖俗・成否・善悪・清濁いずれの様相も呈することに深く留意する必要がある。

「失われた十年」と言われて久しいが，ネットワークが機能不全にある左証とも言える。ネットワークはひとたび形成されると，良くも悪くも相当期間継続していく慣性があるので，ネットワークも「縮小と拡張」否「破壊と創造」が不可避なのであろうか。かつての世界に冠たる「日本的経営」の基盤は，「年功序列・終身雇用・企業内組合」と「ケイレツ」であり，「日本的国家」の

基盤は「国民皆教育・国民皆保険・国民皆年金」であったが，いまや両者とも「今昔の感」のみならず「風前の灯火」の様相さえ呈している。未曾有の大震災と大災害は，かつての「水・安全・情報はタダ」という「日本的神話」の崩壊危機に遭遇して，国家・企業・個人の各個体相互間におけるネットワークのあり方に対する再認識と再構築を迫っている。

【注】
1) Chester I.Barnard, *The Functions of The Exective*, Harvard University, 1938. （山本安次郎・田杉競・飯野春樹訳『新訳経営者の役割』ダイヤモンド社, 1968年, 67頁, 85頁。）
2) Thomas Robert Malthus, *An Essay on the Principle of Population : As It Affects the Future Improvement of Society, with Remarks on the Speculations of Mr. Godwin, M.Condorcet, and Other Writers, London : Printed for J.Johnson*, in St. Paul's Church-yard : 1798. （斉藤悦則訳『人口論』光文社, 2011年, 33頁。）
3) Donella H.Meadows, Dennis L.Meadows, Jorgen Randers, and William W.Behrens Ⅲ, *The Limits to Growth ; A Report for THE CLUB OF ROME'S Project on the Predicament of Mankind*, Universe Books, 1972. （大来佐武郎監訳『成長の限界－ローマ・クラブ「人類の危機」レポート－』ダイヤモンド社, 1972年。）
4) Herman Kahn, *The Emerging Japanese Superstate Challenge and Response*, Prentice-Hall, 1970. （坂本二郎・風間禎三郎訳『超大国日本の挑戦』ダイヤモンド社, 1970年。）
5) Robert Kirk Mueller, *Corporate Networking*, The Free Press, 1986. （寺本義也・金井嘉宏訳『企業ネットワーキング』東洋経済新報社, 1991年。）
6) cf. 次の書物に「来るべき"宇宙船地球号"の経済学」という論文がみられる。Kenneth E. Boulding, *Beyond Economics ; Essays' on Society*, Religion, and Ethics, The University of Michigan, 1968. （公文俊平訳『経済学を超えて―社会システムの一般理論―』竹内書店, 1970年, 273頁。）
7) Cf. Stanley Milgram, "*The Small World Problem*",*Psychology Today*, May 1967. （野沢慎司・大岡栄美訳「小さな世界問題」野沢慎司編・監訳『リーディングス　ネットワーク論―家族・コミュニティ・社会関係資本―』勁草書房, 2006年。）
8) Cf. Nicholas A.Christakis & James H.Fowler, *Connected: TheSurprising Power of Our Social Networks and How They Shape Our Lives*, 2009. （鬼澤忍訳『つながり―社会的ネットワークの驚くべき力―』講談社, 2010年。）

第7章 中小企業の企業連携

Morikawa World Plus 3

第1節　中小企業と組織連携

1．現代社会現象としての「連携」

　かつてはラジカセ，CD一色であったが，いつの間にか日常的な車窓風景が大きく様変わりして，「ケータイ（携帯電話）」一色に染まっている観がある。昔懐かしい満員電車における「朝刊新聞」などは最早歴史的な「風物誌」となり，その代わりに一日中，若者はもちろんのこと，ごく最近は壮年・女性年配者に至るまで，唯ひたすら「スマホ症候群」にでもかかっているかのような一種異様とも言える光景の現出である。

　スマホ（スマートフォン：smartphone，多機能携帯電話）は，携帯電話・パソコン・PDA（Personal Digital Assistant：携帯情報端末）の機能を併せ持った，インターネット時代の現代文明最高の文利器として発展してきた現状に鑑みれば，それをうまく利用しない手はなく，暫くの間はやむを得ない状景なのであろう。スマホの大出現・大普及によって，世界中においてあらゆる情報，否人・物・金・知，いわゆるヒト・モノ・カネ・チエにかかわるあらゆるモノ・コトが，少なくとも情報通信技術的には「いつでも，どこでも，だれとでも」繋げられるようになったことは事実である。

　ともあれ，こうした「繋がり症候群」とも言える一種独特な光景は，電車を降りてメトロを乗り換える，長距離エスカレータ上においてさえ「日常茶飯事」ならぬ「常時茶飯事」に見られる大都会東京の状景であるが，現代社会の

社会形成における断面を如実に現している風景でもある。とにかく，現代社会においては誰かと何かと常時繋がっていなければならないという，不安感の増幅した時代の到来なのかもしれない。ますます複雑化・複合化する現代社会に生きる私達は，「私はぶどうの木，あなたがたはその枝である（ヨハネによる福音書第15章5節）」の如く連なり繋がっていなければ，生活も仕事もままならない現実を見事にキャッチアップしているのであろう。

新しい年を迎えた日経新聞誌上の見出しにおいても，「環太平洋経済連携協定（Trans-PacificPartnership：TPP）」「経済連携協定（Economic Partnership Agreement：EPA）」「通販，ＴＶとネット連携」「経済連携：世界で加速」「海外青年協力隊と連携」「日・フィリピン外相：海上安保の連携強化」「ＡＶ機器と連携」「政府と連携，日銀に迫る」「監督当局と連携し対応」「首相，維新との連携に布石」「異業種と連携，顧客つかむ」「インフラ整備，都が企業と連携」「テロ封じに国際連携が肝要」「命守る連携の輪」「日米，対中連携を強化」「地震・防災研究連携を」などといった文言で，政治や経済，企業や産業のさまざまな業務・事業・部門，さらに広く一般社会や国際社会においても「連携」なる言葉が多用されてきている観がある。

そして，とりわけ2011年3月11日に発生した東日本大震災以降は，「ネットワーク」や「絆」，「縁」といったキーワードが改めて見直されて，あらゆる場面における「連携」の重要性が強調されてきている。1980年代以降に始まった異業種交流や異業種連携，異業種融合を端緒とする試みは，21世紀初頭におけるＩＴ化からさらにＩＣＴ化の展開によって，リアルとネット，物流と情流，グローバルとローカル等の本格的な相互連携・相互補完が実用可能となってきた。

「連携」とは，文字通りそれぞれ自立した個体が，それぞれ自由意思に基づいて相互に「手を携えて連なる」ことを意味している。改めて考えるまでもなく，このような「連携」は，元来いかなる社会形成にも必要不可欠な要件なのである。努めて日本語特有な言葉の妙ではあるが，元来「人間」とは「人と人の間」という意味であると捉えてみるまでもなく，「人間は一人では生きられ

第7章　中小企業の企業連携　133

ない」ことは，誰しもその人生においてしばしば実体験する普遍的な真実である。

そして，こうした人間によって構成される企業や組織もその例外ではない。否むしろ，企業や組織こそ，その環境との間での絶え間ない資源のやり取りによって存在しており，文字通り「一瞬たりとも」単独では存在することが許されない存在なのである。人間，組織，社会を問わずあらゆる個体は元来，個体と個体との関係，他者との関係性において，初めて自己の存在を許され，自己の発展を担保される存在である，すなわち「他は我の存在条件なり（向坊長英）」なのである。

文字通り時間や場所を問わない超時空的な，「ケータイ（携帯）」電話の日常的，否常時的使用に見られる，最近の「一億総繋がり症候群」の到来は，当初は若者から始まった一種奇妙な光景ではあったが，見る見るうちに壮年や老年に至るまでの「国民皆風景」ともなりつつある。しかし，こうした現象は，現代社会の形成基盤となっている「自由主義・民主主義」の観点から見ると，本来一人ひとりが完全に自立し，各個人の完全な自由意思によって自主的に社会を構成・参画・運営していく，「繋がれど，依存せず」という高邁な理想に立脚する必要がある。

2．中小企業組合組織の現代的意義

こうした「連携」思考の観点から，現代のネットワーク化時代における「ネットワークとしての」企業組織，とりわけ中小企業組織のあり方を捉えると，「企業の組織としての」組合組織の典型である「中小企業組合」と，さらに「組織の組織としての」団体組織の典型である「中小企業団体」は，一見すると特にその名称から旧態依然とした組織であるかの印象を持たれることもあるが，実際には古くて新しい，努めて未来志向的で，きわめて有用かつ特有な存在であることに，改めて認識を新たにするのである。

バーナード（Chester I. Barnard）によれば，組織の基本構成原理としては，共通目的を達成するために，それぞれ貢献意欲をもった個人が，相互にコミュ

ニケーションをとりながら集合することによって初めて構成されるものと理解される[1]。そして、「ゴーイングコンサーン」を実現するためには、その存続・発展のために必要な組織有効性と組織能率の継続的な確保が不可欠な要件となる。こうした捉え方は、複数の個人による単一組織の場合はもちろんのこと、組合組織や団体組織である中小企業組合や中小企業団体といった、複数の組織による複合組織の場合にも、同様に当てはまることである。

　企業経営の要諦は、当面の直面する経済的合理性の追求と、長期的な視野に立った組織的安定性の確保という、相反する二つの課題の微妙な均衡に対する挑戦であると言える。あらゆる企業組織は、その経営理念と組織使命を達成するために必要な経営資源の入手と、企業組織の経営成果として産出する経営資源の供出について、いずれも組織環境との間で最も経済的な合理性が高く、長期的な安定性が高い形で交換することが重要である。そして焦点は、そうした交換を実際にどのような形で実行するか、それぞれの「個体」の自立性・自主性が確保される形か否かということにある。

　古今東西いかなる社会形成においても、今日的な意味とは必ずしも同じではないが、「ネットワーク」は存在してきたと言える。従来の旧来型ネットワークは、ともすれば強制性、固定性、一方向性という特徴を色濃く有するものであった。それに対して、今日の現代型ネットワークは、個人も組織も社会もそれぞれ共通理念として自主性、柔軟性、双方向性という特徴を有しており、旧来型ネットワークとは対極的な位置にある。

　現代社会においては、旧来型ネットワークから現代型ネットワークへの移行は不可逆的な道であり、中小企業を中核とする組合組織としての中小企業協同組合と、その団体組織としての中小企業団体中央会は、元来その設立理念と形成過程からみて、旧来の大半の企業組織とは大きく異なり、こうした現代型ネットワーク的特性を色濃く有している。図表7－1「協同組合と株式会社」は、組合組織と企業組織の特徴を対比的に示したものである。

　ある意味では、「連携の時代とは組合の時代である」、すなわち「各個体が自立しながら自主的に繋がっていく時代」の到来という、もし「現代」という時

図表7－1　協同組合と株式会社

	協同組合	株式会社
組織の理念，性格	人間中心主義 人を中心とする団体 中間法人 人的結合体 資本（所有）と経営は合一	資本中心主義 資本を中心とする団体 営利法人 資本結合体 資本（所有）と経営は分離
組織の目的，活動	相互扶助 組合員の経済活動に直接奉仕する形での間接的な補助活動 人間性を尊重しつつ 経済合理性の追求	利益追求 通常は株式とは直接的に関係しない形での直接的な独自活動 資本の論理による 経済合理性ひとすじ
組織への加入，脱退	加入者＝組合員 通常は少数 加入＝組合員視覚者のみ 脱退＝自由 総会の議決権は一人1票	加入者＝株主 通常は多数 加入＝制限なし 脱退＝制限なし 総会の議決権は持株数に比例
組織への出資，譲渡	出資単位1口以上（分割払込可） 出資額は原則総額の25％に制限 譲渡は制限性承諾 責任は引受出資額を限度	出資単位1株以上（一括払込） 出資額は制限なし 譲渡は原則自由 責任は払込済出資額を限度
剰余の配当，配分法	組合員に出資配当 但し払込出資額の10％以内 利用配当と出資配当 事業利用者への事業利用分量に応じた配当 組合員への出資額に応じた配当	株主に利益配当 出資配当のみ 株主への出資額に応じた配当

代が真に自由主義・民主主義という高邁な理想をめざしてきたのであれば，「時代」が「組合」にようやく追いついたとも言えるのである。それは，組織と個人の相互関係，本来の組織形成原理という観点からみても，成熟社会における当然の帰結でもある。社会の発展による「組織の時代」の到来が不可逆的な道であるとすれば，個人否人間は，誰からも強制されることなく，唯自らの自由かつ自立的・自主的な意思で組織に参加することが重要なのである。

3．中小企業組合組織の組織特性

中小企業組合（中小企業協同組合）は，文字通り組合組織であり団体組織であるが，ここでその組織的な本質について触れておきたい。

(1)「組合組織」としての中小企業組合

「組合組織」としての中小企業組合は，図表7－2「組合組織の特性」に示したように，以下の如き三つの著しい組織特性を有する。

第一は相助性であり，組合を構成する組合員企業がお互いに助け合う相互扶助によって，初めて組合という組織が形成され運営されるのである。本来，原始的な意味における組織の形成は，多かれ少なかれ相互扶助という動機から出発してきたが，組合組織は正式名称である「協同組合」の「協同」という言葉に秘められている通り，今日でもまだその名残を色濃く有している組織である。

第二は自主性であり，組合を構成する組合員企業はそれぞれ組合の設立目的に賛同する形で自主的に，自立性を保持しつつ組合形成に参加し運営するのである。理想と現実は往々にして大きな乖離がみられるが，それでもなお組織はどのような組織であれ，構成員の自主性を最大限に生かしつつ運営され維持されることが最も望ましく，また成功の秘訣でもあり，組合という組織は元来そうした指向の強い組織である。

第三は人格性であり，組合はその組織理念として人間中心主義を掲げており，人間を中心とする団体であり，決して営利目的や利益中心の資本中心主義の組

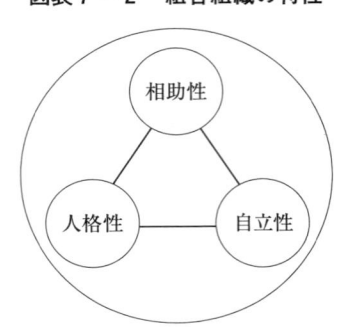

図表7－2　組合組織の特性

織ではないのである。「法人格」という言葉が存在するように，組織といえども，その形成と運営においては当然の如く品性が問われるのである。とりわけ，バブル崩壊以降は好むと好まざるとにかかわらず営利一色の観がみられる現代社会にあって，組合組織は，そうした営利志向とは一線を画した一種の「永遠のロマン」とでも称すべき特徴を色濃く残している組織である。

(2) 「団体組織」としての中小企業組合

一方，「団体組織」としての中小企業組合は，図表7－3「団体組織の特性」に示したように，以下の如き三つの著しい組織特性を有する。

第一は補完性であり，組合はその形成目的に照らしてさまざまな組合事業を遂行していく必要があるが，そうした事業はその構成員たる組合員企業の事業との関係において，競合的な関係ではなく補完的な関係を築く必要がある。

第二は制度性であり，組合はその設立形態からみても多分に制度的な色彩を色濃く帯びている。中小企業の総意形成機能と政府や地方自治体の中小企業管理統制機能が内包された形で，組合という制度が確立していることは否定し難い事実である。ともあれ，制度はいかなる「制度」であれ，本来プラスにもマイナスにも左右する特性を有するので，こうした「制度」をマイナスに捉えるのではなく，積極的にプラスに捉えて活用することが肝要である。

第三は公共性であり，「公共」という言葉の厳密な定義にもよるが，組合は少なくとも一般企業よりは公共性の高い組織であり，相応の公共性が要請され

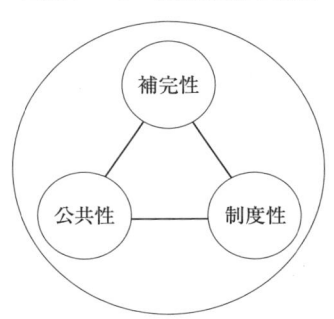

図表7－3　団体組織の特性

る。現代社会においてはどのような組織も多かれ少なかれ，ある一定度合いの公共的性格を有している。ちょうど「会社」の反転語が文字通り「社会」であることからも分かるように，株式会社でさえ本来公的特性を有する組織であるとすれば，組合組織ならばなおさらのことである。組合は企業者が集まって組合を構成する「企業組合」という形態を除いて，その大半は組合員企業が集まって構成されている，いわば組織の組織という形態を採っており，より「公共」に近い位置にあり，したがって組合組織は公共性という特性を強く期待されている。

4．ＩＴ化の推進と組織連携の強化

　情報化の進展は止まるところを知らない。情報化は，1960年代のＤＰ（Data Processing）化政策によるコンピュータ化に始まり，1980年代にはＯＡ（Office Automation）化政策によるコミュニケーション化，21世紀にはＩＴ（Information Technology）化政策によるソーシャルメディア化によって，それぞれ相応の展開が図られた。

　そして私達は，とりわけ20世紀末以降における情報化の進展によって，ハード面においては，インターネット，ブロードバンド，クラウド，Wi-Fi，とりわけスマートフォンやタブレット，ウルトラブック等に象徴される革新がもたらされた。一方ソフト面においては，メール，ホームページ，ブログ，スカイプ，とりわけツイッターやフェイスブックといったソーシャルメディアのソフト的展開によって，現在少なくとも情報通信技術的には，この地球上において「いつでも，どこでも，だれとでも」時間と空間を越えて繋がるための，有力なコミュニケーションツールを確保するに至った。

　旧来情報化は，ともすればこうした華々しく出現する情報技術（InformationTechnology：ＩＴ）の革新に目を奪われる余り，情報思考（Information Thinking：ＩＴ）の展開を疎かにしてきたきらいがあるが，本来両者は表裏一体の関係にある。情報は，個体がその環境の変化を認知するとともに，個体の変化を環境に周知させる機能を有する。換言すれば，情報は個体と環境間を相

互に密接な連携を図るためのツールであり，情報思考と情報技術は，実際の企業経営において情報を具体的に捉えるために不可欠である。とりわけ，近年のＩＴ化としてのＩＣＴ（Information Communication Technology）化は，複数の個体を文字通りいつでも，どこでも時空を超越して連結する特性を有する。

現代のグローバル化時代における企業経営の要諦は，企業経営の迅速化と連携化にあるが，そのためには，事業活動にかかわる「情報」を的確に捉えて，意思決定の不確実性を減少させる必要があり，ＩＣＴ化による情報思考の展開と情報技術の革新が不可欠である。1980年代以降に始まった異業種交流や異業種連携を端緒とする「連携」の試みは，リアルとネット，オフィスとホーム（会社と自宅），ワークとライフ（仕事と生活），グローバルとローカル，否実際企業と仮想企業，物流体制と情流体制，基幹部門と補助部門，個体企業と外部企業などの相互連携・相互補完を本格化することが可能となった。インターネットを中核とする情報ネットワークによって，組織と個人，部門と部門，企業と企業，企業と顧客，企業と社会の相互連携を図ることが重要である。

21世紀におけるＩＣＴ化の展開によって，図表７－４「現代的な企業連携」に示したように，企業経営にかかわるさまざまな局面，とりわけ以下の三つの局面における現代的な企業連携の強化が希求されている。

第一はリアルとネットの連携，たとえばネット通販による購入品のコンビニにおける受取りは典型的な例であるが，実店舗で検分してからネットで購入す

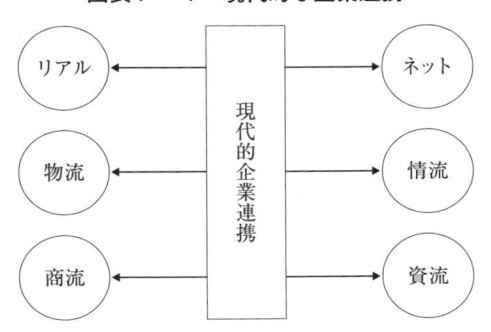

図表７－４　現代的な企業連携

```
  リアル  ←→  ┌─────┐  ←→  ネット
              │ 現   │
              │ 代   │
  物流    ←→  │ 的   │  ←→  情流
              │ 企   │
              │ 業   │
              │ 連   │
  商流    ←→  │ 携   │  ←→  資流
              └─────┘
```

る「ショールーミング（showrooming）」，逆にネットで検索してから実店舗で購入する「Ｏ２Ｏ（オンライン・トゥー・オフライン：Online to Offline）」といった実店舗とネット通販の連携，購買活動におけるオンラインとオフラインの連携などのさまざまな工夫を凝らして，利便性と効率性を高める必要がある。

第二は物流と情流の連携，たとえば宅配便における配達物のトレーサビリティは典型的な例であるが，物流に先行して，また物流の後付けとしての，「アグリコンパス（Agri Compass）」を初めとするさまざまな領域における原材料や資材，産品や製品，あるいはヒト・モノ・カネにかかわる物流と情流相互間の循環サイクルの工夫によって，迅速で安価かつ安心な物流－情流体制の確立を図ることが肝要である。

第三は商流と資流の連携，たとえばサプライチェーンマネジメントは典型的な例であるが，確固とした情流の整備による企業とユーザー間の注文・物流・在庫業務，あるいは企業とサプライヤー間の生産・物流・在庫業務の連携によって，「全体」とともに「個体」を確実に捉えて，規模と範囲にかかわるバリューチェーンの確立を図り，事業業務活動の迅速性と有効性，能率を高める必要がある。

ともあれ経営革新のためには，ＩＣＴ化の推進・展開によって，とりわけ旧来の情報メディアと新しいソーシャルメディア，オフィスとワークプレイス，グローバルとローカルの本格的な相互連携・相互補完によって，業務と業務，事業と事業，部門と部門，個人と個人，企業と企業，企業と顧客，企業と個人，企業と社会における相互連携を深化させ，企業経営の迅速化を図ることが重要である。

第２節　中小企業を取り巻く企業連携

１．中小企業における企業連携の類型

ここでは，本章のタイトルである「中小企業の企業連携」，特に中小企業における企業連携の類型について考察する。企業連携は元来，大企業・中小企業

といった企業規模にかかわらず，すべての企業に共通する重要な経営戦略であり，中小企業の「専売特許」ではない。グローバル化の進展にともなって，現代企業経営の要諦の一つとなってきている観がある，「コアコンピタンスとアウトソーシング」「選択と集中」にともなって，企業連携は，すべての企業にとってますます重要性が増大してきている。しかしとりわけ，ケイレツからネットワークへの移行が鮮明になるにつれて，中小企業における企業連携の重要性は大きくなってきている。

中小企業は一般組織とまったく同様に，顧客，調達先，仕入先，販売先，納品先，取引先，金融機関，研究機関，教育機関，行政機関などさまざまな組織や個人との間に，何らかの経営資源を媒介として相互に密接な関連を有している。そして，そうした関係は一般的には，旧来の主従的，ケイレツ的な関係から連携的，ネットワーク的な関係へと移行しつつある。

ここでは，こうした観点から，中小企業，中小企業組合，中小企業団体におけるＩＴ化の推進と企業連携の強化についてみると，概念的かつ厳密には，以下の如く基本的な八つのレベルにおける連携を識別することができる。図表7－5「企業連携の範囲」と図表7－6「企業連携の段階」は，こうした八つの観点から中小企業を含む企業一般における企業連携の範囲と段階を示したものである。

(1) 業務的連携

第一は業務的連携であり，たとえば，複数の個体相互間における調達・生産・販売・人事・施設・財務，同一業種内における業務提携，サプライチェーンによる業務連携，といったさまざまな遂行業務のうちの一つあるいは複数の業務面における業務提携や業務連携である。

(2) 事業的連携

第二は事業的連携であり，たとえば，複数の個体相互間におけるサプライチェーンマネジメント，OEM（Original Equipment Manufacturer，相手先ブランドによる製造），EMS（Electronics Manufacturing Service，電子製品の製造受託サービス）のような特定の具体的な製品やサービス，といったさまざまな遂行

図表7-5　企業連携の範囲

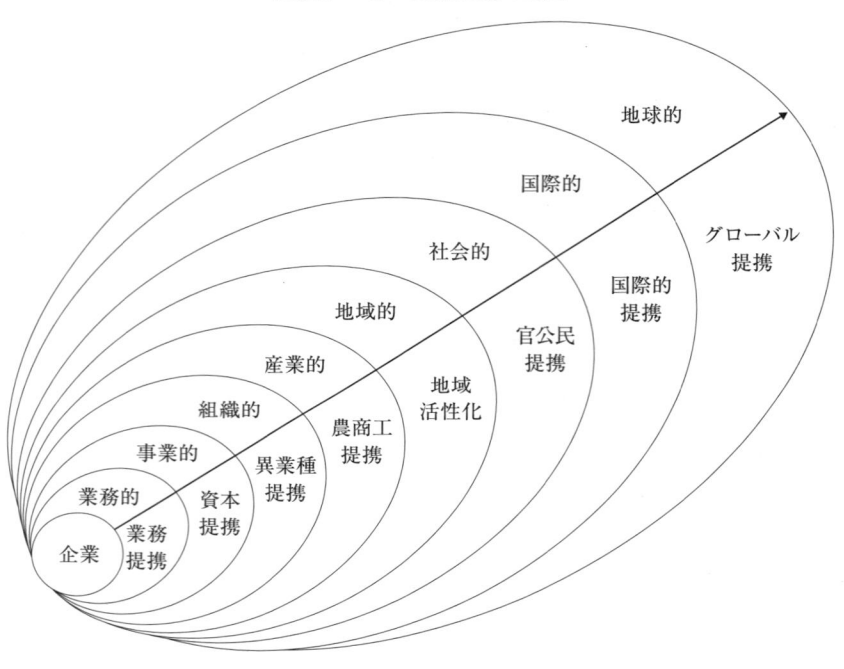

（図：同心円状に企業から外側へ広がる連携範囲）

- 企業
- 業務的 — 業務提携
- 事業的 — 資本提携
- 組織的 — 異業種提携
- 産業的 — 農商工提携
- 地域的 — 地域活性化
- 社会的 — 官公民提携
- 国際的 — 国際的提携
- 地球的 — グローバル提携

図表7-6　企業連携の段階

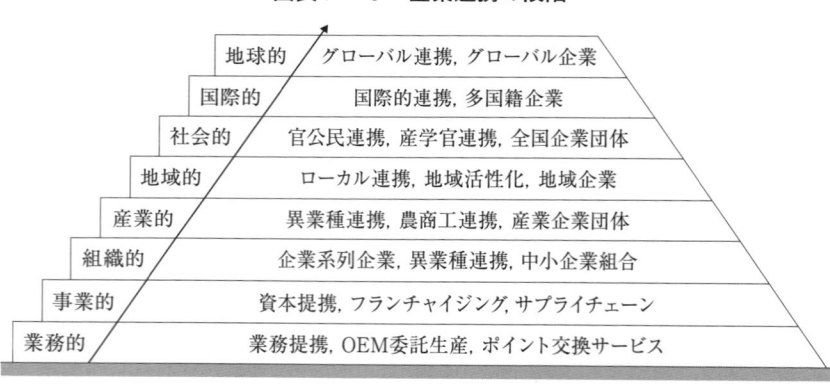

地球的	グローバル連携, グローバル企業
国際的	国際的連携, 多国籍企業
社会的	官公民連携, 産学官連携, 全国企業団体
地域的	ローカル連携, 地域活性化, 地域企業
産業的	異業種連携, 農商工連携, 産業企業団体
組織的	企業系列企業, 異業種連携, 中小企業組合
事業的	資本提携, フランチャイジング, サプライチェーン
業務的	業務提携, OEM委託生産, ポイント交換サービス

事業のうちの一つあるいは複数の事業面における事業提携や事業連携である。

(3) **組織的連携**

第三は組織的連携であり，一つの事業というよりはむしろ企業全体としての外部企業との連携である。たとえば，複数の個体相互間における同業種連携，中小企業と中小企業や，中小企業と大企業との連携，中小企業組合や中小企業団体への加入，大企業と小企業の連携としてのコンビニエンスストアやボランタリーチェーン，フランチャイジングへの加入，サプライチェーンによる企業連携，企業協業，ファブレス企業といった，一つの企業全体としてのまとまりにおける連携である。

(4) **産業的連携**

第四は産業的連携であり，一つの企業全体というよりはむしろ産業の枠を越えた外部企業との連携である。たとえば，複数の個体相互間における異業種交流，コアコンピタンスとアウトソーシングの選択と集中による異業種連携，旧来は明確な方針としては掲げられなかった，農家とスーパーと加工工場による農業・商業・工業という三つの産業分野にわたる農商工連携といった，一つの産業の枠を越えた広範な連携である。

(5) **地域的連携**

第五は地域的連携であり，一つの産業の枠を越えたというよりはむしろ一つの地域としての外部企業との連携である。たとえば，複数の個体相互間における地域活性化への活動参加，都道府県中小企業団体中央会への加入，地域的な産官学連携，地域社会的連携：地域活性化，ソーシャルビジネスの遂行といった，一つの地域としてのまとまりにおける連携である。

(6) **社会的連携**

第六は社会的連携であり，一つの地域としてというよりはむしろ社会的な領域としての外部企業との連携である。たとえば都道府県中小企業団体中央会や全国組合を通した全国中小企業団体中央会への加入，全国的な産官学連携や産官学軍連携，全国的な企業団体・産業団体・商工会，商工会議所，中小企業支援機構への加入といった，社会的・全国的・国家的な領域における連携である。

(7) 国際的連携

　第七は国際的連携であり，社会的・全国的・国家的な領域においてというよりはむしろ国際的な領域における連携である。たとえば，開発・調達・製造・販売・金融面における国際的取引や海外業務進出，海外における工場進出や店舗開設，多国籍企業化などはここに含まれる。

(8) 地球的連携

　第八は地球的連携であり，国際的な領域においてというよりはむしろ地球的な視野における外部機関との連携である。たとえば，地球資源の枯渇対策，地球温暖化対策，CO_2削減対策，核廃棄物の永久保存，水資源の確保，海洋漁業資源の保全，地球環境の保全，グローバル企業化といった，世界的，全地球的な視野における連携である。

2．企業連携としての「中小企業組合」

　ここでは，中小企業の企業連携としての「中小企業組合（中小企業協同組合）」について簡潔にまとめておきたい。図表7－7「中央会－組合－組合員企業の相互関係」に示したように，中小企業を取り巻く代表的な組織形成としては，中小企業が集まって中小企業組合（組合）を形成し，さらに組合が集まって中小企業団体中央会（団体）を形成している。現代の情報ネットワーク化時代における「ネットワークとしての」企業組織のあり方を考える場合には，「組織の組織としての」組合組織である「中小企業組合」は，未来志向的なきわめて有用かつ貴重な存在なのである。

　現代社会においては，個人も組織も社会もそれぞれ，① 自主性，② 緩慢性，③ 双方向性という特徴を有する現代型ネットワークを共通理念として進展していくことになる。換言すれば，現代社会における個人・組織・社会は，① 強制性，② 厳密性，③ 一方向性という特徴を有する旧来型ネットワークとは対極的な位置にある，現代型ネットワークへの移行は不可逆的な道である。そして，組合組織の多くは，元来その設立・構成過程からみて，旧来の大半の企業組織とは異なり，こうした現代型ネットワーク的特性を色濃く有しているの

第7章　中小企業の企業連携　145

図表7－7　中央会－組合－組合員企業の相互関係

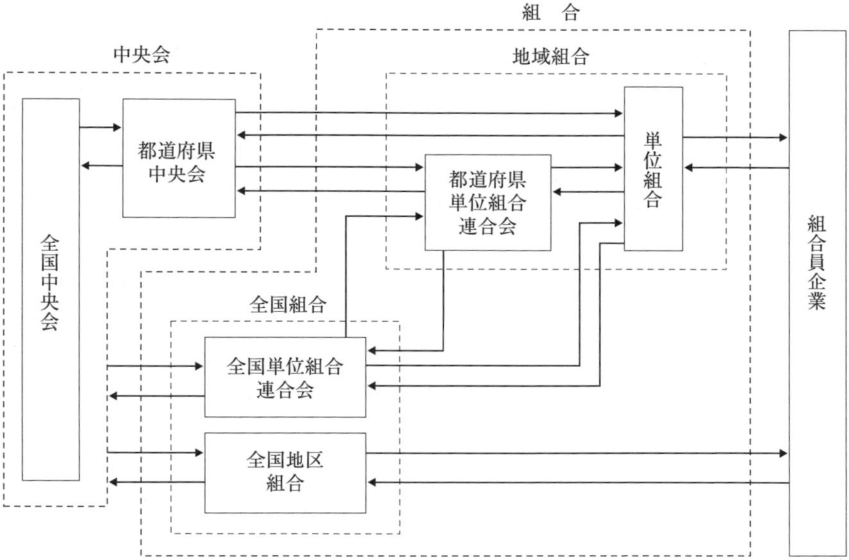

である。

　中小企業組合には，一つの都道府県エリアを単位として組織された「地域組合」と，全国エリアないしは複数の都道府県エリアを単位として組織された「全国組合」の二つがある。地域組合は，組合員企業から構成される「単位組合」と，単位組合から構成される「都道府県単位組合連合会」の二つに区分される。一方全国組合は，組合員企業から構成される「全国地区組合」と，単位組合や都道府県単位組合連合会から構成される「全国単位組合連合会」の二つに区分される。

　現行の組合制度では，組合の種類は事業協同組合（事業協同小組合），火災共済協同組合，信用協同組合，企業組合，商工組合，協業組合，商店街振興組合，生活衛生同業組合，有限責任事業組合（Limited Liability Partnership：LLP）の九つに区分されている。

3. 連携組織としての「中小企業団体」

ここでは，中小企業の連携組織としての「中小企業団体」の代表的組織である「中小企業団体中央会」について簡潔にまとめておきたい。図表7－8「中小企業団体中央会の概要」[2]は，現在の中小企業，中小企業組合，中小企業団

図表7－8　中小企業団体中央会の概要

根拠法　中小企業等協同組合法（昭和24年法律第181号）
　　　　中小企業団体の組織に関する法律（昭和32年法律第185号）

設　立　昭和31年4月10日

組織・会員（平成24年4月1日現在）

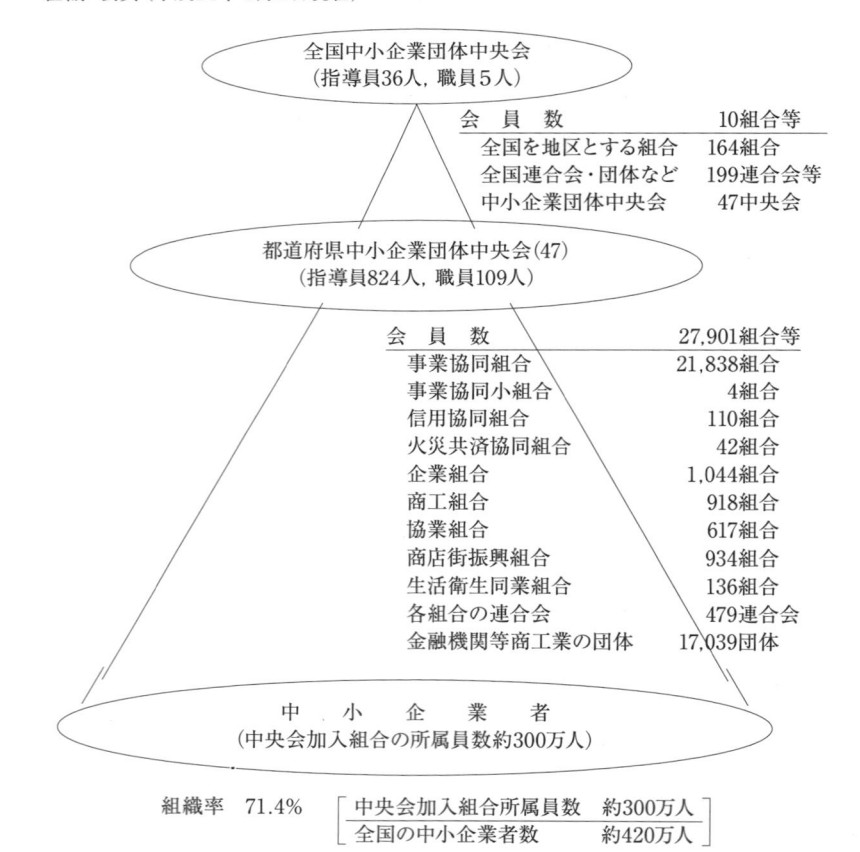

全国中小企業団体中央会
（指導員36人，職員5人）

会員数	10組合等
全国を地区とする組合	164組合
全国連合会・団体など	199連合会等
中小企業団体中央会	47中央会

都道府県中小企業団体中央会(47)
（指導員824人，職員109人）

会員数	27,901組合等
事業協同組合	21,838組合
事業協同小組合	4組合
信用協同組合	110組合
火災共済協同組合	42組合
企業組合	1,044組合
商工組合	918組合
協業組合	617組合
商店街振興組合	934組合
生活衛生同業組合	136組合
各組合の連合会	479連合会
金融機関等商工業の団体	17,039団体

中　小　企　業　者
（中央会加入組合の所属員数約300万人）

組織率　71.4%　　中央会加入組合所属員数　約300万人
　　　　　　　　全国の中小企業者数　　　　約420万人

体中央会の三者を取り巻く連携の概要を示したものである。

中小企業団体中央会は，1955年7月の中小企業等協同組合法の改正によって「中小企業等協同組合中央会」として誕生し，1958年4月の中小企業団体の組織に関する法律の施行にともない，名称を変更して現在に至っているが，中小企業の振興を目途として，中小企業の組織化と組織強化のための指導ならびに運動を行なっている。

中小企業団体中央会には，都道府県毎に一つ設立されている「都道府県中小企業団体中央会」と，その全国的組織としての「全国中小企業団体中央会」の二つがある。

都道府県中小企業団体中央会は，都道府県内の事業協同組合，事業協同小組合，火災共済協同組合，信用協同組合，協同組合連合会，企業組合，協業組合，商工組合および同連合会，商店街振興組合および同連合会，その他で組織されている。一方全国中小企業団体中央会は，都道府県中小企業団体中央会と全国を地区とする協同組合，商工組合と上記連合会ならびに商店街振興組合連合会，および定款に規定するこれらに準ずる商工団体をもって組織されている。

中小企業団体中央会の事業としては，中小企業者を業種，業態に即した組合制度によって組織化し，その組織を通じて中小企業の設備の近代化，技術の向上開発，経営の合理化，その他中小企業構造の高度化の指導と金融，税制，労働その他業界の安定と中小企業を取り巻く環境を是正するための方策確立に全力を傾注している。

第3節　中小企業組合における連携強化

ここでは，中小企業組合を取り巻く事業・業務活動の連携について，組合組織における外部的ならびに内部的な組織活動にかかわる，組織と環境，組織事業活動，情報事業活動の三つの観点から，組織と環境間における連携強化，組織事業活動における連携強化，情報事業活動における連携強化について取り上げる。

1. 組織と環境間における連携強化

　第一は，組織と環境間における連携強化，すなわち組合組織と組合組織環境相互間における有機的結合である。図表7－9「組合の諸事業における情報提供事業の位置」は，組合の諸事業からみた組合と組合員企業の関係を示したものである。図表7－10「ネットによる情報サービスの類型」は，図表7－9の情報提供事業における「ネット」の情報媒体をさらに詳細に示したものである。またすでに挙げた図表7－7は，組合の情報サービスに直接かかわる主要な組織関係を示したものである。

　図表7－9に示したように，中小企業の組織化，共同化のすぐれた一形態である中小企業組合においては，旧来からの共同購買事業，共同販売事業，共同

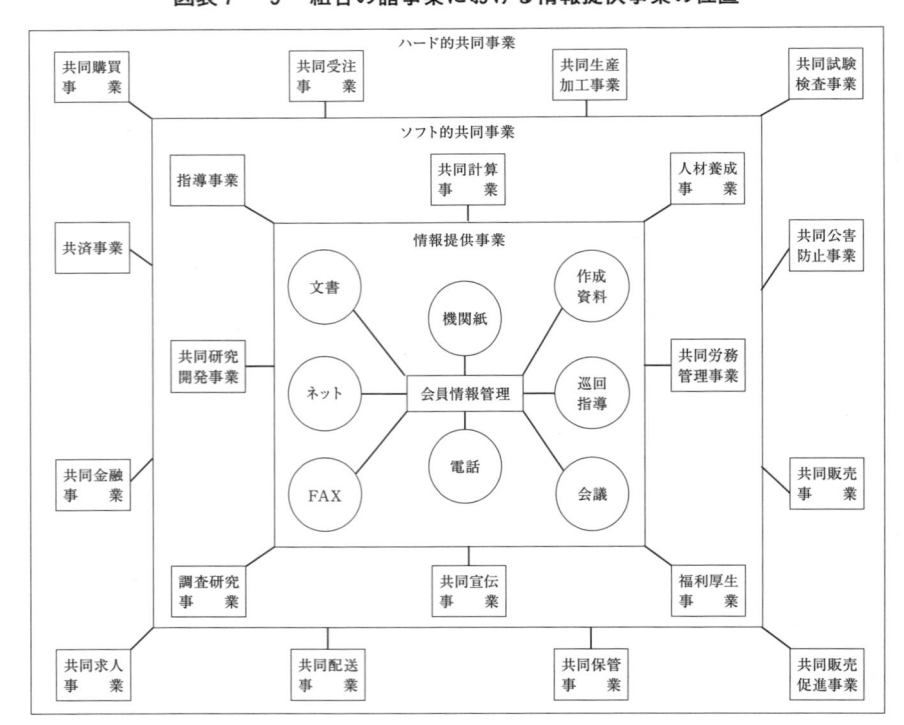

図表7－9　組合の諸事業における情報提供事業の位置

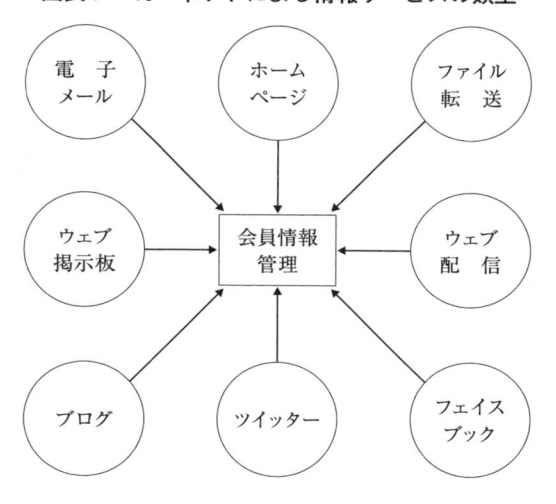

図表7－10　ネットによる情報サービスの類型

中心：会員情報管理
周囲：電子メール、ホームページ、ファイル転送、ウェブ掲示板、ウェブ配信、ブログ、ツイッター、フェイスブック

　受注事業，共同生産・加工事業，共同金融事業といったハード的共同事業に加えて，情報提供事業，調査研究事業，指導事業，人材養成事業，共同研究開発事業といったソフト的共同事業の積極的な展開を図ってきた。

　また図表7－7に示したように，組合は，さまざまな組織と相互に関連を有しているが，とりわけ「組合員企業－組合－中央会」という主要な組織関係において存在している。そして，現在は主として組合員企業に対して種々のハード的業務サービス，ソフト的業務サービス，情報サービスを提供している。さらに今後は，情報環境の変化にともなって情報サービスの提供，「情報サービス機関としての組合」という役割が強く求められている。

　情報サービス機関としての組合という視点からみると，単に経済性という角度からだけでも，組合が取り扱うべき情報に対して自ら創出する情報はごくわずかな部分に留まらざるを得ない。したがって組合は，中央会－組合－組合員企業の主要な組織関係においてだけではなく，たとえば官公庁，政府機関，地方自治体，金融機関，中小企業団体，大学等学術機関，研究機関，教育機関，情報機関，公設試験研究機関，一般消費者，中小企業地域情報センター，中小

企業振興センター，中小企業基盤整備機構，マスコミなどさまざまな外部情報機関と多様な連携をいっそう強化していく必要がある。

2．組織事業活動における連携強化

　第二は，組織事業活動における連携強化，すなわち組織内部における事業業務相互間の有機的結合である。組合は多種多様な事業を遂行しているが，ここで経済のサービス化とソフト化という視点から，各事業の位置づけを捉えることは，一つの大きな今日的意味がある。

　ハードとソフトという観点からみると，組合は，共同購買事業，共同受注事業，共同生産・加工事業，共同試験・検査事業，共同公害防止事業，共同販売事業，共同販売促進事業，共同保管事業，共同配送事業，共同求人事業，共同金融事業，共済事業といった広範なハード的共同事業を実施している。一方組合は，組合員企業の営む事業を円滑に進めてゆくことを目的として，情報提供事業，共同計算事業，共同労務管理事業，共同宣伝事業，共同研究開発事業，指導事業，人材養成事業，福利厚生事業，調査研究事業，データセンター事業といった多様なソフト的共同事業を実施している。

　ソフト的共同事業の一つである情報提供事業は，他のソフト的共同事業とはさらに異なる種類の事業として理解される。すなわち，情報提供事業はハード的共同事業のみならず，ソフト的共同事業の円滑な遂行を支援するものであり，正にソフト的共同事業の中心に位置する事業である。

　こうした組合における諸事業にける情報活動の位置づけについて最も明白かつ基本的なことは，情報活動は組合の遂行するあらゆる活動に関係を有し，情報提供事業は組合の実施するあらゆる事業に関係を有することである。情報活動や情報提供事業がこうした位置づけにあるとすれば，何よりもまず，組合における情報活動は，情報提供事業とハード的共同事業ならびにソフト的共同事業との間において，有機的に結合・連結しなければならない。

　組合における情報活動と，組合の実施する共同購買事業，共同販売事業，共同受注事業，共同生産・加工事業，共同保管事業といった多種多様なハード的

共同事業と情報提供事業とは本来密接不可分な関係にあるが，よりいっそう有機的な結合を図る必要がある。

　共同宣伝事業と共同販売事業や共同販売促進事業との関係は，見本市や展示会の開催に先行して宣伝を行なうこと，売り出しや需要の拡張期に先立って宣伝を行なうことが効果的であることからも明らかなように，両者は密接不可分な関係で，車の両輪の如きものであるが，こうした事業と情報提供事業はきわめて密接な関係にある。

　また，共同購買事業と共同販売事業との関係についてみると，組合を通して共同で購買した原材料や資材が組合員企業に供給され，各組合員企業によってそれぞれ製品化された後，製品化されたものが再び組合を通して共同で販売されるような場合には，二つの事業のシステム化が必要となってくるが，両事業間の関連性をより効果的にするためには，情報活動が活発に展開されることが必須の条件となってくるのである。

　組合における情報活動と，組合の実施する情報提供事業，指導事業，人材養成事業，調査研究事業，共同研究開発事業といった多種多様なソフト的共同事業とは本来密接不可分な関係にあるが，よりいっそう有機的な結合を図る必要がある。

　組合におけるソフト的共同事業の一つの大きな柱は指導事業であるが，この事業をうまく遂行していくためには，指導するべき実体としての組合員企業と，その構成員に関する活動の実態が的確に把握されていなければならない。こうした観点から，巡回指導記録や相談室日誌は，会員情報管理の一環として密接に関連づけられる必要がある。

　また，組合員企業の営む事業や組合の実施する共同事業に関する調査研究事業は，それ自体一つの独立した事業である。そして，その結果得られたデータや情報を組合員企業に提供し，フィードバックする役割は，情報提供事業のきわめて重要な事業であり，両者はきわめて密接な関係にある。

　たとえば，組合員企業における労働事情の実態調査を実施し，その調査結果を組合員企業に対して情報提供するとともに，これに基づいて組合員企業やそ

の構成員に対する新規採用訓練，技能・技術訓練，管理者教育といった形での人材養成事業，あるいは日常的な指導事業に役立てることができるのである。このように，情報提供事業と調査研究事業，指導事業，人材養成事業，あるいは共同労務管理事業はきわめて密接に関連しているので，相互に有機的な活用を図らなければならない。

3．情報事業活動における連携強化

　第三は，情報事業活動における連携強化，すなわち組織内部における情報活動の有機的結合である。組合における情報活動は現在，組合の共同事業活動にともなう支援としての内部情報処理活動から，組合員企業の営む事業活動に対する支援としての外部情報提供活動に至るまで，きわめて広範な分野・領域に及んでいる。また，情報の本来的性格からみると，図表7－9に示したように，組合の共同事業はすべて情報活動と密接不可分な形で関連している活動であるので，ここでは情報活動をいわゆる情報提供事業に限定して捉えることにしたい。

　情報提供事業は，組織的方法によって遂行される一つの事業であるとの観点からみると，情報処理の媒体面，資源面，過程面といった局面から捉えることが可能であるが，ここでは，情報処理の媒体面からの連携強化について取り上げる。

　組合は，主として構成員たる組合員企業に対して，さまざまな情報媒体を通して，種々な情報を提供している。組合は現在さまざまな活動を遂行しており，ある意味では組合の活動は主として情報に関連した事業が多い。しかしここでは，いわゆる「情報提供事業」に限定して見ると，会員管理情報，機関紙情報，組合事例情報，調査結果情報，作成資料情報，ネット情報の六つに大別して捉えることができる。

　会員情報管理は，一般的には情報提供事業とは捉えられていないが，あらゆる情報提供事業の基本となるものであり，また組合における諸活動の基盤を成すものであるという二重の意味において，きわめて基本的な情報提供事業であ

る。換言すれば，何よりもまず，会員管理情報が十分に整備されてこそ初めて組合の諸活動，特に情報提供事業が円滑に機能するものと言える。会員管理情報については，組合員台帳の整備や組合員名簿の整備といった点が重要である。

　機関紙情報は，組合における最も一般的な情報提供事業であるが，それには，「機関」紙という言葉の文字通り，まず機関としての組合の活動状況のすべてが盛り込まれていなければならないわけである。先の組合員名簿が，構造的ないしは構成的な意味における，組合員の組合に対する一体感を強化する役割を有しているとすれば，この機関紙は，機能的ないしは活動的な意味における，組合員の組合に対する一体感を強化する役割を有しているものと言える。

　ネット情報は，厳密に言えば決して最初からネット情報という特別な情報が存在するわけではない。その第一歩は，旧来からのたとえば会員管理情報，機関紙情報，組合事例情報，調査結果情報，作成資料情報などといった各種情報のうちの，いずれの情報を優先的に情報ネットワーク化していくかということである。

　情報提供事業は，ハード，ソフトを問わず，あらゆる組合事業と密接不可分な形で関係を有しており，また組合と組合員間のコミュニケーション，組合員相互間のコミュニケーションの促進という意味において，組合そのものの形成・維持・発展のための存在基盤としてもきわめて重要な位置を占めつつある。こうした情報提供事業は，情報媒体別にみると一般的には，文書，機関誌，作成資料，巡回指導，会議，電話，FAX，ネットといった八つの情報媒体を通して提供されており，これらは相互補完的に，それぞれ密接な関係を有した形で活用していく必要がある。

　さらにネットは，現代的かつ正確に言えば，パソコンやタブレット，スマートフォンによって，インターネットを利用して提供される情報という意味である。ネットは，図表7－10に示したように，主としてホームページによるウェブ情報，電子メールによるメール配信，大量ファイルの転送やダウンロード，ホームページによる掲示板情報，データ配信・音声配信・画像配信・動画配信といったウェブ配信，ブログ，そして最近のツイッター，フェイスブックなど

のソーシャルメディアを含めて，八つの情報媒体に大別することができる。

第4節　中小企業組合におけるIT化の推進

　組合活動におけるIT化の推進について提言的にまとめるとすれば，まずIT化事業提言の枠組み，すなわちIT化への事業提言の提言内容と提言機関を明確にすることが重要である。提言内容とは，具体的にどのようなIT化であるのかということであり，提言機関とは，組合員企業，組合，都道府県中小企業団体中央会，全国中小企業団体中央会の，いずれの対象・機関に対する提言であるのかということである。

　以下では，中央会活動と組合活動におけるIT化事業提言として，会員情報，データベース化，ホームページにかかわり，会員情報の整備・閲覧，データベース化の拡充，ソーシャルメディアの活用，ホームページの拡充・展開，ホームページのリンク連携，ホームページのコンテンツ拡充，組合員企業のホームページ化支援の七つを提示したい。

1．会員情報の整備・閲覧

　第一は，会員情報の整備・閲覧である。中小企業団体中央会における情報は，情報分野別にみると組合・組合員情報，施策・制度情報，社会・経済情報，経営管理情報，業界・市場情報，国際情報，技術情報，情報源情報といった八つの分野に大別することができる。同様に，中小企業組合も会員から構成されているので，ほとんど同じような情報分野に区分される。

　そして，会員情報，組合員情報の整備と管理は，図表7－9に示したように，あらゆる情報提供事業の中核的位置を占めている。中小企業団体中央会と中小企業組合は，それぞれいずれも会員から構成されているので，いかなる情報活動を実施する場合にも，会員情報の整備・把握は必要不可欠な要件である。

　中小企業団体中央会に関して言えば，都道府県中小企業団体中央会・全国中小企業団体中央会ともに，すでにすべての会員情報は整備されていることに

なっている。しかし，会員情報は常に更新されていなければ実質的な価値は大きく劣化してしまうのである。会員情報は，新しい情報というわけではないために，ともすれば更新作業が疎かになり，大幅に遅れがちになるので，常に心して日々更新作業を継続することが重要である。

中小企業組合の組合員情報は組合で完全に自己管理する必要がある。都道府県中央会の会員情報は，それぞれ自らの会員情報を確実に管理・更新するとともに，全国中央会に連絡・更新して，両者の「組織的一体感」を強化する必要がある。ともあれ，組織の情報化の基盤は，会員情報の整備にあることを認識する必要がある。

２．データベース化の拡充

第二は，データベース化の拡充である。情報化社会は，好むと好まざるとに関わらずあらゆるモノ・コトが情報となり，それがデータベース化され，やがてネットワーク化される社会である。インターネット化の展開は，あらゆる情報のデータベース化が促進されることを意味しているのである。

会員情報の管理は中央会における最も基本的なデータベース化であるが，日常活動的な組合巡回指導記録はもちろんのこと，組合におけるイベント，組合からの問い合わせや「ホー・レン・ソー（報告・連絡・相談）」など，すべての組合指導活動記録へと，徐々に対象範囲を拡大していく必要がある。

さらに，中央会職員や役員などの職務履歴，専門性についてのデータベース化を図って，なるべく多くの組合員企業が中央会活動にかかわり，少なくとも人材面からは中央会活動が停滞することのないようにしなければならない。また，中央会事業による先進組合事例や活路開拓組合事例などのすべての組合事例のデータベース化を図る必要がある。ともあれ，ありとあらゆる組合活動と中央会活動に関するデータベース化を推進して，情報共有化を推進していくことが肝要である。

最近は身近なあらゆるデータをPDF化することがきわめて簡単かつ容易になり，データベース化された各種情報の活用範囲も広くなってきている。デー

タベースの基本視点と,「存在そのものが情報である」とする観点から捉えると,あらゆる個体はただ存在しているだけで,すでに情報となっていることを理解する必要がある。

3．ソーシャルメディアの活用

　第三は,ソーシャルメディアの組織的活用である。私達人間は,ここ半世紀間における情報化の進展によって,とりわけ21世紀におけるＩＣＴ化のハード・ソフトの両面における発展によって,少なくとも情報通信技術的には,この地球上において「いつでも,どこでも,だれとでも」繋がるための,有力なコミュニケーションツールを確保するに至ったと言える。そして当面,個人・組織・社会におけるこうしたソーシャル化の波はいっそう普及・拡大されることであろう。

　ハード面においては,たとえばインターネット化,ブロードバンド化,ケータイ化,クラウド化に象徴されるＩＣＴ化の発展があげられる。一方ソフト面においては,たとえばメール,ホームページ,ブログ,スカイプ,ソーシャルネットワーキングサービス（social networking service：SNS）といった多種多様なメディアの展開があげられる。とりわけ最近は,スマートフォンやタブレットの普及にともなって,ツイッターやフェイスブックなどのソーシャルメディアの展開がめざましい。

　コミュニケーションの態様は,コミュニケーションツールやコミュニケーションメディア,情報技術や情報通信技術の発展のみではなく,個人・組織・社会を取り巻く経済的・社会的・文化的な環境変化によっても大きく変容する。したがって,現下のソーシャルメディア一色に変容するか否かは必ずしも明確ではないが,中央会や組合においても努めて,こうした新しいソーシャルメディアに対する理解を深め,積極的に取り入れてコミュニケーション革新や社会革新に大きな後れを取ることのないようにしなければならない。

4．ホームページの拡充・展開

　第四は，ホームページの拡充・展開である。すべての中央会はホームページを開設しているが，その活用や拡充には当然濃淡がみられる。中央会自体のホームページの掲載内容の更新は速やかに実施する必要がある。最近は大幅に改善されて来ているが，掲載内容の更新されていないホームページほど間の抜けたものはないので，適宜更新をしていく必要がある。

　また，ホームページもある意味において正しく「生き物」であるので，細かく見れば設計思想や，画面幅，解像度その他に関して多少時代遅れとなっているものも散見される。したがって，とりわけパソコンのOS（基本ソフト）改訂にある程度連動する形で，ある一定期間が経過すると大幅な改訂をしていく必要がある。

　さらに，重要なことは，ホームページの閲覧が従来のようにパソコンが主体ではなく，パソコンとは画面幅や解像度，使用状況や閲覧環境が大きく異なるスマホやタブレットに大きく移行してきていることである。したがって，こうした新しいコミュニケーションメディアにおけるホームページの活用を念頭に置いて，早急にホームページの拡充・展開を図る必要がある。

　ともあれ，現代社会は「ホームページ社会である」と言っても過言ではないほどに，ヒト・モノ・カネ・チエのあらゆるモノ・コトがホームページに掲載されてきている観がある。ホームページ上に検出されない企業は，企業自体の存在が危ぶまれるような状況になりつつある。あたかも「世界の中にホームページがある」という現実を超えて，「ホームページの中に世界がある」かの如き態様を示してきているので，あらゆる現代企業・組織にとってホームページの拡充・展開は急務の課題である。

5．ホームページのリンク連携

　第五は，ホームページのリンク連携である。ここで，リンク連携とはリンク機能を活用して複数のホームページ相互間を連携することである。インターネットによるこのきわめて有用な「リンク機能」によって，あるホームページ

の閲覧から関連するホームページの閲覧にスムーズに移行することができるのである。

旧来は「ビジネスの端緒は挨拶に始まる」であったとすれば，現在は「ビジネスの端緒はホームページに始まる」と言っても過言ではない。ＩＣＴ化初期の課題は「リアルかネットか」「リアルからネットへ」にあったが，今日では「リアルもネットも」「ネットからリアルへ」の，「リアルはますますリアルに，バーチャルはますますバーチャルに」という，とにもかくにも「大きいことは良いことだ」と言わんばかりの「超仮想・超現実時代」が到来してきているのである。

私達すべての人間は実時間の中で存在を許されているとすれば，いかなる連携も最終目的はリアルな連携であることに疑念の余地はないが，リアル先行かネット先行かにかかわらず，最終的にリアルな連携が形成されれば良いのである。こうした観点に立てば，まずは組織と組織がホームページ上で，相互にリンク連携を行うことが希求される。

現代社会は「連携の時代」であるとすれば，なによりもまずホームページ上において連携を進めていく必要がある。現代社会における「姉妹都市」ならぬ「姉妹ホームページ」化を強化する必要がある。幸いにも，ホームページには「リンク機能」が準備されているので，先ずは「中小企業団体中央会－全国中小企業団体中央会」の連携から始めて，「中小企業組合－中小企業団体中央会」，さらに「組合員企業－中小企業組合」へとホームページ上の連携を拡充していくことが肝要である。そして，最終的には，「組合員企業－中小企業組合－中小企業団体中央会－全国中小企業団体中央会」といった，現実社会における連携に合致するレベルまで拡充していくことが重要である。

6．ホームページのコンテンツ拡充

第六は，ホームページのコンテンツ拡充である。さすがに最近は少なくなっては来たが，ホームページは開設しているが，「十年一日」の掲載内容であるものも散見されるので，少なくとも組織企業活動に応じた規模のホームページ

に拡充していく必要がある。たとえ組織企業活動のすべてをコンピュータ化したとしても，インターネットとイントラネット，エクストラネットという区別が存在することからもわかるように，そのすべてをインターネット上でホームページ化することは適切ではないが，まだまだ拡充の余地は無限とも言えるほどに大きいのである。

中央会であれば，先進組合事例，活路開拓組合事例といった組合事例情報，イベントの開催に合わせる形でのイベント情報のホームページ掲載，組合と中央会におけるあらゆる組織活動のホームページ化を推進する必要がある。しかし，ここで最も重要なことは，新たにコンテンツを作るのではなく，すでに実施している活動をコンテンツ化する，すでにパソコンデータ化している活動を優先的に掲載することが肝要である。理想的には，ホームページの掲載内容は，実態以上でも以下でもなく，正に実態そのものであることがもっとも望ましいのである。ともかく，先ずは容易なところから，すでにデータが整備されているところ，パソコン化されているところから始めることである。

7．組合員企業のホームページ化支援

第七は組合員企業のホームページ開設支援である。中央会の会員企業に関しては，ホームページの開設は増加してきてはいるが，現代のＩＴ化，ＩＣＴ化の進展には大きく遅れを取っている組合や組合員企業も多い。組合や組合員企業のホームページ開設は，可能であればそれぞれ自ら独自に行うことが望ましいが，当初に比べると容易になったとはいえ，デザインや機能という観点から見るとホームページ自体のレベルも大幅に向上しており，相応のセンスが必要とされるようになってきている。したがって，中央会が会員組合，さらには組合の会員である組合員企業のホームページ化を支援していく必要がある。

現代企業組織においては，「自社のホームページを開設していない企業」は，昔で言えば「電話を引いていない企業」にも等しい，否多少大げさに言えば世界中がすべてホームページ化している現代社会においては，それ以下の状況であるとも言えるので，早急な開設が希求されるところである。

しかし，ホームページの開設は以前に比べると相当容易にはなったとはいえ，依然として専門的な知識・技術が必要であることに変わりはない。何よりも，特に組合員企業の本来の業務とは大きく異なっている場合が多く，従業員にとっても大半が畑違いの作業であるために，最初の取りかかりは依然として相当な困難をともなう作業であることに変わりはない。したがって，組合員企業は一般的に，本来の企業業務においても慢性的な人材不足に悩まされている状況であるため，独自にホームページを開設する余裕は少ないので，組合や中央会が組合員企業のホームページ化支援を強力に推進する必要がある。実際に，どのような形で支援していくかについては，予算措置も必要とするので，早急に検討を進める必要がある。

【注】
1) Chester I.Barnard, *The Functions of The Exective*, Harvard University, 1938.（山本安次郎・田杉競・飯野春樹訳『新訳経営者の役割』ダイヤモンド社, 1968年, 67頁, 85頁。）
2) Cf.『中小企業組合白書（2012年版）』全国中小企業団体中央会, 2012年10月, 62-64頁。

第8章 「ホームページ社会」の到来

Morikawa World Plus 3

第1節 「スーパーシステム」としてのホームページ

1．インターネットからホームページへ

　インターネットの進展は留まるところを知らない。ホームページの増殖は留まるところを知らない。否正確に言えば，インターネットの展開によるホームページの拡大は留まるところを知らない。インターネットからイントラネット，エクストラネットへの拡大によって，また個人から組織，社会へのインターネットの進展によって早晩，好むと好まざるとにかかわらず，現代は「ホームページ時代」であり，現代社会は「ホームページ社会」であると呼称される，本格的なホームページの時代が到来することであろう。

　インターネットを通して，パソコン・ネットブック・ウルトラブック・ケータイ・スマートフォン（高機能携帯電話，スマホ）・タブレット（多機能携帯端末），あるいは電話・FAX・ラジオ・テレビ・有線放送・CATVといったすべてのメディアが例外なきまでにすべてホームページに繋がることであろう。こうしたコミュニケーションメディアを通して，自動車・バス・高速道路・地下鉄・電車・新幹線・航空機・船舶といった，あらゆる輸送・運輸・移動機関においてホームページが見られるようになることであろう。

　否，ホームページ上において，すでに気候やニュース，道路状況やあらゆる輸送・運輸・交通機関の運行状況などが逐一見られるようになり，いずれは社会生活上において必要なあらゆる事柄にかかわる状況が掲載されるようになる

ことであろう。現代社会においては，ホームページは個人・組織・社会における唯一無二の「プラットホーム」となりつつある。

　また，プロフ・ブログ，ツイッター・フェイスブック，電子メール，文書・パンフレット・地図・時刻表・天気予報・ニュース，写真・音楽・ゲーム，雑誌・書籍・新聞，ドラマ・ビデオ・映画といった，あらゆるコンテンツがホームページから活用可能となり，さらに，家庭からオフィス・会社・役所・学校・病院・図書館といった，あらゆる生活空間と就業空間においてホームページにアクセスすることができるようになる。

　そして，保育園から幼稚園・小学校・中学校・高等学校・専門学校・大学・大学院，映画館・美術館・博物館・記念館，官庁から議会・政府・地方自治体・裁判所，あるいは宅配会社から旅行会社・航空会社，印刷所から出版社，郵便局から銀行・証券会社・保険会社，コンビニからスーパー・デパート・専門店・量販店，ファーストフード店からレストラン，シティホテルから高級ホテル，街角から駅・空港・港・バス停・サービスエリア（SA）・パーキングエリア（PA），さらにスポーツ施設から観光スポット・名所旧跡・城郭，寺院から神社・教会に至る，私達を取り巻く生活や仕事にかかわるすべての情報がホームページから見られるようになるであろう。

　こうして，今後ますます世界のあらゆるモノ・コトがホームページに掲載される，否「世界は二人のためにある」ならぬ「世界はホームページのためにある」といった状況を呈するようになることであろう。いずれ遠くない将来，望むと望まざるとにかかわらず「世界の中にホームページがある」というよりはむしろ「ホームページの中に世界がある」，否「ホームページは世界そのものである」，といった新しい状況が現出することであろう。正に文字通り本格的な「ホームページ時代」「ホームページ社会」の到来が間近に迫りつつある。

2．情報ネットワーク化の進展

　情報化は，理念面における「情報思考の展開」と技術面における「情報技術の革新」の両者が車の両輪となって，換言すれば情報に対するニーズとシーズ

のバランスにおいて進展する。情報に対するニーズは，1940年代後半以降における システムと情報という二つの新しい概念の登場による「情報思考（Information Thinking：ＩＴ）」の展開によって大幅に増大してきた。他方，情報に対するシーズは，1946年に開発されたコンピュータから進化したパソコンと，1990年代後半から急速な普及をみた携帯電話から進化したケータイという二つの新しい技術の登場による「情報技術（Information Technology：ＩＴ）」の革新によって大きく拡充してきた。

　ともあれ，こうした情報思考と情報技術という二つのＩＴは，軸を一にする形で進展する。情報技術がいかに革新しても，情報技術は情報の収集・変換・蓄積・検索・伝達を処理する技術であるため，その大前提となるのは，個人・組織・社会のさまざまな領域・分野・部門における，そうした「情報」の処理に対する必要性と必然性の度合いに依拠することになる。他方，情報思考は情報の目的・用途・対象・転換・移行を志向する思考であるため，その大前提となるのは，情報・ネットワーク・システムのさまざまな導入・活用・適用における，そうした「情報」の思考に対する必要性と必然性の度合いに依拠することになる。

　情報技術の革新について，コンピュータの革新という観点からみると，1946年の世界最初のコンピュータENIAC，1951年の商業用コンピュータUNIVAC-Ⅰ，1960年代以降のミニコンピュータ，マイクロコンピュータ，オフィスコンピュータ，1970年代のパーソナルコンピュータからワークステーション，パソコンサーバー，ノートパソコン，ミニノートパソコン，ネットブック，モバイルパソコンへとひたすら小型化・軽量化・高コストパフォーマンス化をめざして進化してきた。

　他方において，スーパーコンピュータ，ウェアラブルコンピュータ，シンクライアントコンピュータ，ウルトラブック，タブレットへと多様化をめざして進化してきた。さらに，開発当初からのノイマン方式による直列コンピュータから並列コンピュータ，超並列コンピュータへとひたすら高速化の方向への進化を遂げてきている。

ネットワークの革新という観点からみると，コンピュータのスタンドアロンとしてのオフライン化からインライン化，オンライン化，ネットワーク化，ローカルエリアネットワーク化，情報ネットワーク化，情報通信ネットワーク化，1995年のインターネット化からイントラネット化，エクストラネット化，パソコン通信からインターネット通信，一般回線モデムからISDN化，ADSL化，CATV化，FTTH化，無線LAN化といったブロードバンド化，クラウドコンピューティング化，データセンター化，あるいは電子メール，プロフ，ブログ，ホームページ，ツイッター，フェイスブックの発展に至る。こうした発展は，固定電話から固定FAX，自動車電話から移動電話，携帯電話，ケータイ，スマートフォンへと，ひたすら複合化をめざして発展してきていることと密接不可分に関係している。

3．コミュニケーションの態様変化

こうした情報ネットワーク化の進展にともなって，情報システムの進化，とりわけ情報通信システム，コミュニケーションシステムの進化は著しい。多くのビジネスコミュニケーションシーンにおいて，1960年代までの実際に成約に漕ぎつけるためには，往々にして「夜討ち朝駆け」的な対応が不可避な情況ではあったが，今から振り返るといかにも長閑な古き良き時代の郷愁さえ漂う「フェイスツーフェイスコミュニケーション」の時代であった。

それから，1970年代の「手紙で失礼します」，1980年代の「電話で失礼します」，1990年代には「FAXで失礼します」といった状況を経て，21世紀初頭には「携帯電話で失礼します」という態様になった。そして，ほどなく「メールで失礼します」になり，今日では「なんでもかんでもメール，メール」「隣り合わせてもメール，メール」といった，かつてのコンピュータ導入以前の「ペーパーオクトパス」の時代から，至る所に慇懃無礼ともみられる「ＣＣメール」が跋扈する「メールオクトパス」の時代へと大きく変貌を遂げつつある。

人間は，特に21世紀を迎えてからの急速なインターネット化の展開によって，

1960年代から本格化したオフィスへのコンピュータの導入とともに発生した，長年の懸案である「ペーパー洪水」からようやく脱却したかと思いきや，まったく皮肉にも，旧来の何倍，何十倍，何百倍もの「メール洪水」が新たに押し寄せつつある。しかも間の悪いことに，今般の大洪水は洪水の発生や被害についてほとんど認識がないことであり，何よりも見かけ上はコストがゼロに近いために，以前のような改善運動が起こるか否か不明である。

ともあれ早晩，「そのようなお問い合わせは，弊社のホームページでご確認願います」という，「メールオクトパス」ならぬ「ウエブオクトパス」の様相を呈して，ひと昔前なら文字通り「慇懃無礼」とも言える情況が多発してくることであろう。しかも，人間と人間のよりいっそう「人間的な」「豊かな」コミュニケーションの実現をめざして，情報通信技術の発展に粉骨砕身，文字通り骨身を削って邁進してきた幾多の技術者にとっても，こうした一見して「非人間的」とも言えるコミュニケーション情況に立ち至ることまでは到底予測されなかったことであり，正に「想定外」の光景の現出でもあろう。

近年大半の企業において，旧来の苦情受付係やお客様相談室における「非サービスの時代」から，カスタマーセンターやサポートセンターによる「サービスの時代」へと大幅な衣替えが急速に進んできていることは，「CSR（Corporate Social Responsibility，企業の社会的責任）」の観点からも大いに評価されるところである。

しかし，最近大多数のカスタマーセンターにおいて，電話はもちろんのことネットにおいてさえ，IDやパスワードといった誠に面倒な長時間に渡る手続きの末にやっとのことでアクセスが叶ったと思いきや，「詳しくは当社のホームページをご覧下さい」という，一方的に応答録音まで採られた上に何とも味気ない情況である。当初のカスタマーセンター開設時ならば，「慇懃無礼」とも採られかねない「ICT化時代の常套句」が横行しているきらいがあるが，これも現代の情報化時代における紛れもない一断面なのである。

遠くない将来大半のビジネスコミュニケーションシーンにおいて，こうした情況が想定されるほどに，情報システムとしてのホームページの発展は著しく，

最早誰もこうしたホームページ化の流れを引き留めることはできないであろう。その極限には，一般的なビジネスコミュニケーションシーンにおいてさえ，先進国首脳がものものしい警護の下で毎年集う「サミット（主要国首脳会議）」並みに，「本当にお会いすることができて光栄です，全く夢のようです」と真顔で話す時代がいずれ到来することであろう。そして，今日の状況とは大きく異なり，最も重要なことではホームページを活用することなく，昔ながらのフェイスツーフェイスコミュニケーションに依拠せざるを得ないという状況が再現されることであろう。

第2節 「システム」の源流と本質

1．「システム概念」の源流

現代は「システムの時代[1)][2)]」であり「情報の時代」であると叫ばれて久しいが，とりわけ1970年代以降はますます顕著になってきており，21世紀の今日ではもはやシステムと情報，さらにはネットワークという思考や志向なしには，世の中のあらゆる現象が存在し得ないような，「情報ネットワークシステム社会」といった状況に立ち至っている。

「システムと情報」という観点から日米両国を比較対比的に捉えると，米国人は合理的人間であり日本人は情緒的人間であると言われる。また，嗜好用語的観点からみれば，情報化当初より米国では「システム」や「知識」なる用語が，他方日本では「情報」なる用語が多用されてきたきらいが見られる。

たとえば，今日の情報化社会を最初に予測した「情報化論文」のタイトルを日米で対比してみると，米国では1962年に発表されたマッハルプ（Fritz Machlup）の『米国における知識の生産と流通』[3)]における「ナレッジインダストリー（知識産業）」を，他方日本では1963年に発表された梅棹忠夫の「お布施の原理」による「情報産業論」[4)]をあげることができる。

ともあれ，現代情報社会の理論的基盤である「システムとは何か」「情報とは何か」「ネットワークとは何か」という問いは古くて新しい今日的な命題で

ある。「日の下に新しきことなどなし（旧約聖書伝道の書第1章9節）」「この世の中に新しいものなどはない」という聖書の言葉によるまでもなく，すでに太古の昔から「システム」も「情報」も歴然と存在していたものと捉えられる。

　語源的にみれば，システム（System）概念は，ラテン語の「systema」，ギリシャ語の「susthema」という言葉に遡ることができる[5]。さらに，ギリシャの哲人アリストテレス（Aristotle）は「系は系を巡る」すなわち「システムはシステムを巡る」という言葉を残しているが，これはベケット（John A.Beckett）の言にしたがえば「システムはシステムから成る[6]」「システムはシステムを形成する」ということになる。

　システムなる概念は元来，混沌（chaos）に対する秩序（cosmos，宇宙・調和・完全体系），無秩序に対する秩序（order，順序・席順・序列）として二つの面から捉えられる概念であるが，現代的なシステム概念は，1948年のウィーナー（Norbert Wiener）によって提唱された「サイバネティックス（Cybernetics）」[7]概念をシステム概念の中に取り入れた，新たな装いをもって生起した概念であると理解されよう。

　同様に，情報（Information）概念は，ラテン語の「informatio（模写，表現）」「informare（形成する，表現する）」という言葉に遡ることができる。メッセージを受け取った後で，そのメッセージの内容によってそれまでぼんやりとしていたある何かの事柄がはっきりする，すなわち何かが明白に形づくられるならば，そのメッセージの中には情報が内包されていたことになる，といった今日的な情報概念に対する一つの見解と，語源的にみた古典的な情報概念に関する捉え方が見事に一致しているのである。たとえ時代によって言葉の変遷があったとしても，その本質はずっと受け継がれていくのである。

　しかし，マクドノウ（Adrian M.McDonough）による，「情報の概念が意識されるようになったのはやっと第二次大戦以降であったことを我々は認識しなければならない[8]」という指摘から敷衍すれば，現代的な情報概念は，サイバネティックス概念を内包したシステムの概念と結合して展開・活用されてきたものと捉えることができる。システムと情報という二つの概念は，間違いなく太

古の昔から，私達人類の出現とともに存在しているが，今日的な意味ではともに1940年代におけるコンピュータの出現と時期を同じくして，第二次大戦後に広く周知されるようになった概念である。

2．「システム概念」の本質

現代のシステム概念は，こうした「秩序」という観点から捉えると，階層的秩序，過程的秩序，循環的秩序という相互に関連を有する三つの秩序を含意しており，それぞれ五つの特性を有するものとして捉えることができる。

ここで，階層的秩序とは，全体性・部分集合性・相互関連性・階層性・環境性という五つの特性において捉えられ，全体と部分の連鎖として理解される。過程的秩序とは，入力性・変換性・出力性・蓄積性・制御性という五つの特性において捉えられ，入力と出力の連鎖として理解される。循環的秩序とは，目的性・創始性・成長性・衰退性・終焉性という五つの特性において捉えられ，創始と終焉，原因と結果，目的と手段の連鎖として理解される。

システム概念の本質について以下に記述する三つの秩序のうちで，階層的秩序と循環的秩序は太古の昔よりシステムに内包されていた概念であったが，過程的秩序は第二次大戦後に提起されたサイバネティックス概念を情報とともに取り入れた概念である

すなわち，今日の過程的秩序からみたシステム概念は，入力－処理－出力，目標，フィードバックコントロールといった主要な概念で構成され，上述したウィーナーの名著『サイバネティックス－動物と機械における通信と制御－』[9]における，「通信と制御」なるサブタイトルにおいて端的に示されているように，とりわけ情報概念との密接不可分な関連を有する形で出現した。

システム概念は，サイバネティックス概念を取り込むことによって，新たな装いを持った画期的な概念として再生したが，理論としてのサイバネティックス概念の出現は，技術としての複合多能な情報処理機器であるコンピュータの出現と時期を同じくして，生まれるべくして生まれてきた概念である。

3. システムの階層的秩序

　階層的秩序における五つの特性はそれぞれ次の如く捉えられる。ある一つの個体は，一つの全体を成しており（全体性），こうした個体は幾つかの部分から構成されており（部分集合性），そうした部分は相互に密接に関連をしており（相互関連性），さらにそれぞれの部分もまたすべてそれぞれ幾つかの部分の部分から構成されており（階層性），またこうした個体は他の幾つかの個体と一緒になってより大きな全体を構成している（環境性）。

　ここで，ある一つの個体はシステムと呼ばれ，その部分はサブシステムと呼ばれ，より大きな全体はスーパーシステムと呼ばれる。階層的秩序からみたシステム思考とは，こうした捉え方を上位階層（全体）方向と下位階層（部分）方向の両面において，どこまでも捉えていくことである。理論的には影響が皆無になるか，影響を無視することができるレベルまで無限に進めていくことによって，モノ・コトの本質をより良く理解することができる。

　こうした全体と部分の連鎖という観点から，ある一つの個体（A）をシステムとして捉えていくと，「部分の部分」の方向には，細胞から分子，原子，原子核，陽子，電子に至るミクロ物理システムへと辿り着く。一方，全体の全体の方向には，地球から太陽系，銀河系，銀河群，銀河団，大宇宙に至るマクロ物理システムへと辿り着く。こうした方向は，論理的には上位階層・下位階層の両面にどこまでも果てしなく続き，正真正銘「天地万物」「森羅万象」の文字通りすべての構造・存在に辿り着くことになる。

4. システムの過程的秩序

　過程の秩序における五つの特性はそれぞれ次の如く捉えられる。ある一つの個体は，個体外部から何らかの資源が入力され（入力性），個体外部に対して何らかの資源を出力するが（出力性），そうした入力から出力に至る資源の変換を行い（変換性），さらに変換のプロセスにおいて何らかの資源を蓄積・検索し（蓄積性），また出力された資源が情報としてフィードバックされ，そのフィードバックされる情報とあらかじめ設定された目標が比較検討されて，次

の変換プロセスに対して何らかの制御を行う（制御性）。

　ここで，ある一つの個体への入力はインプットと呼ばれ，出力はアウトプットと呼ばれ，変換はスループットと呼ばれる。過程的秩序からみたシステム思考とは，こうした捉え方を後段方向（出力）と前段方向（入力）の両面において，理論的には影響が皆無になるか，影響を無視することができるプロセスまで無限に進めていくことによって，モノ・コトの本質をより良く理解することができる。

　こうした入力と出力の連鎖という観点から，ある一つの個体（A）をシステムとして捉えていくと，その個体（A）からの出力は後段過程に位置する幾つかの個体（＋B1や＋B2）の入力となり，さらにそれぞれの個体の出力は次の後段過程に位置する幾つかの個体（＋C1や＋C2），あるいは（＋D1や＋D2）の入力となる。

　一方，その個体（A）への入力は前段過程に位置する幾つかの個体（－B1や－B2）からの出力によるものであり，さらにそれぞれの個体への入力は前の前段過程に位置する幾つかの個体（－B1や－B2），あるいは（－C1や－C2）からの出力によるものである。こうした方向は，論理的には前段方向・後段方向の両面にどこまでも果てしなく続き，正真正銘「天地万物」「森羅万象」の文字通りすべての機能・行動に辿り着くことになる。

5．システムの循環的秩序

　循環的秩序における五つの特性はそれぞれ次の如く捉えられる。ある一つの個体は，何らかの目的をめざして（目的性），何時かの時点で開始されるが（創始性），多くの場合には普通は初期の頃は少しずつ拡大していき（成長性），しばらくするといずれは少しずつ減少していく（衰退性），そして何時かの時点で終焉していく（終焉性）。

　ここで，ある一つの個体における初めの段階はスタートポイントと呼ばれ，その後の拡大や減少といった変動の段階はアクティブポイントと呼ばれ，最後の段階はエンドポイントと呼ばれる。循環的秩序からみたシステム思考とは，

第8章 「ホームページ社会」の到来　171

こうした捉え方を前環方向（創始）と後環方向（終焉）の両面において，理論的には影響が皆無になるか，影響を無視することができるサイクルまで無限に進めていくことによって，モノ・コトの本質をより良く理解することができる。

こうした目的と手段の連鎖という観点から，ある一つの個体（A）をシステムとして捉えていくと，その個体（A）の終焉は後環方向に位置する幾つかの個体（＋B1や＋B2）の創始となり，さらにそれぞれの個体の終焉は次の後環方向に位置する幾つかの個体（＋C1や＋C2），あるいは（＋D1や＋D2）の創始となる。

一方，その個体（A）の創始は前環方向に位置する幾つかの個体（－B1や－B2）の終焉によるものであり，さらにそれぞれの個体の創始は前環方向に位置する幾つかの個体（－C1や－C2），あるいは（－D1や－D2）の終焉によるものである。こうした方向は，論理的には前環方向・後環方向の両面にどこまでも果てしなく続き，正真正銘「天地万物」「森羅万象」の文字通りすべての歴史・成長に辿り着くことになる。

第3節　「物的スーパーシステム」の原型と本質

1．歴代スーパーシステムの変遷

次に，私達人類がその時々における最大にして最高英知の結晶と不撓不屈の精神をもって創出してきた「超巨大人工システム」，すなわちシステムのシステムとしての「スーパーシステム（Super System）」の変遷を概観する。以下では便宜上大雑把に，原始，中世（近代以前），近代，現代の四つの段階に区分してスーパーシステムを見てみよう。

私達人類が何年，何百年，何千年にわたって創出した幾多の巨大「人工物」のほんの一部を概観するだけでも，私達人類は常により「巨大な」人工物を創出して止まない，この地球上におけるきわめて特異な存在であるということに改めて気づかされるのである。私達人類の歴史を振り返ってみるとき，人間はいつの時代にもその時代その時代，その時その時のさまざまな状況に応じて，

いつもスーパーシステムを創出して止まなかったのである。

恐らくこれからも，私達人間は人類の終り，否この世の終りの時まで，秩序の秩序，システムのシステムとしてのさらなるスーパーシステムを創出し続けることであろう。それが，人間の人間たる所以なのであり，私達人類に課せられた不可逆的な道なのであろう。私達人間は，多くの場合には古今東西を問わず，たとえいかに理不尽な行動と映ることはあっても，恐らくそれぞれその個人，家庭，組織，民族，国家なりの態様において「破壊と創造」「創造的破壊」，否新しい秩序を求めて古い秩序の破壊を追い求めることであろう。

「学問に志す者は，常に体系を求めてやまない[10]」と言われるが，実体としての「世界そのものもまた体系（システム）を求めて止まない」のであろう。否，「世界そのものが体系（システム）であり」，「系は系をめぐる」とすれば，システムはシステムを求めて止まないのであろう。

2．原始スーパーシステムとしての「自然と宇宙」

まず，存在論的に捉えるか認識論的に捉えるかは別として，この世におけるすべてのモノ・コト，すなわち「天地万物」「森羅万象」をシステムと捉えて，以下の如き三つの観点から類型化してみよう。

第一は人為性の有無，すなわちシステムの発生や形成が人為的であるか否かに視点を置いて分ける方法であり，自然システムと人工システム，自然物と人工物に区分される。第二は生命性の有無，すなわちシステムが生命を有しているか否かに視点を置いて分ける方法であり，無生命システムと生命システム，無生命物と生命物に区分される。第三は実体性の有無，すなわちシステムが現実世界において具体的に把握されるか否かに視点を置いて分ける方法であり，具体システムと抽象システム，具体物と抽象物に区分される。

さらに，具体システムを取り上げて第一の人為性の有無と第二の生命性の有無という二つの観点から類型化すると，具体システムは以下の四つのシステムに類型化される。

第一は自然物—無生命物としての地物システムであり，たとえば太陽系，銀

第8章 「ホームページ社会」の到来　173

河系，惑星系，山河系，山脈系，火山系，地理系，地質系，海流系，気象系，資源系，鉱物系，石油系といった多数のシステムがあげられる。

　第二は自然物—有生命物としての生物システムであり，たとえば生物系，植物系，動物系，人間系，人体系，循環器系統，呼吸器系統，消化器系統，神経系統，生態系，森林系，河川系，海洋系，湖沼系，河口系といった多数のシステムがあげられる。

　第三は人工物—有生命物としての社会システムであり，たとえば組織系，企業組織，学校組織，病院組織，官庁組織，寺社組織，銀行組織，組合組織，社会系，地域社会，国家社会，国際社会，地球社会といった多数のシステムがあげられる。

　第四は人工物—無生命物としての機械システムであり，たとえば物質系，情報系，冷蔵庫，クーラー，自動車，航空機，住宅，電話，テレビ，パソコン，ケータイ，カメラ，カバン，バック，キッチン，お風呂，洗面台といった多数のシステムがあげられる。

　システム的観点からみれば，あるモノ・コトがシステムであるか否かは，「システム」を存在論的に捉えるか，認識論的に捉えるかによって異なる。私達人間を取り巻く天地万物，森羅万象のあらゆるモノ・コトをシステムとして捉えることができるが，現代のシステム時代において最も重要なことは，私達があらゆるモノ・コトの対処において，まずあらゆるモノ・コトを認識論的にシステムと捉えて，そうしたモノ・コトを処理・形成・調整・統合・創造していくことである。

　ここでは，元来私達人間が関与しないで自然に存在していた，地物システムと生物システムについてみてみよう。太陽系は「solar system」という英文用語が端的に示している通り，太陽を中心として水星，金星，地球，火星，木星，土星，天王星，海王星，冥王星なる九つの惑星と多数の惑星間物質によって，相互に密接不可分な形で形成されているシステムである。あるいは，賑わいだ夏の夜空に紅く輝く星群，深々とした冬の夜空に白く輝く星群，銀河を形成する2000億個ともいわれる星座，大宇宙を形成する1000億個ともいわれる星団，

これらは皆システムを形成しているのである。

同様に，河川系も「river system」という英文用語が端的に示している通り，通常は高地の雪解け水や湧き水からなる小さな細々とした水源から，行く先々で無数の小川と出合い，小さな河川と合流しながら成長を遂げて，「五月雨をあつめて早し最上川（松尾芭蕉）」の如く急流を駆け落ち，時には怒濤の濁流となって，山野を駆け抜け，ある時はなだらかな広野をゆったりと進みながら，やがては蕩々たる大河となり，やがて悠々と大海に注ぐことになる。

たとえどのような名もなき道端に佇む小さな一本一本の草や花や木も，また手に取れば押しつぶされそうな小虫や蝶から草食の小動物，サバンナの果てしなき大地を我が物顔で支配する百獣の王ライオンなる大動物に至るまで，この世に存在するあらゆる生物は紛れもなく，生物学的には「食物連鎖」を通してシステムを形成しているのである。

あるいは，生物としての人間自体も，また人体における循環器系統（circulatory system）や神経系統（nervous system）もすべて文字通り一つの精巧な，とても偶然の成せる業とは捉えられない，「神」が創造された自然のシステムなのである。

このように捉えてみると，地物から生物までのすべての自然と，その自然の営みはすべて，私達人間が認識するか否かにかかわらず，文字通り太古の昔からシステムとして存在している。システムとして形成されないものは存在を許されない，否，存在を許されたモノ・コトだけがシステムを形成しているのであると言える。

それでは，このような自然のシステムは，一体誰が何のためにどのようにして造ったのかという根本的な疑問が残るところである。それは，究極的には「はじめに神は天と地とを創造された（旧約聖書創世記第1章1節）」という「天地創造」の聖句に辿り着くことになり，すべてを信じるか否かにかかっている。そして，そうした神の存在を信じるか否かは，究極的にはパスカル（Blaise Pascal）の『パンセ』にしたがえば「賭」であり，パンセの言う通り「君が勝つならば君は一切を得る，もし君が負けても君は何も失わない[11]」ならば，

神の存在に賭け続ける以外の選択肢はないのであろう。

3．中世スーパーシステムとしての「寺院と城郭」

　近代以前の中世スーパーシステム（歴代超巨大人工システム）としては寺院，教会，神殿，神社，城郭，王宮，宮殿などがあげられるが，それらの大半は，恐らく今日では人類の共有財産として「世界文化遺産」に登録・認定されていることであろう。世界遺産は1972年のユネスコ総会で採択された「世界の文化遺産及び自然遺産の保護に関する条約（世界遺産条約）」に基づいて世界遺産リストに登録された，遺跡，景観，自然など，人類が共有すべき「顕著な普遍的価値」をもつ物件のことで，移動が不可能な不動産やそれに準ずるものが対象となっている。

　世界遺産といっても，2011年時点で936件の登録があり，早晩1000件に迫る規模になっている。その内訳は文化遺産725件，自然遺産183件，複合遺産28件と，その大半は文化遺産となっている。国別ではイタリア46件，スペイン43件，中国41件，フランス36件，ドイツ34件などが多く，地域的にはヨーロッパの登録が約半数を占めている。文化遺産についてみると，必ずしも現在の先進国にのみ残されているとは限らないで，今では発展途上国や後進国と呼ばれる地域にも広く拡散分布している。

　ナイル河，ティグリス・ユーフラテス河，インダス河，黄河といったそれぞれ四つの大河の流域に栄えたエジプト文明，メソポタミア文明，インダス文明，中国文明と呼ばれる世界四大文明の発生地域は，現代ではいずれも発展途上国か後進国に位置するという厳然たる事実がみられる。このような歴史的な変遷という観点からみると，人類の興隆の歴史は，たとえどのように栄華を極めようとも，いずれは「栄枯盛衰」「先のものが後になる」現象がこの世の習わしとなり，そういう意味では少なくともこれまでのところは，人類の歴史は相応の公平性を有する稀有な歴史であるとも言えよう。

　筆者は，大学時代に「名所古跡研究部」に所属していたが，入学後間もなく，今年ようやく世界文化遺産への登録が叶った「平泉」を初めて訪れて以降，名

所旧跡に対する関心が急激に深まり，その後全国各地の史跡を巡る旅が続いている。これまでに日本の城郭と城下町はほとんど訪れる機会に恵まれ，その地その地における在りし日の栄華を偲び，寺社や城郭の気ままな空間に佇んでは，いにしえの訪れし人達との，「空間の共有」にほのかな想いを馳せてきた。

　こうした，永い時を隔ててはいるが，由緒ある建造物や構築物を巡る旅は，名所古跡という「空間の共有」「共有空間」を通して，これまで当地を訪れた幾多の旅人との出遭いの場，「過去との遭遇」であり，これから当地を訪れるであろう幾多の旅人との出遭いの場，「未来との遭遇」である。こうした旅は，過去と未来を結ぶささやかではあるが，遥かな壮大な旅でもあり，「人生」という行き先不明の「超高速新幹線」に偶然の如く乗り合わせた個々人の旅にとっても，至福に満ちた清涼のひとときでもあろう。ここでは，特に筆者が訪れて歴史に対する畏敬の念を新たにした西ヨーロッパにおける世界文化遺産としての超巨大人工システムを中心に，思いつくままに列挙してみよう。

　永遠の都ローマでは，古代ローマの残影フォロ・ロマーノ（Foro Romano），サンタ・マリア・マッジョーレ大聖堂，コロッセオ，パンテオン，カラカラ浴場などの遺跡群がどっしりと根を下ろし，「すべての道はローマに通じる」と称された栄光の足跡が確実に残されている。バチカン市国では，サン・ピエトロ大聖堂と，その隣接するローマ教皇住居バチカン宮殿（Palazzi Apostolici），バチカン博物館（Musei Vaticani，バチカン美術館）に，文字通り建物全体が天上画・壁画から絵画，彫刻に至るまで黄金で目映いばかりの，恐らくは世界最大の「お宝」が収蔵されていることであろう。

　ミラノのサンタ・マリア・デッレ・グラツィエ教会には近年ようやく念願の大修復が叶ったレオナルド・ダ・ヴィンチ（Leonard da Vinchi）の『最後の晩餐』があり，パリのルーブル美術館では永遠の微笑み「モナリザ・スマイル」をたたえるレオナルド・ダ・ヴィンチの「モナリザ（Mona Lisa）」が出迎えてくれる。前者は一点透視図法を用いて部屋の様子を立体的に描くことに成功しており，後者は空気遠近法を効果的に用いてモデルと風景を統合的に描くことに成功しており，いずれも精巧なシステム的構成になっている。

第8章 「ホームページ社会」の到来　177

　情熱の国ならぬ意外と清涼の国スペインでは，広大な乾燥した大地に忽然と現れる人工都市であり絵画の宝庫でもあるマドリッド，アンダルシア地方に位置するグラナダの古色蒼然たる佇まいではあるが，イスラムの広大さと威厳を今に伝えるアルハンブラ宮殿，セビリアの壮大さと荘厳さを併せ持つカテドラル（大聖堂），荒涼たる原野における王宮に「命の水」を届けるセゴビアの巨石積みからなる高架水道橋などが過去の栄光を，またバルセロナではガウディ（Antonio Gaudi y Cornet）の夢見たサクラダファミリア教会が未来の栄光をしっかりと誇示する。

　華の都パリでは，ルーブル美術館（Musee du Louvre, Paris），わが国ではベルサイユのばらで一躍有名になったヴェルサイユ宮殿（Chateau de Versailles），ゴシック建築の粋を集めた天空にそびえるノートルダム大聖堂（Cathedrale Notre-Dame de Paris，ノートルダム寺院），「西洋の驚異」と称されるサン・マロ湾上に浮かぶ小島に築かれた修道院のモン・サン＝ミシェル（Mont Saint-Michel）がみられる。

　ドイツでは，もしこの地に「ベルリンの壁」の跡地でも保存されていなければ，ほんの半世紀前に国土全体が壊滅状態になっていたのみならず，僅か20年前まで冷徹無比な厚い壁に阻まれていたという，厳然たる歴史的事実さえも忘却の彼方に押しやってしまうほどに復興を果たしたベルリン，難攻不落の地にそそり立ち，華麗なる孤高の美しさを誇示して止まないノイシュヴァンシュタイン城（Schloss Neuschwanstein）の雄姿をはじめとする，「ロマンチック街道」に沿って点在する古城と，それを取り囲む中世の趣のある街並みが，今なお悠々足る歴史の重みを遺憾無く発揮している。

　英国ロンドンでは，かつて七つの海を支配したユニオンジャックの威光を今に示す膨大な収蔵品が溢れており，いっときは興隆を極めたが今は没楽の憂き目にあっている世界各国からの「お宝」返還要求が後を絶たない大英博物館ではあるが，いまもその健在ぶりをしっかりと堅持している。一時はカトリック王国とも覇権を争ったウェストミンスター寺院（Westminster Abbey），ウェストミンスター宮殿（the Palace of Westminster），カンタベリー大聖堂が，「すべ

ての通信はロンドンに通じる」と称された近代文明の発祥地を想起させられる，超近代的な街区に昔のままの面影でその存在感を示している。

　オランダは，文字通り「国土自体」を維持・保全する壮大なシステムを構築している，否システムを維持していかなければ国土の存在自体が海の彼方に藻屑となってしまう過酷な運命に置かれている世界唯一，否宇宙唯一の国であり，いかなる遠大な「治山治水事業」を敢行している国家もこの国の前には全く霞んでしまわざるを得ない。「世界は間違いなく神の創造物であるが，オランダだけは紛れも無く人間が造った国である」と言わしめるに足るだけの，大半が水面下に位置する国土を維持するための労苦を日夜懸命に遂行している。

　ここで東洋に目を転じれば，中国では，いにしえの都西安（長安）の城壁や秦の始皇帝による兵馬俑，万里の長城（Wanli Changcheng），そして面積725,000㎡を誇る世界最大の宮殿遺構である紫禁城（故宮）が今もその健在ぶりを示す。わが国では出雲の出雲大社，伊勢の伊勢神宮外宮・内宮，奈良の法隆寺，東大寺，東大寺大仏，京都の平等院，平安神社，清水寺，京都御所，姫路城などが「日本の美」を余すところなく称える。こうした構築物はすべて，紛れもなくそれぞれの国のその時代時代における，今日的にいえば紛れも無くシステム科学の成果物なのであろう。

第4節　「知的スーパーシステム」の原型と本質

1．近代スーパーシステムとしての「コンピュータ」

　1969年夏，米国による「アポロ人工衛星」の打ち上げ成功は，世界中の人々をラジオやテレビに釘付けにしたことは今も記憶に新しいところであるが，このアポロ人工衛星の成功は永く「近代システム科学」の偉大な成果として華々しく喧伝された。

　米東部夏時間1969年7月20日午後10時56分（日本時間7月21日午前11時56分），アポロ11号のアームストロング（Neil Alden Armstrong）船長は，人類史上初めて月面に歴史的な第一歩を踏み，文字通り月面に偉大な足跡を残した。これ

は同時に，ケネディ（John Fitzgerald Kennedy）大統領が1961年5月25日の合同議会における演説で表明した「1960年代の終わりまでに人類を月面に到達させる」という公約が文字通り実現された瞬間でもあった。

　月面に降り立ったアームストロング船長の発した「これは一人の人間にとっては小さな一歩だが，人類にとっては偉大な飛躍である（That's one small step for [a] man, one giant leap for mankind.）」という有名な言葉は，1961年4月12日にボストーク1号の宇宙飛行士として地球を一周し，世界最初の有人宇宙飛行を成功させた，ソビエト連邦空軍のパイロットであるガガーリン（Yuriy Alekseevich Gagarin）少佐が帰還後に語った「地球は青かった」の言葉とともに，私達の心に深く永遠に残る言葉となった。

　ともあれ，こうした人工衛星の打ち上げは確かに，それ以降今日まで月面着陸機や宇宙ステーション，火星探索機として展開してきたが，さらには宇宙基地建設，宇宙旅行衛星などといった形で未来永劫的に続いていくであろう，「近代スーパーシステム（近代超巨大人工システム）」の嚆矢となった輝かしい成果であったと言える。そして，こうしたスーパーシステムの発展は，地球外部の宇宙や人間外部の機械に向けられているだけではなく，地球内部の地底や海底，人間内部の遺伝子などに，あるいはハードウエアよりもソフトウエアに向けられてきている。

　人工衛星はその後も各国から続々と打ち上げられ，すでに2000個を超える状況にあるとも言われ，現在ではそうした人工衛星の大気圏突入・地球への落下が大きな問題となりつつある。人工衛星はシステム科学の粋を結集した成果であり，紛れも無く近代スーパーシステムであるが，そうした開発の基本的かつ中核的な役割を果たしてきたのは他ならぬコンピュータの出現であったと言える。

　電子式自動計算機として出現したコンピュータがいつ開発されたかは，コンピュータの定義いかんによって異なるが，いま文字通り電子式，すなわちその演算機構が電子的メカニズムによって作動しているか否かという観点から捉えると，世界初のコンピュータは，1946年にアメリカのペンシルバニア大学の

モークリー（John William Mauchly）とエッカート（J.Presper Eckert）の二人が，陸軍弾道研究所の委託に基づいて製作したエニアック（ENIAC）であり，演算機構に18,000本の電子管（真空管）を用い，重さ30トン，床面積約450㎡，使用電力140kW という，「計算機」というよりはむしろ巨大な「計算工場」ともいえる「構築物」であった。

コンピュータは元来，「入力－変換－出力，フィードバック制御」というシステム概念の過程的秩序を有するシステム構成製品であったが，ミニコンからマイコン，パソコン，オフコン，スパコンの開発に至って，ハードウエア，コンポーネントウエア，ソフトウエア，ネットウエア，コンテンツウエア，ソリューションウエアのすべての面においてますますそうしたシステム構成性に磨きがかかってきている。

また，コンピュータの進化は，単なるコンピュータだけの発展には留まらないで，他のさまざまな情報機器に組み込まれて情報機器の革新的な発展を促進し，さらにコンピュータ単体あるいはコンピュータの組み込まれた情報機器を，他の多種多様な物的機械やエネルギー変換機械に組み込む形で，物的機械やエネルギー変換機械の革新的な発展を促進してきたのである。今日少なくとも先進国においては，いかなる機械もマイコンというコンピュータを組み込んでいないような機械を見出すことは困難であろう。コンピュータは，それ自体典型的なシステム機械であるが，システムのシステムとしてのスーパーシステムを形成していく中核となっているのである。

ともあれ，近代スーパーシステムの登場は，1961年のボストーク1号による史上初地球一周有人宇宙飛行に始まり，1964年の東海道新幹線，1969年のアポロ人工衛星，原子力発電，エアバス，宇宙ステーション，電気自動車，世界一超高層ビル「ブルジュ・ハリファ（Burj Khalifah）」，2027年のリニアモーターカーによる中央新幹線に至るまで枚挙にいとまがない。他方情報化の観点から見ると，近代スーパーシステムは，1946年の ENIAC コンピュータに始まりパーソナルコンピュータ，スーパーコンピュータ，インターネット，ケータイ，スマートフォン，タブレット端末，データセンター，ホームページへと展開し

今日に至っている。

2．現代スーパーシステムとしての「ホームページ」

　本章では，こうした観点から「ホームページ」を現代スーパーシステム（現代超巨大人工システム）の典型的な事例として取り上げる。20世紀におけるシステム科学の成果としては多数みられるが，21世紀の今日における「現代システム科学」の最も輝かしい成果として，今日のインターネット時代において電子メールとともに私達の最も身近な，最も有用なコミュニケーションメディアとなりつつある「ホームページ」を取り上げることにしよう。

　「ホームページ」は，最初の偉大なシステム科学の成果として喧伝された「アポロ人工衛星」とはまったく異なり，出現当初から華やかさや派手さとはまったく縁遠い存在であり，特別に注目に値するような存在でもなかったのである。今日の状況においても，どのようにひいき目に捉えても，先進諸国においてはもちろんのこと，世界中の人々が日常的にアクセスしているホームページが現代システム科学を代表するものであるなどという認識や理解は皆無であろう。

　しかし，改めて深く考えてみると，出現当初は，多分に少年のお遊び用情報ツールとして，否きわめて自己顕示マニアの情報ツールとして活用されているかに見えたホームページも，インターネット化，イントラネット化，エクストラネット化と展開が図られるにともなって，今日のホームページには個人・組織・社会における，あらゆるモノ・コトが掲載されており，ただクリック一つで過去，現在，否ともすれば未来の，世界中のあらゆるモノ・コトに関する情報に対してアクセスすることが可能となったのである。ヤフーのお天気マップにアクセスすれば世界中の今日の，否明日のお天気が見られる。また，グーグルのグーグルアースにアクセスすれば，世界は最早「ネットクリッカー（net clicker）」の手中にある。

　ちょうど1960年代のコンピュータ普及当初に「コンピュータ，ソフトがなければただの箱」と揶揄されたのと同様に，1990年代のインターネット普及当初

は，真の社会基盤としての存続をインターネットに希求するが故に，やむなく『インターネットはからっぽの洞窟[12]』とまで揶揄され，逆に真剣にアルコール中毒や麻薬中毒と同様に『インターネット中毒[13]』と捉えて文字通りの警告がなされた。

しかし今日，とりわけホームページの展開によって最早そうした論調が消失せざるを得ないほどに，実態として「洋の東西」「東西南北」を問わず文字通り世界中にインターネットが普及している。ホームページは，インターネットを単なる「からっぽの洞窟」から少なくとも「玉石混淆の玉手箱」に変身させたのである。

「お布施の原理」によって，「日本的情報産業論」の創始者たる位置を確固とした梅棹忠夫が行き着いた，「世界は情報に満ちている。すべての存在それ自体が情報である。（中略）情報はあまねく存在する。世界そのものが情報である[14]」との見解にしたがえば，早晩，「世界はホームページに満ちている。すべての存在それ自体がホームページの中にある。ホームページはあまねく存在する。世界そのものがホームページの中にある」，あるいは「ホームページを見れば世界が分かる。ホームページの手中に世界がある。ホームページは世界そのものである」ということになろう。

ホームページは，21世紀に生きる私達，否ボールディング（Kenneth E.Boulding）のいう「宇宙船地球号」に偶然の如く乗り合せている70億人を超える世界中の人々が，好むと好まざるとにかかわらず空気の如く活用する基本的な情報ツールとして，きわめて有用なコミュニケーションツールとして日常的な生活風景の中にしっかりと融け込んできている観がある。しかも，ホームページは，少なくとも先進諸国においてはすでに従来からのパソコンやケータイによる活用よりもむしろ，スマートフォンやタブレット端末による活用が主力となり，文字通り肌身離さず活用される「ウェアラブルコンピュータ」の情況を呈しつつある。

インターネットの進展は留まるところを知らない。ホームページの拡大は留まるところを知らない。後世の歴史家達によって，「インターネットは20世紀

最後の創造物」であり,「ホームページは21世紀最初の玉手箱」であると称される日も遠くないかも知れない。インターネットが私達に直接もたらした最大の影響は,特に電子メールとホームページという新しいコミュニケーションツールの登場である。否,ホームページは単なるコミュニケーションツールに留まらない。ホームページは今日,「実在としての世界」と密接不可分に関係を有する「仮想としての世界」「情報としての世界」「ホームページの世界」を形成しているのである。

3. 現代スーパーシステムの特徴

上述したスーパーシステムの変遷は次の如く捉えることができよう。原始スーパーシステムとしての「自然と宇宙」は,具体物・自然物・無生命物・生命物,地物・生物,地球・宇宙を包含する自然システムが中心であった。中世スーパーシステムとしての「寺院と城郭」は,具体物・人工物・物的物・建造物を包含する物的システムが中心であった。近代スーパーシステムとしての「コンピュータ」は,具体物・人工物・物的物を包含する情報システムが中心であった。現代スーパーシステムとしての「ホームページ」は,仮想物・人工物・知的物を包含する情報ネットワークシステムが中心である。

近代以前中世のスーパーシステムは,世界文化遺産に登録されていることが多いが,主として教会・寺院・神殿・神社・仏閣といった宗教と密接にかかわる施設と,王宮・宮殿・城郭・城趾・都城といった統治にかかわる施設が多く見られる。それは,近代以前における巨大組織としては宗教関連組織と統治関連組織が大半であったことと関係している。ともあれここでは,自然システムから人工システムへ,ハードシステムからソフトシステムへ,物的システムから情報システムへ,実際システムから仮想システムへといった,スーパーシステムの変遷における四つの流れを指摘することができる。

ホームページは,上述した「システムの本質」における,とりわけ階層的秩序の「全体と部分の連鎖」というシステムの本質をしっかりと保持している。すなわち,典型的な事例として,ホームページの「プルダウンメニュー

(Pull-Down Menu)」を挙げることができる。

　ホームページの構成は，ウインドウのメニューバーにおけるメニュー項目をクリックすると，ブラインドカーテンのように次々と下位メニューが表出する形式を採用しているが，これは丁度システム概念の「全体と部分の連鎖」と理解することができよう。ホームページは，きわめて単純なものから非常に複雑なものまで例外なく，すべてこうしたシステム構成形式を採用しており，文字通りシステムのシステムとしてのスーパーシステムとなっているのである。さらに今後，ホームページは，幾百・幾千の「スーパーシステムのスーパーシステム」を形成していくことであろう。

　現代スーパーシステムとしてのホームページの特徴について見てみよう。巨大人工システムは，太古の昔よりその時代その時代における規模と態様において存在した。ここでは，現代スーパーシステムとしてのホームページが，歴代・近代スーパーシステムの性質や構成方法・運営方法とは根本的に異なる特徴として，以下の五つを指摘したい。

(1)　世界拡張性

　第一は世界拡張性である。現代巨大人工システムは，地域限定構築物から世界連携構築物へ移行したものである。たとえばピラミッドやスフィンクスといった巨大システムも，ある特定空間における特定組織・特定機関によって構築され存在していたが，ホームページは非特定空間における非特定組織・非特定機関によって，世界普遍的な形式で文字通り世界中を範囲として構築され存在している。

(2)　自主構成性

　第二は自主構成性である。現代巨大人工システムは，強制的構築物から自主的構築物へ移行したものである。たとえば姫路城やアポロ人工衛星といった巨大システムも，すべて国家を中心として強制的に構築され形成されているが，ホームページは組織・個人を中心としてそれぞれ全く自主的に形成されている。

(3)　知的構築性

　第三は知的構築性である。現代巨大人工システムは，物的構築物から知的構

築物へ移行したものである。たとえば法隆寺や人工衛星といった巨大システムは，高度な知識・技術の成果として形成されており，完成品はすべて物理的な構築物であるが，ホームページは高度な知識・技術の成果として形成されたものであり，完成品自体がすべて知識的な構築物である。

(4) 無限拡張性

第四は無限拡張性である。現代巨大人工システムは，有限性から無限性へ移行したものである。たとえば伊勢神宮やコンピュータといった巨大システムも，すべて有限性を有し，その拡張性にも自ずと限界があるが，ホームページはたとえいかに拡大しても，ブロードバンド化とデータセンター化，クラウド化の進展が著しく，ほとんど無限に拡張可能であると言える。

(5) 仮想世界性

第五は仮想世界性である。現代巨大人工システムは，実際物から仮想物へ移行したものである。たとえばベルサイユ宮殿や大英博物館といった巨大システムも，すべて実際世界における実際物（リアル）であり，ホームページはすべて仮想世界における形成であり，たとえいかに拡大しても仮想物（バーチャル）に位置している。

【注】
1) cf. William Exten, Jr., *The Age of Systems : The Human Dilemma*, AMA, 1972.
2) cf. Robert G. Murdick& Joel E. Ross, *Information Systems for Modern Management*, PrenticeHall, 1971, p.5には次の記載がある。「1970年代の10年間は，『システムの時代』となりそうである。」
3) cf. Fritz Machlup, *The Production and Distribution of Knowledge in the United States*, Princeton University Press, 1962.（高橋達男・木田宏監訳『知識産業』産業能率短期大学出版部，1969年。）
4) 梅棹忠夫「情報産業論」『中央公論』1963年3月号，第78巻第3号（第905号），中央公論者，1963年3月。
5) 中島文雄・寺沢芳雄共編『英語語源小辞典』研究社，1970年，426頁。
6) John A. Beckett, *Management Dynamics : The New Synthesis*, McGraw-Hill, 1971.（安田寿明訳『人間の尊重と経営システム』日刊工業新聞社，1971年，25

頁。)

7) cf. Norbert Wiener, *Cybernetics ; or Control and Communication in the Animal and the Machine*, 2nd ed., The MIT Press, 1961. (池原止戈夫・弥永昌吉・室賀三郎・戸田厳訳『サイバネティックス―動物と機械における制御と通信―〔第2版〕』岩波書店, 1962年, 203頁。)

8) Adrian M.McDonough, *Information Economics and Management Systems*, McGrawHill, 1963. (長阪精三郎訳『情報の経済学と経営システム』好学社, 1966年, 12頁。)

9) cf. Norbert Wiener, 前掲書。

10) 向坊長英『哲学入門』産業能率短期大学出版部, 1977年, 16頁。

11) Blaise Pascal,『パンセ(瞑想録)(上巻)』新潮社, 1952年, 153～163頁。

12) Cf. Clifford Stoll, *Silicon Snake Oil ; Second Thoughts on the Information Highway*, Doubleday, New York, 1995. (倉骨彰訳『インターネットはからっぽの洞窟』草思社, 1997年。)

13) Cf. Kimberly S Young, *Caught in the Net by Kimberly*, John Wiley & Sons, 1998. (小田嶋由美子訳『インターネット中毒』毎日新聞社, 1998年。)

14) 梅棹忠夫『情報の文明学』中央公論社, 1988年, 193頁。

文 献 資 料 編

1. 参 考 文 献

1. 洋　書
   1) A. G. Donald, *Management, Information and Systems*, Pergamon Press, 1967. （野々口格三・竹内一樹訳『経営・情報・システム―経営のための新しい常識―』鹿島出版会，1969年）
   2) A. H. Maslow, *Motivation and Personality*, Harper & Row, 1954. （小口忠彦監訳『人間性の心理学』産業能率短期大学出版部，1971年）
   3) Adrian M. McDonough, *Information Economics and Management Systems*, McGraw-Hill, 1963. （長阪精三郎訳『情報の経済学と経営システム』好学社，1966年）
   4) Alvin Toffler, *The Third Wave*, William Morrow, 1980. （鈴木健次・桜井元雄他訳『第三の波』日本放送出版協会，1980年）
   5) Arthur D. Hall, *A Methodology for Systems Engineering*, D. Van Nostrand, 1962. （熊谷三郎監訳『システム工学方法論』共立出版，1969年）
   6) Bernard Girard, *The Google Way*, No Starch Press, 2009. （三角和代・山下理恵子『ザ・グーグルウェイ―The Google Way―』ゴマブックス，2009年）
   7) C. L. Littlefield & Frank M. Rachel, *Office and Administrative Management; System Analysis, Data Processing, and Office Service*, 2nd ed., Prentice-Hall, 1964.
   8) C. L. Littlefield & Frank Rachel & Donald L. Caruth, *Office and Administrative Management ; Systems Analysis, Data Processing, and Office Services*, 3rd ed., Prentice-Hall, 1970. （鵜沢昌和監訳『新管理者ハンドブック―事務管理の変容と新展開―』日本経営出版会，1971年）
   9) C. L. Littlefield, Frank M. Rachel, and Donald L. Caruth, Robert E. Holmes, *Management of Office Operations*, 4th ed., Prentice-Hall, 1978.
   10) Carl Hilty, *Gluck ; Zweiter Teil*, Huber & Co, 1891. （草間平作・大和邦太郎訳『幸福論（第二部）』岩波書店，1962年）
   11) Charles G. Schoderbek & Peter P. Schoderbek & Asterios G. Kefalas, *Management Systems : Conceptual Considerations*, Revised ed., Business Publications, 1980. （鈴木幸毅・西賢祐・山田一生監訳『マネジメント・システム―概念的考察（第2版）』文眞堂，1983年）
   12) Chester I. Barnard, *The Functions of The Executive*, Harvard University, 1938.

（山本安次郎・田杉競・飯野春樹訳『新訳経営者の役割』ダイヤモンド社，1968年）

13) Claude E. Shannon & Warren Weaver, *The Mathematical Theory of Communication*, The University of Illinois Press, 1949.

14) Claude Elwood Shannon & Warren Wiever, *The Mathematical Theory of Communication*, The University of Illinois Press, 1964.（長谷川淳・井上光洋共訳『コミュニケーションの数学的理論』明治図書，1969年）

15) Clifford Stoll, *Silicon Snake Oil ; Second Thoughts on the Information Highway*, Doubleday, 1995.（倉骨彰『インターネットはからっぽの洞窟』草思社，1997年）

16) David Frisby & Derek Sayer, *Society*, Ellis Horwood and Tavistock, 1986.（大鐘武『社会とは何か』恒星社厚生閣，1993年）

17) Donella H. Meadows, Dennis L. Meadows, Jorgen Randers, and William W. Behrens Ⅲ, *The Limits to Growth; A Report for THE CLUB OF ROME'S Project on the Predicament of Mankind*, Universe Books, 1972.（大来佐武郎監訳『成長の限界―ローマ・クラブ「人類の危機」レポート―』ダイヤモンド社，1972年）

18) D. H. Meadows & L. M. Meadows & J. Randers, *Limits to Growth ; The 30 Year Update*, Earthscan, 2004.（枝廣淳子訳『成長の限界―人類の選択―』，ダイヤモンド社，2005年）

19) Daniel Bell, *The Coming of Post-Industrial Society ; A Venture in Social Forecasting*, Basic Books, 1973.（内田忠夫他訳『脱工業社会の到来―社会予測の一つの試み―』ダイヤモンド社，1975年）

20) David K. Berlo, *The Process of Communication ; An Introduction to Theory and Practice*, Holt, Rinehart and Winston, 1960.（布留武郎・阿久津嘉弘訳『コミュニケーション・プロセス―社会行動の基礎理論―』協同出版，1972年）

21) David Lyon, *The Information Society ; Issues and Illusions*, Polity Press, 1988.（小松崎清介監訳『新・情報化社会論』コンピュータエージ社，1990年）

22) Fritz Machlup, *The Production and Distribution of Knowledge in the United States*, Princeton University Press, 1962.（高橋達男・木田宏監訳『知識産業』産業能率短期大学出版部，1969年）

23) G. Anthony Gorry & Michael S. Scott Morton, "*A Framework for Management Information Systems*," Sloan Management Review, Fall 1971

24) Gordon B. Davis, *Management Information Systems ; Conceptual Foundations, Structure, and Development*, McGraw-Hill, 1974.

25) H. Igor Ansoff, *Corporate Strategy*, McGraw-Hill, 1965.

26) Herbert A. Simon, *The New Science of Management Decision*, Harper & Brothers Publishers, 1960.（坂本藤良監訳『コンピュータと経営』日本生産性本

部，1964年）
27) Herbert A. Simon, *The Sciences of The Artificial*, The MIT Press, 1969.（倉井武夫・稲葉元吉・矢矧晴一郎訳『システムの科学（第二版）』ダイヤモンド社，1970年）
28) Herbert A. Simon, *The New Science of Management Decision*, 3rd ed., Prentice-Hall, 1977.（稲葉元吉・倉井武夫訳『意思決定の科学』産業能率短期大学出版部，1979年）
29) Herbert S. Dordick & Georgette Wang, *The Information Society ; A Retrospective View*, Sage Publications, 1993.
30) Hugh Mackay, Wendy Maples and Paul Reynolds, *Investigating the Information Society*, The Open University, 2001.（田畑暁生訳『入門情報社会の社会科学』NTT出版，2003年）
31) Jack A. Morton, *Organizing for Innovation*, Bell Telephone Laboratories, 1970.（高橋達男訳『革新のエコロジー』産業能率短期大学出版部，1970年）
32) James. C. Abegglen, *The Japanese Factory : Aspects of Its Social Organization*, The MIS Press, 1958.（山岡洋一訳『日本の経営（新訳版）』日本経済新聞社，2004年。）
33) James W. Cortada, *Making the Information Society ; Experience, Consequences, and Possibilities*, Prentice Hall, 2002.
34) Jay W. Forrester, *Industrial Dynamics*, The MIT Press, 1961.（石田晴久・小林秀雄訳『インダストリアル・ダイナミックス』紀伊国屋書店，1971年）
35) Jeff Javis, *What Would Google Do?*, Haper Collins Publishers, 2009（早野依子訳『グーグル的思考—Googleならどうする？』PHP研究所，2009年）
36) Jennifer Daryl Slack & Fred Fejes, *The Ideology of the Information Age*, Ablex Publishing, 1987.（岩倉誠一・岡山隆監訳『神話としての情報社会』日本評論社，1990年）
37) Jessica Lipnack & Jeffrey Stamps, *Networking*, Ron Bernstein Agency, 1982.（社会開発統計研究所訳『ネットワーキング』プレジデント社，1984年）
38) Joe de Rosnay, *Le macroscope*, Editions du Seuil, 1975.（明畠高司訳『グローバル思考革命』共立出版，1984年）
39) Johanna Neuman, *Lights, Camera, War*, St. Martin's Press, 1996.（北山節郎訳『情報革命という神話』柏書房，1998年）
40) John A. Beckett, *Management Dynamics ; The New Synthesis*, McGraw-Hill, 1971.（安田寿明訳『人間の尊重と経営システム』日刊工業新聞社，1972年）
41) John Feather, *The Information Society ; A Study of Continuity and Change*, Library Association Publishing, 1994.（高山正也・古賀節子訳『情報社会をひらく―歴史・経済・政治―』勁草書房，1997年）

42) Kenneth E. Boulding, *Conflict and Defence*, Harper & Row, 1962．（内田忠夫・衛藤濱吉訳『紛争の一般理論』ダイヤモンド社，1971年）
43) Kenneth E. Boulding, *The Meaning of the Twentieth Century ; The Great Transition*, Haper & Row, 1964．（清水幾太郎訳『20世紀の意味―偉大なる転換―』岩波書店，1967年）
44) Kenneth E. Boulding, *Beyond Economics ; Essays' on Society, Religion, and Ethics*, The University of Michigan, 1968．（公文俊平訳『経済学を超えて―社会システムの一般理論―』竹内書店，1970年）
45) Langdon Morris, *Permanent Innovation : The Difinitive guide to the Principles, Strategies, and Methods of Successful Innovators*, Innovation Academy, 2006．（宮正義訳『イノベーションを生み続ける組織―独創性を育む仕組みをどうつくるか―』日本経済新聞社，2009年）
46) Ludwig von Bertalanffy, *General Systems Theory*, George Braziller, 1968．（長野敬・太田邦昌訳『一般システム理論』みすず書房，1973年）
47) M. Mitchell Waidrop, *Complexity*, Sterling Lord Literistic, 1992．（田中三彦・遠山峻征訳『複雑系』新潮社，1996年）
48) Mark Buchanan, *Nexus ; Small Worlds and the Groundbreaking Science of Networks*, W. W. Norton & Company, 2002．（阪本芳久訳『複雑な世界，単純な法則―ネットワーク科学の最前線―』草思社，2005年）
49) Michael S. Scott Morton ed., *The corporation of The 1990S ; Information Technology and Organizational transformation*, Oxford University Press, 1991．（宮川公男・上田泰監訳『情報技術と企業変革――MITから未来企業へのメッセージ』㈱富士通経営研修所，1992年）
50) Milton Friedman & Rose D. Friedman, *Free to Choose ; A Personal Statement*, Harcourt Brace Jovanovich, 1980．（西山千明訳『選択の自由―自立社会への挑戦―』日本経済新聞社，1980年。）
51) Niklas Luhmann, *Einfuhrung in die Systemtheorie*, Carl-Auer-Systeme Verlag, Heidelberg, 2002．（土方透監訳『システム理論入門―ニクラス・ルーマン講義録(1)―』新泉社，2007年）
52) Norbert Wiener, *The Human Use of Human Beings ; Cybernetics and Society*, Houghton Mifflin, 1949．（池原止戈夫訳『人間機械論―サイバネティックスと社会―』みすず書房，1954年）
53) Norbert Wiener, *Cybernetics ; or Control and Communication in the Animal and the Machine*, 2nd ed., The MIT Press, 1961．（池原止戈夫・弥永昌吉・室賀三郎・戸田厳訳『サイバネティックス―動物と機械における制御と通信―〔第2版〕』岩波書店，1962年）
54) Paul E. Torgersen, *A Concept of Organization*, American Book, 1968．（岡田和

秀・高沢十四久訳『C. I. バーナードの組織概念』白桃書房，1973年）

55) Peter F. Drucker, *Managing in the Next Society*, Tuttle-Mori Agency, 2002. （上田淳生訳『ネクスト・ソサエティ』ダイヤモンド社，2002年）

56) Peter P. Schoderbek, ed., *Management Systems*, John Wiley & Sons, 1967. （穴吹義教・井上恒夫・藤沢忠・本多正久訳『マネジメント・システム(上)(下)』産業能率短期大学出版部，1971年）

57) R. Buckminster Fuller, *Operating Manual for Spaceship Earth*, Southern Illinois University Press, 1969. （東野芳明訳『宇宙船「地球」号』ダイヤモンド社，1972年）

58) Raymond McLeod, Jr. & George Schell, *Management Information Systems*, 8th ed., Prentice-Hall, 2001.

59) Richard A. Johnson & Fremont E. Kast & James E. Rosenzweig, *The Theory and Management of Systems*, 2nd ed., McGraw-Hill, 1967. （横山保監訳『システムの理論とマネジメント』日本生産性本部，1971年）

60) Robert Boguslaw, *The New Utopians*, Prentice-Hall, 1965. （大友立也訳『システムの生態』ダイヤモンド社，1972年）

61) Robert Kirk Mueller, *Corporate Networking*, The Free Press, 1986. （寺本義也・金井壽宏訳『企業ネットワーキング』東洋経済新報社，1991年）

62) Robert Newton Anthony, *Planning and Control Systems; A Framework for Analysis*, Harvard University, 1965. （高橋吉之助訳『経営管理システムの基礎』ダイヤモンド社，1968年）

63) Satoshi Watanabe, *Information in Scientific Thought*, Place de Fontenoy, 1970.

64) Stanford L. Optner, *System Analysis for Business and Industrial Problem Solving*, Prentice-Hall, 1965. （石田武雄訳『経営問題解決のためのシステム論』同文館，1966年）

65) Stanford L. Optner, *Systems Analysis for Business Management*, 2nd ed., Prentice-Hall, 1968. （植木繁訳『経営のためのシステム分析入門』日本能率協会，1969年）

66) Stanford L. Optner, *Systems Analysis for Business Management*, 3rd ed., Prentice-Hall, 1975. （鵜沢昌和監訳『ビジネス・システムの分析と設計』産業能率短期大学出版部，1976年）

67) Stephen Haag & Maeve Cummings & Donald J. McCubbrey, *Management Information Systems for the Information Age*, 3rd ed., McGraw-Hill, 2002.

68) Thomas J. Allen & Michael S. Scott Morton, ed., *Information Technology and The Corporation of The 1990S ; Research Studies*, Oxford University Press, 1994. （富士総合研究所訳『アメリカ再生の「情報革命」マネジメント——MITの新世紀企業マネジメント・レポートに学ぶ』白桃書房，1995年）

69) Walter Buckley, *Sociology and Modern Systems Theory*, Prentice-Hall, 1967.（新睦人・中野秀一郎訳『一般社会システム論』誠信書房，1980年）
70) *Webster's Third New International Dictionaly*, G & C MERR IAM Co., 1981.
71) Kimberly S. Young, *Caught in the Net by Kimberly*, John Wiley & Sons, 1998.（小田嶋由美子訳『インターネット中毒』毎日新聞社，1998年）
72) Thomas Robert Malthus, *An Essay on the Principle of Population:As It Affects the Future Improvement of Society, with Remarks on the Speculations of Mr. Godwin*, M. Condorcet, and Other Writers, London : Printed for J.Johnson, in St. Paul's Church-yard:1798.（斉藤悦則訳『人口論』光文社，2011年）
73) Carl Hilty, *Glück*, Erster Teil, Zweiter Teil, Dritter Teil.（草間平作・大和邦太郎訳『幸福論（第一部）（第二部）（第三部）』岩波書店，1935年，1962年，1965年）
74) Carl Hilty, *Für, Schlaflose Nächte*, 1901.（草間平作・大和邦太郎訳『眠られぬ夜のために（第一部）（第二部）』岩波書店，1973年）
75) Herman Kahn, *The Emerging Japanese Superstate Challenge and Response*, Prentice-Hall, 1970.（坂本二郎・風間禎三郎訳『超大国日本の挑戦』ダイヤモンド社，1970年）
76) A. D. Chandler, Jr., *Strategy and Structure*, The MIT Press, 1962.（三菱経済研究所訳『経営戦略と組織』実業之日本社，1967年）
77) William Exten, Jr., *The Age of Systems:The Human Dilemma*, AMA, 1972.
78) Robert G. Murdick & Joel E. Ross, *Information Systems for Modern Management*, Prentice-Hall, 1971
79) Stanley Milgram, *The Small World Problem*, Psychology Today, May 1967.（野沢慎司・大岡栄美訳「小さな世界問題」野沢慎司編・監訳『リーディングスネットワーク論―家族・コミュニティ・社会関係資本―』勁草書房，2006年）
80) Nicholas A. Christakis & James H. Fowler, *Connected : The Surprising Power of Our Social Networks and How They Shape*, Our Lives, 2009.（鬼澤忍訳『つながり―社会的ネットワークの驚くべき力―』講談社，2010年）
81) Blaise Pascal, *Pensées*『パンセ（瞑想録）（上巻）』新潮社，1952年
82) William H. Davidow, *Overconnected : The Promise and Threat of the Internet*, 2011.（酒井泰介訳『つながりすぎた世界―インターネットが広がる"思考感染"にどう立ち向かうか―』ダイヤモンド社，2012年）
83) Lynda Gratton, *Work Shift*, 2011.（池村千秋訳『ワーク・シフト―孤独と貧困から自由になる働き方の未来図"2025"』プレジデント社，2012年）
84) James Gleick, *The Information*, Ink Well Management, LLC, 2011.（楡井浩一訳『インフォメーション―情報技術の人類史―』新潮社，2013年）
85) Lisa Gansky, *The Mesh,Penguin Group*, 2010.（実川元子訳『メッシュ―すべてのビジネスはシェアになる―』徳間書店，2011年）

86) John Seely Brown & Paul Duguid, *The Social Life of Information*, Harvard Business School Press, 2000. （宮本喜一訳『なぜＩＴは社会を変えないのか』日本経済新聞社，2002年）
87) Carl Shapiro & Hal R. Varian, *Information Rules*, Harvard Business School Press, 1998. （千本倖生監訳『ネットワーク経済の法則』IDG コミュニケーション，1999年）
88) *The Economist, Megachange : The World in 2050, The Economist Newspaper*, 2012. （東江一紀・峯村利哉訳『2050年の世界―英"エコノミスト"誌は予測する―』文藝春秋，2012年）
89) Nicholas Carr, *The Shallows*, 2010. （篠儀直子訳『ネット・バカ―インターネットがわたしたちの脳にしていること―』青土社，2010年）
90) Albert-Laszlo Barabasl, *Linked : The New Science of Networks*, Albert-Laszlo Barabasi, 2002. （青木薫訳『新ネットワーク思考』日本放送出版協会，2002年）

2．和　書

01) 青木正一『物流のしくみ』同文館出版，2009年
02) 秋山哲『情報経済新論』ミネルヴァ書房，2001年
03) 阿倍真也『流通情報革命』ミネルヴァ書房，2009年
04) 新睦人・中野秀一郎『社会システムの考え方』有斐閣，1981年
05) 逢沢明『ネットワーク思考のすすめ』PHP 研究所，1997年
06) 有安健二編著『オンデマンド・ロジスティクス』ダイヤモンド社，2004年
07) 伊藤守・西垣通・正村俊之編『パラダイムとしての社会情報学』早稲田大学出版部，2003年
08) 岩永忠康・佐々木保幸編著『流通と消費者』慶應義塾大学出版会，2008年
09) 犬塚先『情報社会の構造』東京大学出版会，2006年
10) 小椋康宏編著『経営学原理（第二版）』学文社，2002年
11) 尾関周二『環境と情報の人間学』青木書店，2000年
12) 大平号声・栗山規矩『情報経済論入門』福村出版，1995年
13) 奥野卓司『第三の社会』岩波書店，2000年
14) 折笠和文『高度情報化社会の諸相』同文館，1996年
15) 加藤秀俊『人生にとって組織とはなにか』中央公論社，1990年
16) 黒木貞夫『社会システム概論』文芸社，2001年
17) 児島和人編『社会情報』東京大学出版会，1999年
18) 国領二郎・野中郁次郎・片岡雅憲『ネットワーク社会の知識経営』NTT 出版，2003年
19) 小松崎清介「情報化の計量に関する一考察」『情報通信学会誌』第4巻第2号，1986年

20) 小林宏「"効率化"運動の目的とツール」『マネジメント臨時増刊号』第26巻第12号，1967年11月
21) 坂本賢三「情報概念形成の科学思想史的背景」『思想』第551号，1970年5月
22) 柴山哲也『"情報人"のすすめ』集英社，2001年
23) 島矢志郎『情報産業』日本経済新聞社，1970年
24) 佐藤典司『"情報消費社会"のビジネス戦略』経済産業調査会，2007年
25) 須藤修『複合的ネットワーク社会』有斐閣，1995年
26) 澤井敦・小林修一・菅野博史・千川剛史・鈴木智之『現代社会理論と情報』福村出版，1996年
27) 三上俊治『社会情報学への招待』学文社，2005年
28) 社会情報システム学コロキウム編『社会情報システム学・序説』富士通経営研修所，1996年
29) 田村紀雄『"在宅化"社会』ダイヤモンド社，1992年
30) 村山恵一『IT帝国の興亡』日本経済新聞社，2009年
31) 森下伸也『社会学がわかる事典』日本実業出版社，2000年
32) 中島洋編著『クラウドコンピューティングバイブル』ジョルダンブックス，2009年
33) 松林光男・渡部弘編著『工場のしくみ』日本実業出版社，2004年
34) 鶴木真編『はじめて学ぶ社会情報論』三嶽書房，1995年
35) 福田豊『情報化のトポロジー』お茶の水書房，1996年
36) 朴容寛『ネットワーク組織論』ミネルヴァ書房，2003年
37) 林俊郎編『社会情報への眼』一藝社，2002年
38) 林雅之『クラウド・ビジネス入門』創元社，2009年
39) 林雄二郎『情報化社会』講談社，1969年
40) 仲本秀四郎『ネットワークの世界』読売新聞社，1998年
41) 吉見俊哉・花田達朗編『社会情報学ハンドブック』東京大学出版会，2004年
42) 中島文雄・寺沢芳雄共編『英語語源小辞典』研究社，1970年
43) 向坊長英『哲学入門』産業能率短期大学出版部，1977年
44) 吉村融・犬田充編『現代のエスプリ：情報化社会』第46号，1970年
45) 中村秀一郎『系列を越えて』NTT出版，1992年
46) 経済審議会情報研究委員会『日本の情報化社会』ダイヤモンド社，1969年
47) 通商産業省『情報化へ向かって』コンピュータ・エージ社，1969年
48) 国土庁計画調査局編『21世紀情報化と国土』大蔵省印刷局，1985年
49) 経営能力開発センター編『経営学の基本』中央経済社，2006年
50) 経営能力開発センター編『経営用語・キーワード』中央経済社，2007年
51) 東京大学公開講座第13巻『情報』東京大学出版会，1971年
52) 東京大学公開講座第39巻『情報化と社会』東京大学出版会，1984年

53）野村総合研究所『ITロードマップ（2010年版）』東洋経済新報社，2009年
54）野村総合研究所『これから情報・通信市場で何が起こるのか（2010年版）』東洋経済新報社，2010年
55）野村総合研究所『仮想世界ロードマップ』東洋経済新報社，2009年
56）日本経営学会編『情報化の進展と企業経営』千倉書房，1987年
57）日本経営学会編『IT革命と企業経営』千倉書房，2003年
58）日本経営教育学会編『経営教育ハンドブック』同文舘，1990年
59）日本経営教育学会編『経営教育論』中央経済社，2009年
60）前野和久『情報社会論(上)(下)』砂書房，1994年，1995年
61）松石勝彦編著『情報ネットワーク社会論』青木書店，1994年
62）松石勝彦編著『情報ネットワーク経済論』青木書店，1998年
63）林紘一郎『ネットワーキングの経済学』NTT出版，1989年
64）林紘一郎『ネットワーキング情報社会の経済学』NTT出版，1998年
65）今井賢一『情報ネットワーク社会』岩波書店，1984年
66）今井賢一・金子郁容『ネットワークの組織』第一法規出版，1989年
67）今井賢一『情報ネットワーク社会の展開』筑摩書房，1990年
68）梅棹忠夫「情報産業論」『中央公論』第78巻第3号，1963年3月
69）梅棹忠夫『情報の文明学』中央公論社，1988年
70）梅棹忠夫『情報論ノート』中央公論社，1989年
71）北川敏男編『情報科学への道』共立出版，1966年
72）北川敏男編著『社会と情報』日本放送出版協会，1968年
73）北川敏男『情報学の論理』講談社，1969年
74）北川敏男『情報科学の視座』共立出版，1970年
75）北川敏男・加藤寛他編『情報社会科学への視座』学習研究社，1971年
76）北川敏男・加藤寛他編『情報社会科学の構成』学習研究社，1979年
77）小林末男責任編集『新・経営行動科学辞典』創成社，1996年
78）小林末男監修『現代経営組織辞典』創成社，2006年
79）増田米二『情報社会入門』ぺりかん社，1968年
80）増田米二『情報経済学』産業能率短期大学出版部，1976年
81）増田米二『原典情報社会』TBSブリタニカ，1985年
82）公文俊平『社会システム論』日本経済新聞社，1978年
83）公文俊平『情報文明論』NTT出版，1994年
84）公文俊平『文明の進化と情報化』NTT出版，2001年
85）公文俊平『情報社会学序説』NTT出版，2004年
86）公文俊平編『情報社会』NTT出版，2003年
87）公文俊平編著『ネティズンの時代』NTT出版，1996年
88）森本三男『経営学入門』同文舘出版，1982年

89) 森本三男編著『経営組織』中央経済社, 1985年
90) 森本三男『経営組織論』日本放送出版協会, 1987年
91) 森本三男『企業社会責任の経営学的研究』白桃書房, 1994年
92) 吉田民人・加藤秀俊・竹内郁郎『社会的コミュニケーション』培風館, 1967年
93) 吉田民人「情報・資源・自己組織性」ディメンジョン研究会編『創造する組織の研究』講談社, 1989年
94) 吉田民人『自己組織性の情報科学』新曜社, 1990年
95) 吉田民人『情報と自己組織性の理論』東京大学出版会, 1990年
96) 吉田民人・鈴木正仁編著『自己組織性とはなにか』ミネルヴァ書房, 1995年
97) 涌田宏昭編著『コンピュータ科学と経営情報(改訂版)』白桃書房, 1983年
98) 涌田宏昭編著『OA教科書』有斐閣, 1984年
99) 涌田宏昭編著『経営情報科学総論』中央経済社, 1986年
100) 涌田宏昭編著『ネットワーク社会と経営』中央経済社, 1998年
101) 森川信男『システムと情報』学文社, 2005年
102) 森川信男『オフィスとテレワーク』学文社, 2005年
103) 森川信男『経営システムと経営情報』学文社, 2006年
104) 森川信男『コンピュータとコミュニケーション』学文社, 2006年
105) 森川信男『社会システムと社会情報』学文社, 2009年
106) 森川信男『情報革新と経営革新』学文社, 2011年
107) 森川信男『情報革新と組織革新』学文社, 2011年
108) 森川信男編著『ビジネスコミュニケーションの基礎理論』学文社, 2005年
109) 森川信男編著『IT革命と企業経営』学文社, 2009年
110) 森川信男編著『中小企業の企業連携』学文社, 2013年

2．拙稿論文目録（青山学院大学研究誌関係）

0) 1972年1月，単著「C. L. リトルフィールドのオフィス・マネジメント―新旧著の比較研究―」『青山学院大学大学院経営学研究科修士論文（森川信男）』青山学院大学間島記念図書館所蔵，1-406頁
1) 1975年3月，単著「システム概念の本質理解のためのアプローチ(1)」『青山社会科学紀要』第3巻第2号，83-98頁
2) 1975年9月，単著「システム概念の本質理解のためのアプローチ(2)」『青山社会科学紀要』第4巻第1号，125-138頁
3) 1977年3月，単著「一般システム理論の形成過程と構築方法(1)」『青山経営論集』第11巻第4号，119-142頁
4) 1977年6月，単著「一般システム理論の形成過程と構築方法(2)」『青山経営論集』第12巻第1号，70-91頁
5) 1977年9月，単著「一般システム理論の形成過程と構築方法(3)」『青山経営論集』第12巻第2号，37-59頁
6) 1977年11月，単著「一般システム理論の形成過程と構築方法(4)」『青山経営論集』第12巻第3号，64-85頁
7) 1978年3月，単著「経営学部・商学部における情報処理教育の現状と課題―関東地区主要14大学の調査結果―」『青山経営論集』第12巻第4号，103-126頁
8) 1978年6月，単著「経営情報に関する一考察―情報要求に関するシステム的考察―」『青山経営論集』第13巻第1号，97-120頁
9) 1978年12月，単著「情報システムの基本概念」『青山経営論集』第13巻第3号，66-85頁
10) 1980年11月，単著「組織と情報システムの分析的枠組み(1)」『青山経営論集』第15巻第2・3合併号，445-479頁
11) 1981年11月，単著「組織と情報システムの分析的枠組み(2)」『青山経営論集』第16巻第2・3合併号，121-145頁
12) 1982年3月，単著「経営学部・商学部における情報処理教育の実態―全国35大学の調査結果―」『青山経営論集』第16巻第4号，39-72頁
13) 1982年11月，単著「経営意思決定と情報システム―わが国製造企業187社の調査結果―」青山学院大学『論集』第23号，147-165頁
14) 1983年11月，単著「情報システム部門の変容―その役割と組織上の位置づけ―」青山学院大学『論集』第24号，241-263頁
15) 1983年12月，単著「組織における情報システムの発展」『青山コンピュータサイエンス』第11巻第2号，27-47頁
16) 1984年12月，単著「組合における情報活動のあり方―中小企業協同組合におけ

る情報提供事業のための基盤整備—」『青山コンピュータサイエンス』第12巻第2号，1-32頁
17) 1985年11月，単著「中小企業協同組合における情報活動の基本的あり方—中小企業協同組合における情報活動の有機的結合—」『青山経営論集』第20巻第2・3合併号，465-499頁
18) 1985年12月，単著「先進組合事例情報の創出—提供メカニズム(1)—全国中小企業団体中央会による組合資料収集加工事業の現状と課題—」『青山コンピュータサイエンス』第13巻第2号，13-38頁
19) 1987年1月，単著「先進組合事例情報の創出—提供メカニズム(2)—全国中小企業団体中央会による組合資料収集加工事業の現状と課題—」『青山コンピュータサイエンス』第14巻第2号，57-70頁
20) 1987年11月，単著「情報システムとしての組織—組織における情報システムの本質—」青山学院大学『論集』第28号，119-236頁
21) 1988年1月，単著「先進組合事例情報の創出—提供メカニズム(3)—全国中小企業団体中央会による組合資料収集加工事業の現状と課題—」『青山コンピュータサイエンス』第16巻第1号，41-66頁
22) 1988年11月，単著「中小企業団体における情報ネットワーク化ニーズ—中小企業団体中央会の"中央会情報ネットワーク"に関するニーズ調査結果—」青山学院大学『論集』第29号，173-191頁
23) 1989年11月，単著「銑鉄鋳物製造業におけるOA化の現状—㈳日本鋳物工業会の"銑鉄鋳物製造業におけるコンピュータの導入・活用状況"に関する調査結果—」青山学院大学『論集』第30号，165-182頁
24) 1990年6月，単著「情報化の基本概念」『青山経営論集』第25巻第1号，283-305頁
25) 1990年11月，単著「情報ネットワーク対象業務の選定視点」青山学院大学『論集』第31号，171-186頁
26) 1991年9月，単著「中小企業協同組合における情報ネットワーク化の成功要因—全国中小企業団体中央会の"先進組合事例情報"から見た—」『青山経営論集』第26巻第2号，89-118頁
27) 1991年11月，単著「コンピュータの発展」青山学院大学『論集』第32号，123-143頁
28) 1992年11月，単著「情報化とニューオフィス化—情報化の進展に伴うオフィス環境の変革—」青山学院大学『論集』第33号，125-144頁
29) 1993年11月，単著「ネットワークの基本概念」青山学院大学『論集』第34号，101-120頁
30) 1995年11月，単著「情報化の進展と経営組織—経営資源の流れから見たシステムとしての組織と組織間関係—」『青山経営論集』第30巻第3号，51-78頁

31) 1995年12月，単著「情報化の進展と情報的価値」青山学院大学『論集』第36号，205-220頁
32) 1996年11月，単著「情報ネットワーク化と在宅化―オフィスの革新と在宅化の進展―」『青山学院大学論集』第37号，73-88頁
33) 1997年11月，単著「テレコミューティングの必要性と必然性」青山学院大学『論集』第38号，65-80頁
34) 1998年3月，単著「情報ネットワーク化とオフィス環境の革新」(青山学院大学総合研究所経営研究センター研究叢書第8号)『情報ネットワーク社会における企業経営の諸問題』青山学院大学総合研究所経営研究センター，81-115頁
35) 1998年11月，単著「テレコミューティングの光と影―テレコミューティングの導入による個人・組織・社会におけるメリットとデメリットの可能性―」青山学院大学『論集』第39号，93-108頁
36) 2000年11月，単著「システムの基本概念」青山学院大学『論集』第41号，63-87頁
37) 2000年12月，単著「システム構成の特性―システムとしてのコンピュータ―」『青山経営論集』第35巻第3号，37-53頁
38) 2001年7月，単著「テレコミューティングの本質的意味―情報ネットワーク化の進展に伴う就業形態の多様化に係わる概念的検討―」『青山経営論集』第36巻第1号，17-37頁
39) 2004年7月，単著「ワークプレイスから見たオフィスの多様化(1)」『青山経営論集』第39巻第1号，1-37頁
40) 2004年9月，単著「ワークプレイスから見たオフィスの多様化(2)」『青山経営論集』第39巻第2号，41-73頁
41) 2004年12月，単著「ワークプレイスから見たオフィスの多様化(3)」『青山経営論集』第39巻第3号，85-105頁
42) 2005年3月，単著「ワークプレイスから見たオフィスの多様化(4)」『青山経営論集』第39巻第4号，85-105頁
43) 2005年7月，単著「コンピュータビジネスをめぐる主役の変遷」『青山経営論集』第40巻第1号，75-99頁
44) 2005年9月，単著「コミュニケーションの本質と変容」『青山経営論集』第40巻第2号，15-43頁
45) 2005年12月，単著「コンピュータの発展段階からみたIT時代」『青山経営論集』第40巻第3号，55-70頁
46) 2006年3月，単著「コンピュータの発展段階からみたDP & OA時代」『青山経営論集』第40巻第4号，79-103頁
47) 2006年7月，単著「組織環境の本質と変容」『青山経営論集』第41巻第1号，151-177頁

48）2006年9月，単著「情報革新と社会変革」『青山経営論集』第41巻第2号，45-74頁
49）2006年12月，単著「情報処理機械の類型と発展」『青山経営論集』第41巻第3号，19-44頁
50）2007年3月，単著「情報処理機械の複合化」『青山経営論集』第41巻第4号，81-104頁
51）2007年9月，単著「"情報"の本質」『青山経営論集』第42巻第2号，41-70頁
52）2007年12月，単著「情報化社会の社会形成原理」『青山経営論集』第42巻第3号，85-113頁
53）2007年12月，単著「聖書に学ぶ」『青山経営論集』第42巻別冊，1-29頁
54）2008年1月，共著「中小企業政策と中小企業情報化施策の変遷」『青山スタンダード論集』第3号，265-299頁
55）2008年2月，編著『中小企業組合の情報化＜IT革命と企業経営：ITビジネス・IT企業・IT産業プロジェクト研究成果中間報告論集1＞』青山学院大学総合研究所社会科学研究部，1-108頁
56）2008年2月，編著『中小企業組合の情報化（実態調査編）＜IT革命と企業経営：ITビジネス・IT企業・IT産業プロジェクト研究成果中間報告論集2＞』青山学院大学総合研究所社会科学研究部，1-133頁
57）2008年3月，単著「情報化社会の基本思考基盤」『青山経営論集』第42巻第4号，65-94頁
58）2008年9月，共著「中小企業組合の情報化―「中小企業組合情報化実態調査」の相関分析結果からみた―」『青山経営論集』第43巻第2号，29-62頁
59）2008年12月，共著「中小企業組合のIT化―地域活性化先進組合事例からみたIT活用領域とIT活用内容―」『青山経営論集』第43巻第3号，41-75頁
60）2008年12月，単著「聖書に学ぶⅡ」『青山経営論集』第43巻別冊，1-33頁
61）2009年1月，共著「中小企業組合における情報化の現状と課題―「中小企業組合情報化実態調査」の単純集計分析結果からみた―」『青山スタンダード論集』第4号，245-285頁
62）2009年3月，単著「ICT化とバーチャル化社会」『青山経営論集』第43巻第4号，87-115頁
63）2009年7月，単著「ICT化と経営革新」『青山経営論集』第44巻第1号，67-93頁
64）2009年12月，単著「ICT化と社会革新」『青山経営論集』第44巻第3号，45-68頁
65）2009年12月，単著「聖書に学ぶⅢ」『青山経営論集』第44巻別冊，1-24頁
66）2010年7月，共著「中小企業組合における農商工連携の現状と課題―「農商工連携実施組合実態調査」の単純集計分析結果からみた―」『青山経営論集』第45

巻第1号，129-158頁
67) 2010年9月，共著「中小企業組合における農商工連携―中小企業組合と農林漁業者の連携事例からみた―(1)」『青山経営論集』第45巻第2号，219-245頁
68) 2010年12月，共著「中小企業組合における農商工連携―中小企業組合と農林漁業者の連携事例からみた―(2)」『青山経営論集』第45巻第3号，123-150頁
69) 2010年12月，単著「合理的意思決定過程の情報可視化―日常生活上の意思決定事例からみた"情報"―」『青山経営論集』第45巻別冊，1-26頁
70) 2011年3月，編著『中小企業組合における農商工連携＜中小企業の企業連携：組織的・産業的・地域的・国際的連携研究プロジェクト研究成果中間報告論集1＞』青山学院大学総合研究所社会科学研究部，1-120頁
71) 2011年9月，単著「ホームページからみた"学会組織"の情報化―学会組織におけるホームページ設計事例からみた"学会情報化の課題"―(1)」『青山経営論集』第46巻第2号，21-46頁
72) 2011年9月，共著「地域活性化に貢献する中小企業組合の現状と課題―中小企業の企業連携としての「中小企業組合」による地域活性化―(1)」『青山経営論集』第46巻第2号，47-73頁
73) 2011年12月，共著「地域活性化に貢献する中小企業組合の現状と課題―中小企業の企業連携としての「中小企業組合」による地域活性化―(2)」『青山経営論集』第46巻第3号，101-128頁
74) 2011年12月，単著「ホームページからみた"学会組織"の情報化―学会組織におけるホームページ設計事例からみた"学会情報化の課題"―(2)」『青山経営論集』第46巻第3号，129-150頁
75) 2011年12月，単著「「ホームページ社会」の到来―「スーパーシステム」としての「ホームページ」―」『青山経営論集』第46巻別冊，1-18頁
76) 2012年3月，編著『中小企業組合における農商工連携＜中小企業の企業連携：組織的・産業的・地域的・国際的連携研究プロジェクト研究成果中間報告論集2＞』青山学院大学総合研究所社会科学研究部，1-93頁
77) 2012年3月，単著「ホームページからみた「学会組織」の情報化―学会組織におけるホームページ設計事例からみた「学会情報化の課題」―(3)」『青山経営論集』第46巻第4号，77-97頁
78) 2012年3月，共著「中小企業組合における農商工連携―「農商工連携実施組合実態調査」の相関分析結果からみた―」『青山経営論集』第46巻第4号，99-117頁
79) 2012年9月，単著「企業連携の本質と類型」『青山経営論集』第47巻第2号，17-41頁
80) 2012年9月，共著「中小企業組合におけるソーシャルビジネスの現状と課題」『青山経営論集』第47巻第2号，43-72頁

81）2012年12月，単著「情報化社会再考―情報化のパラドックス―」『青山経営論集』第47巻別冊，19-42頁
82）2013年3月，単著「中小企業の企業連携―「ネットワーク」としての中小企業組合―」『青山経営論集』第47巻第4号，19-43頁

3．拙著著書目録（一部調査研究報告書含む）

0）1971年12月，翻訳協力『新管理者ハンドブック—事務管理の変容と新展開—（C. L. リトルフィールド他著，鵜沢昌和監訳）』日本経営出版会（訳出協力：序文，第1章～第26章）（原著：C. L. Littlefield & Frank Rachel & Donald L. Caruth, *Office and Administrative Management ; Systems Analysis, Data Processing, and Office Services*, 3rd ed., Prentice-Hall, 1970.）

1）1972年10月，単著『フローチャート入門』大蔵省会計事務職員研修所

2）1976年7月，共著『システム分析（鵜沢昌和編）』電子計算機通信学院（執筆：第5章「フローチャーティング」

3）1976年11月，共訳『ビジネス・システムの分析と設計（S. L. オプトナー著，鵜沢昌和監訳）』産業能率短期大学出版部（訳出：序文，第Ⅰ部第1章～第10章）（原著：Stanford L. Optner, *Systems Analysis for Business Management*, 3rd ed., Prentice-Hall, 1975.）

4）1978年10月，寄稿『経営用語辞典＜第2版＞（古川栄一・柴川林也編）』東洋経済新報社（執筆：情報処理用語22語）

5）1980年3月，寄稿『経営実務大百科（ダイヤモンド社編）』ダイヤモンド社（執筆：情報管理用語12語）

6）1982年10月，寄稿「経営学部・商学部における情報処理教育の実態—全国35大学の調査結果—」『経営教育年報』第1号，日本経営教育学会

7）1983年3月，共著『組織化指導における情報提供のあり方に関する調査研究報告書（全国中小企業団体中央会組合情報提供委員会編）』全国中小企業団体中央会（執筆：第2章「組織化情報における中央会の役割」）

8）1983年4月，寄稿『現代ビジネス実践大系（第1巻）問題解決マニュアル（ダイヤモンド社編）』ダイヤモンド社（執筆：第5章事務・情報管理問題5題）

9）1983年4月，寄稿『現代ビジネス実践大系（第7巻）事務・情報管理（ダイヤモンド社編）』ダイヤモンド社（執筆：情報管理用語13語）

10）1983年6月，共著『コンピュータ科学と経営情報＜改訂版＞（涌田宏昭編著）』白桃書房（執筆：第7章「組織と情報システム—その分析的枠組み—」）

11）1983年11月，共訳『マネジメント・システム—概念的考察—（C. G. ショーダベック他著，西賢祐他監訳）』文真堂（訳出：第7章）（原著：Charles G. Schoderbek & Peter P. Schoderbek & Asterios G. Kefalas, *Management Systems: Conceptual Considerations*, Revised ed., Business Publications, 1980.）

12）1984年6月，共著『OA教科書（オフィスオートメーション学会理論部会編）』有斐閣（執筆：第Ⅱ部第4章4.2「OAと管理システム(2)」）

13）1985年3月，共著『一般事務処理プログラムの基礎演習問題集＜第一次報告

書＞（私立大学等情報処理教育連絡協議会教育ソフトウェア研究委員会演習問題作成分科会編）』私立大学等情報処理教育連絡協議会（執筆：問題2題）
14) 1986年6月，共著『経営情報科学総論（涌田宏昭編著）』中央経済社（執筆：第10章「情報処理技術の発展とコンピュータ」）
15) 1987年3月，共著『一般事務処理プログラムの基礎演習問題集＜第二次報告書＞（私立大学等情報処理教育連絡協議会教育ソフトウェア研究委員会演習問題作成分科会編）』私立大学等情報処理教育連絡協議会（執筆：問題2題）
16) 1987年4月，寄稿『経営行動科学辞典（小林末男編）』創成社（執筆：経営関連用語10語）
17) 1988年3月，共著『中央会情報ネットワーク企画調査事業報告書（全国中小企業団体中央会中央会情報ネットワーク企画調査事業委員会編）』全国中小企業団体中央会（執筆：第2章「中央会情報ネットワークの対象業務」，第3章「対象業務の選定と実施ステップ」，資料「中央会情報ネットワークに関するニーズ調査結果」）
18) 1988年3月，共著『中央会情報ネットワーク企画調査事業報告書＜要約版＞（全国中小企業団体中央会中央会情報ネットワーク企画調査事業委員会編）』全国中小企業団体中央会（執筆：第2章「中央会情報ネットワークの対象業務」，第3章「対象業務の選定と実施ステップ」）
19) 1988年5月，共著『銑鉄鋳物製造業のOA化調査研究＜Ⅰ＞（㈳日本鋳物工業会銑鉄鋳物製造業OA化調査研究委員会編）』㈶素形材センター（執筆：第2章「コンピュータの導入状況」）
20) 1988年6月，寄稿「組合における情報活動の基本的あり方─中小企業協同組合における情報活動の有機的結合─」『経営教育年報』第7号，日本経営教育学会
21) 1989年5月，共著『銑鉄鋳物製造業のOA化調査研究＜Ⅱ＞（㈳日本鋳物工業会銑鉄鋳物製造業OA化調査研究委員会編）』㈶素形材センター（執筆：第2章「コンピュータの活用状況」）
22) 1990年6月，寄稿『経営教育ハンドブック（日本経営教育学会経営教育ハンドブック編集委員会編）』同文館（執筆：Ⅵ.2(1)企業のネットワークにかかわる経営教育のあり方，情報管理用語1語）
23) 1996年3月，共著『経営学原理（小椋康宏編）』学文社（執筆：第8章「経営情報と経営システム」）
24) 1996年3月，寄稿『新・経営行動科学辞典（小林末男編）』創成社（執筆：経営関連用語10語）
25) 2002年1月，共著『経営学原理＜第二版＞（小椋康宏編）』学文社（執筆：第8章「経営情報と経営システム」）
26) 2005年3月，単著『システムと情報─情報ネットワーク化時代の基本思考─（森川ワールド1）』学文社

27) 2005年4月，単著『オフィスとテレワーク—情報ネットワーク化時代のワークプレイス—(森川ワールド2)』学文社
28) 2005年9月，編著『ビジネスコミュニケーションの基礎理論』学文社
29) 2006年2月，寄稿『現代経営組織辞典（小林末男監修）』創成社（執筆：経営関連用語10語）
30) 2006年3月，共著『経営学の基本＜新版＞（経営能力開発センター編）』中央経済社（執筆：第Ⅰ部第5章「ITと企業経営」）
31) 2006年5月，単著『経営システムと経営情報—情報ネットワーク化時代の基本組織—(森川ワールド3)』学文社
32) 2006年9月，単著『コンピュータとコミュニケーション—情報ネットワーク化時代の情報革新—(森川ワールド4)』学文社
33) 2007年6月，共著『経営用語・キーワード（経営能力開発センター編）』中央経済社（執筆：情報管理用語2語）
34) 2009年3月，編著『IT革命と企業組織（青山学院大学総合研究所叢書）』学文社
35) 2009年4月，共著『経営教育論＜講座／経営教育第3巻＞（日本経営教育学会編）』中央経済社（執筆：第9章「経営者・管理者のための情報教育」）
36) 2009年8月，単著『IT化への対応（農商工連携等人材育成事業研修テキスト）』全国中小企業団体中央会
37) 2009年10月，共著『現代社会の情報・通信マネジメント（飫冨順久他編著）』中央経済社（執筆：第4章「情報化の進展と新たな社会形成」）
38) 2009年11月，単著『社会システムと社会情報—情報ネットワーク化時代の基本社会—(森川ワールド5)』学文社
39) 2011年3月，単著『情報革新と経営革新（森川ワールドプラス1）』学文社
40) 2011年10月，単著『情報革新と組織革新（森川ワールドプラス2）』学文社
41) 2013年2月，共著『ＩＴを活用した組合指導・支援の方向（全国中小企業団体中央会平成24年度組合指導情報整備事業運営委員会報告）』（執筆：第1章Ⅰ「中小企業組合ＩＴ化への7つの事業提言」）全国中小企業団体中央会
42) 2013年3月，編著『中小企業の企業連携—中小企業組合における農商工連携と地域活性化—（青山学院大学総合研究所叢書）』学文社
43) 2013年3月，単著『情報革新と社会革新（森川ワールドプラス3）』学文社

4．拙著『森川ワールド（全6巻）』総合目次一覧

第1巻　概要目次
『システムと情報─情報ネットワーク化時代の基本思考─』
（2005年3月，学文社刊）

第1章　システムに対する感触
　第1節　システムへのアプローチ
　第2節　銀河系からみたシステム
　第3節　河川系からみたシステム
　第4節　生物系からみたシステム
　第5節　生態系からみたシステム
　第6節　通信系からみたシステム
　第7節　システムに対する感触
第2章　システム概念の本質
　第1節　システムの本質
　第2節　言語面からみたシステム
　第3節　分類面からみたシステム
　第4節　システムの類型
　第5節　システム時代の意義
第3章　システムの基本概念
　第1節　システム理論の主要概念
　第2節　システムの構造的局面
　第3節　システムの機能的局面
　第4節　システムの歴史的局面
第4章　システム概念の特性
　第1節　システムの構造的特性
　第2節　システムの機能的特性
　第3節　システムの歴史的特性
第5章　システム構成の特性
　第1節　システム製品とシステムサービス
　第2節　システム構成製品
　第3節　システム構成製品としてのパソコン
　第4節　コンピュータのシステム拡張経緯
　第5節　システム構成の基本特性

第6章　ネットワーク概念の本質
　第1節　ネットワークの本質
　第2節　ネットワークの領域拡大
　第3節　ネットワークの特性と要件
　第4節　ネットワークの類型
　第5節　ネットワークのタイプ
　第6節　ネットワーク時代の意義
第7章　情報の基本概念
　第1節　情報の本質
　第2節　情報の類型
　第3節　情報概念の水準
　第4節　情報化の本質
　第5節　情報化概念の水準
第8章　情報の価値特性
　第1節　情報の時間的価値
　第2節　情報の集積的価値
　第3節　情報の共有的価値
　第4節　情報化時代の課題
第9章　一般システム理論の本質と意義
　第1節　一般システム理論の研究背景
　第2節　一般システム理論の研究系譜
　第3節　一般システム理論の必要性と目的
　第4節　一般システム理論の形成
　第5節　一般システム理論の構成方法
　第6節　一般システム理論の構成ステップ
　第7節　一般システム研究の意義と可能性

第2巻　概要目次

『オフィスとテレワーク─情報ネットワーク化時代のワークプレイス─』
(2005年4月，学文社刊)

第1章　オフィスの変革と革新
　第1節　オフィス革新とテレワーク革命の背景
　第2節　オフィス革新の経緯
　第3節　オフィス環境の変容
　第4節　オフィス変革の段階

第5節　オフィスの本質
　第6節　オフィス革新の類型
　第7節　オフィス革新の方向
第2章　ワークプレイスの設計形態からみた多様化
　第1節　オープンオフィス
　第2節　大部屋オフィス
　第3節　個室オフィス
　第4節　個室感覚オフィス
　第5節　ユニバーサルプランオフィス
　第6節　ハースオフィス
　第7節　コックピットオフィス
　第8節　ケーブアンドコモンオフィス
第3章　ワークプレイスの使用形態からみた多様化
　第1節　ノンテリトリアルオフィス
　第2節　グループアドレスオフィス
　第3節　アクティビティセッティングオフィス
　第4節　レッドカーペットオフィス
　第5節　シェアードオフィス
　第6節　フリーアドレスオフィス
　第7節　ホテリングオフィス
　第8節　ジャストインタイムオフィス
第4章　ワークプレイスの立地形態からみた多様化
　第1節　集中オフィス
　第2節　分散オフィス
　第3節　センターオフィス
　第4節　スポットオフィス
　第5節　タッチダウンオフィス
　第6節　サテライトオフィス
　第7節　リゾートオフィス
　第8節　ホームオフィス
第5章　ワークプレイスの存在形態からみた多様化
　第1節　リアルオフィス
　第2節　バーチャルオフィス
　第3節　移動オフィス
　第4節　携帯オフィス
　第5節　ネットワークオフィス
　第6節　ネットカフェオフィス

第7節　レジデンシャルオフィス
　　第8節　パブリックオフィス
　第6章　情報ネットワーク化と在宅化
　　第1節　情報ネットワーク化の本質
　　第2節　在宅化の意味
　　第3節　在宅化の類型
　　第4節　在宅就業化の類型
　　第5節　在宅サービス化の類
　第7章　テレワークの本質的意味
　　第1節　類似関連語からみた意味
　　第2節　基本関連語からみた意味
　　第3節　仕事の構成要件からみた意味
　　第4節　必要・具備要件からみた意味
　　第5節　テレワークの類型
　第8章　テレワークの必要性と必然性
　　第1節　テレワークの出現背景
　　第2節　情報化と情報ネットワーク化による影響
　　第3節　情報ネットワーク化の意義からみた必然性
　　第4節　テレワークの必要性
　　第5節　テレワークの必然性
　第9章　テレワークの光と影
　　第1節　テレワークによる光影の特性
　　第2節　個人的レベルにおける光と影
　　第3節　組織的レベルにおける光と影
　　第4節　社会的レベルにおける光と影
　　第5節　オフィス革新とテレワーク革命の課題

第3巻　概要目次
『経営システムと経営情報―情報ネットワーク化時代の基本組織―』
（2006年5月，学文社刊）

第1章　経営システムの基本概念
　　第1節　経営システム研究の基本的課題
　　第2節　システムとしての経営システム
　　第3節　経営システムと情報システムの関係
第2章　経営システムの分析的枠組み

第1節　組織と情報システムの分析的枠組み
　　　第2節　組織環境の分析的枠組み
　　　第3節　組織の分析的枠組み
　　　第4節　組織有効性の分析的枠組み
　　　第5節　組織と情報システムの分析的枠組み
　第3章　経営資源からみた経営システム
　　　第1節　経営システムと経営資源
　　　第2節　経営資源からみた経営システムの種別
　　　第3節　経営資源からみた経営システムの情報化
　　　第4節　経営資源からみた組織間関係
　　　第5節　経営資源からみた組織間関係の類型
　　　第6節　経営資源からみた情報系列化
　第4章　経営過程からみた経営システム
　　　第1節　経営システムと経営過程
　　　第2節　意思決定の本質
　　　第3節　情報処理の本質
　　　第4節　情報処理と意思決定の概念的関係
　　　第5節　経営システムと他システムの相互関係
　　　第6節　経営過程からみた経営システムの情報化
　第5章　経営情報の基本概念
　　　第1節　経営情報研究の基本的課題
　　　第2節　システムとしての経営情報
　　　第3節　経営情報の類型
　　　第4節　経営システムの情報要求
　　　第5節　情報要求の明確化度と充足度
　第6章　情報システムの基本概念
　　　第1節　情報システム研究の基本的課題
　　　第2節　情報システムの本質
　　　第3節　組織における情報システムの本質
　　　第4節　システムとしての情報システム
　　　第5節　情報システムの発展
　　　第6節　情報システムの発展要因
　第7章　情報ネットワーク化の展開
　　　第1節　組織社会からネットワーク社会へ
　　　第2節　情報ネットワーク化の本質
　　　第3節　情報ネットワーク対象業務の選定
　　　第4節　情報ネットワーク対象業務の選定視点

第8章　中小企業協同組合の情報ネットワーク化
　　第1節　組合組織の位置づけ
　　第2節　情報活動の位置づけ
　　第3節　組織化情報の種別と内容
　　第4節　情報提供事業の分析的枠組み
　　第5節　経営情報活動の有機的結合
　　第6節　情報ネットワーク化の成功要因

第4巻　概要目次
『コンピュータとコミュニケーション──情報ネットワーク化時代の情報革新─』
（2006年9月，学文社刊）

第1章　情報革新と社会変革
　　第1節　「社会」の意味と特性
　　第2節　社会変革の意義
　　第3節　現代社会変革の基本変革軸
　　第4節　情報化の進展からみた社会変革
第2章　組織環境の本質と変容
　　第1節　「組織環境」の本質
　　第2節　経営組織を取り巻く環境変化
　　第3節　「組織の時代」の意味と意義
第3章　コンピュータの基本構成と発展経緯
　　第1節　コンピュータの基本構成
　　第2節　計算機の発展経緯
　　第3節　電子計算機の発展経緯
　　第4節　コンピュータのシステム拡張経緯
第4章　コンピュータの発展段階
　　第1節　キーワードとしてのIT
　　第2節　コンピュータの類型と進化
　　第3節　コンピュータの発展からみたオフィスの展開
　　第4節　コンピュータの発展からみたビジネスの展開
第5章　発展段階からみたコンピュータの進化特性
　　第1節　DP時代の基本特性
　　第2節　OA時代の基本特性
　　第3節　IT時代の基本特性
第6章　コミュニケーションの本質と特性

第1節　コミュニケーションの本質
　　第2節　コミュニケーションの基本問題
　　第3節　コミュニケーションの基本要件
　　第4節　コミュニケーションの構成要素
　　第5節　情報処理とコミュニケーション
第7章　コミュニケーションの類型と変容
　　第1節　コミュニケーションの類型
　　第2節　コミュニケーションの個体別特徴
　　第3節　コミュニケーションツールの類型
　　第4節　コミュニケーションの変容
第8章　先進組合事例情報の創出―提供メカニズム
　　第1節　組合資料収集加工事業の概要
　　第2節　事業実施の全体計画プロセス
　　第3節　先進組合事例の収集プロセス
　　第4節　先進組合事例の加工プロセス
　　第5節　先進組合事例の蓄積プロセス
　　第6節　先進組合事例の提供プロセス
　　第7節　組合資料収集加工事業の基本的課題
　　第8節　組合資料収集加工事業の個別的課題

第5巻　概要目次
『社会システムと社会情報―情報ネットワーク化時代の基本社会―』
（2009年11月，学文社刊）

第1章　情報技術の多様化
　　第1節　情報技術の意味と意義
　　第2節　情報技術の発展経緯と発展意義
　　第3節　情報技術の類型
　　第4節　情報技術の発展方向
第2章　情報技術の複合化
　　第1節　私達を取り巻く進化と複合化
　　第2節　情報技術の進化と複合化
　　第3節　情報技術の類型と複合化
　　第4節　情報技術における複合化の進展
第3章　情報社会の情報思考
　　第1節　トピックス

第2節　現代社会を取り巻く情報
   第3節　情報の用語からみた情報
   第4節　情報の特性からみた情報
   第5節　情報の伝達からみた情報
   第6節　情報の選択からみた情報
第4章　情報社会の基本思考
   第1節　情報化社会の情報思考
   第2節　情報化社会の社会思考
   第3節　情報化社会の思考態様
第5章　情報社会の社会形成
   第1節　組織と社会の本質
   第2節　組織形成の基本要件
   第3節　個人集合の基本原理
   第4節　社会形成の基本要件
第6章　情報化と社会革新
   第1節　ＩＣＴ化とバーチャル化
   第2節　バーチャル化社会の進展
   第3節　リアルとバーチャルの相互転化
   第4節　ＩＣＴ化の本質的意味
第7章　情報化と経営革新
   第1節　ＩＣＴ化：21世紀におけるＩＴ化政策
   第2節　ＩＣＴ化の経営的意義
   第3節　組織と組織環境間の相互連結
   第4節　組織内部体制の相互連携
   第5節　企業経営業務へのＩＴ活用

第6巻　概要目次
『ネットとメディア―情報ネットワーク化時代の社会基盤―』
(近日発刊，学文社刊)

5．拙著『森川ワールドプラス（全4巻)』総合目次一覧

プラス1 『情報革新と経営革新』概要目次
（2011年3月，学文社刊）

第1章　情報思考の展開
　第1節　二つのIT
　第2節　情報の語義
　第3節　情報の価値
　第4節　情報の伝達
　第5節　情報の選択
第2章　情報技術の発展
　第1節　コンピュータの本質
　第2節　DP時代の特徴
　第3節　OA時代の特徴
　第4節　IT時代の特徴
第3章　ITによる情報変革
　第1節　情報化政策の本質
　第2節　情報ビジネスの変遷
　第3節　オフィスの情報化
第4章　ITによる組織変革
　第1節経営資源システムの本質
　第2節経営資源システムの種別
　第3節経営資源システムの情報化
第5章　ITによる経営変革
　第1節　経営組織と経営環境
　第2節　経営決定システムの本質
　第3節　経営決定システムの情報化
第6章　経営業務へのIT活用
　第1節　コミュニケーションのネット化
　第2節　オフィスのバーチャル化
　第3節　ビジネスのネットサービス化
第7章　企業経営へのIT活用
　第1節　実際企業と仮想企業の相互補完
　第2節　物流体制と情流体制の相互補完

第3節　基幹部門と補助部門の相互補完
　　第4節　個体企業と外部組織の相互連携
第8章　企業経営業務へのIT活用事例
　　第1節　企業経営業務とIT活用
　　第2節　生産業務におけるIT活用事例
　　第3節　流通業務におけるIT活用事例
補論　合理的意思決定過程の情報可視化
　　第1節　意思決定の本質
　　第2節　意思決定と情報
　　第3節　合理的意思決定メカニズム
　　第4節　「賃貸住宅選定」の合理的意思決定過程

プラス2 『情報革新と組織革新』概要目次
（2011年10月，学文社刊）

第1章　システム思考の本質
　　第1節　システムの本質
　　第2節　システムの類型
　　第3節　システムの適用
第2章　システムの基本概念
　　第1節　システム概念の分析的枠組み
　　第2節　システムの構造的特性
　　第3節　システムの機能的特性
　　第4節　システムの歴史的特性
第3章　システム思考の展開
　　第1節　システムとしての万物
　　第2節　システムとしての生物組織
　　第3節　システムとしての企業組織
第4章　ワークプレイスの多様化
　　第1節　設計形態からみたオフィス
　　第2節　使用形態からみたオフィス
　　第3節　立地形態からみたオフィス
　　第4節　存在形態からみたオフィス
第5章　オフィス環境と経営組織
　　第1節　オフィスと経営組織
　　第2節　オフィス革新の背景

第3節　オフィス環境の変容
　　　第4節　オフィス環境からみた革新
　第6章　オフィス革新による組織変革
　　　第1節　オフィスの集中化と分散化
　　　第2節　オフィスの革新類型
　　　第3節　ワークプレイスの展開方向
　　　第4節　オフィスの変革方向
　　　第5節　オフィスの変革段階
　第7章　テレワークによる組織変革
　　　第1節　テレワークの背景と類型
　　　第2節　情報ネットワーク化の進展
　　　第3節　テレワーク革新における課題
　第8章　テレワークの必要性と必然性
　　　第1節　テレワークの必要性
　　　第2節　情報ネットワーク化による必然性
　　　第3節　労働空間と労働時間からみた必然性
　　　第4節　労働内容と労働方式からみた必然性
　第9章　組織環境からみた組織変革
　　　第1節　組織形成の基本要件
　　　第2節　組織形成の具体要件
　　　第3節　組織形成の必要性と必然性
　　　第4節　経営組織を取り巻く環境変化
　　　第5節　「組織の時代」の意味

プラス3　『情報革新と社会革新』概要目次
（2013年3月，学文社刊）

　第1章　情報化と情報化社会
　　　第1節　情報化の本質と意義
　　　第2節　情報化社会の本質
　　　第3節　情報化社会の到来
　第2章　情報化のパラドックス
　　　第1節　コンピュータの発展と終焉
　　　第2節　コンピュータを巡る環境変化
　　　第3節　コミュニケーションの環境変化
　　　第4節　「情報」を巡る日本的神話

第3章　社会の基本的特性
　第1節　用法上からみた「社会」
　第2節　集団としての「社会」
　第3節　組織と社会の本質
第4章　情報社会の社会形成原理
　第1節　情報化社会の社会思考
　第2節　社会形成の基本原理
　第3節　社会形成の基本態様
第5章　経営資源からみた組織連携
　第1節　経営資源からみた経営組織
　第2節　経営資源からみた経営組織の種別
　第3節　経営資源からみた組織連携
　第4節　経営資源からみた組織連携の類型
第6章　企業連携の本質と類型
　第1節　現代社会組織における「企業連携」
　第2節　わが国産業社会を取り巻く環境変化
　第3節　わが国企業組織を取り巻く環境変化
　第4節　ネットワークの本質と意義
第7章　中小企業の企業連携
　第1節　中小企業と組織連携
　第2節　中小企業を取り巻く企業連携
　第3節　中小企業組合における連携強化
　第4節　中小企業組合におけるIT化の推進
第8章　「ホームページ社会」の到来
　第1節　「スーパーシステム」としてのホームページ
　第2節　「システム」の源流と本質
　第3節　「物的スーパーシステム」の原型と本質
　第4節　「知的スーパーシステム」の原型と本質

プラス4　『情報化研究－学問と人生－』概要目次
（近日発刊，学文社刊）

6. 事項索引

ア 行

INT ·· 4
ICT ··· 4, 139
ICT 化時代 ··································· 128
ICT 化時代の常套句 ············· 35, 165
ICT 社会 ·· 62
IT ······································ 3, 138, 163
IT 化 ······································· 11, 154
IT 社会 ·· 62
IT 戦争 ·· 24
IT 大競争時代 ······························· 27
IT ビジネス ··································· 29
アイテレビ ····································· 24
アイパッド ····································· 23
IBM360 ··· 19
アイフォーン ································· 23
アイポッド ····································· 23
アウトソーシング ······················· 141
アグリコンパス ··························· 140
APPLE-Ⅱ ······································ 19
あつまり（集合性）··················· 126
あとの者は先になり，先の者はあと
　になる ·· 43
アポロ人工衛星 ··························· 178
網 ··· 125
アンドロイド ······························· 124
EMS ··· 141
異業種交流 ·································· 102
異業種的結合 ································ 92
異業種融合 ·································· 102
異業種連携 ·································· 102
一億総繋がり症候群 ············ 104, 133
一体化 ··· 102
一般システム理論 ······················· 113
一般性研究 ·································· 108
一般的結合 ···································· 92
一般的取引 ·································· 105
遺伝生存縁 ···································· 74
遺伝生物縁 ···································· 74
いにしえの都西安（長安）········ 178
意味情報 ··· 2
インターネットは20世紀最後の創造物
　···182-183
インターネット社会 ····················· 62
インテリジェンス ··························· 2
インテリジェント社会 ················· 62
インフォメーション ······················· 2
インフォメーションプロパティ化
　··· 11, 12
ウェアラブルコンピュータ ········ 163
ウェストミンスター宮殿 ············ 177
ウェストミンスター寺院 ············ 177
ウェブ ··· 125
ウエブオクトパス ················ 34, 165
ヴェルサイユ宮殿 ······················· 177
失われた十年 ······························· 129
失われた二十年 ······················ 7, 113
宇宙船地球号 ···················· 43, 61, 182
ウルトラブック ················ 20, 30, 163
運命社会縁 ···································· 75
運命生産縁 ···································· 75

事項索引　219

永遠の都ローマ……………………176
エニアック（ENIAC）……………19,180
縁………………………………73,125,132
縁故………………………………125
演算速度……………………………23
OEM………………………………141
OA…………………………………138
OA化…………………………………11
オフィスコンピュータ（オフコン）……30
オフィスワーカー……………………15
お布施の原理……………15,17,182
オンライン・トゥー・オフライン
　（O2O）……………………………140

　　　　　カ　行

会員情報……………………………154
会員情報管理…………………148,152
会社………………………………5,54
階層的秩序…………………………168
価格決定法……………………………15
学縁………………………………79,80
学際化…………………………………10
過去との遭遇………………………176
仮実社会の社会形成…………………80
河川系………………………………174
仮想現実縁……………………………76
仮想現実社会…………………………62
仮想社会………………………………62
仮想世界性…………………………185
仮想としての世界…………………183
過程的秩序…………………………168
家電王国………………………………26
株式会社……………………………135
ガラパゴス化現象……………………37
環境化…………………………………10

関係経営組織…………………………92
関係的集団……………………………48
　──としての社会…………………52
記憶容量………………………………23
機会損失法……………………………15
基幹金流系列型………………………96
基幹結合型………………………95,96
基幹情流系列型………………………97
基幹人流系列型………………………96
基幹物流系列型………………………96
基幹プロセス…………………………86
企業価値……………………………114
企業組合……………………………118
企業系列（ケイレツ）………118,119
企業城下町…………………………113
企業取引の類型…………………105,106
企業内組合…………………………129
企業連携……………………139,141,144
　──の段階………………………142
　──の範囲………………………142
　──の類型………………………107
希少価値法……………………………15
絆………………………………73,125,132
規模の経済…………………………127
旧来型ネットワーク……………134,144
協同組合……………………………135
業務的連携…………………………141
共有空間………………………………47
共有空間的視点からみた社会………47
共有的集団……………………………48
　──としての社会…………………51
近代システム科学…………………178
近代スーパーシステム……………178
キンドル（Kindle）……………………27
キンドル・ファイア…………………28

金流型組織……………………………90
グーグルアース………………………181
国破れて山河あり………………………9
組合制度………………………………145
組合組織………………………………136
　──の特性…………………………136
組合の時代……………………………134
クラウドコンピューティング………124
グループ…………………………………54
経営資源…………………………………83
経営組織………………………83,86,93
携帯情報端末（PDA）………………131
ケイレツ（系列）…………107,121,129
系列的結合………………………………92
系列的取引……………………………106
ケイレツ化の崩壊……………………118
原始スーパーシステム………………172
現代型ネットワーク……………134,144
現代社会…………………………62,101
現代社会現象…………………………131
現代スーパーシステム…………181,183
現代日本…………………………………7
現代ネットワークの基本特性………126
コアコンピタンス……………………141
ゴーイングコンサーン………105,114,134
高機能携帯電話…………………………20
工業化後社会………………………17,62
鉱業工業社会……………………………5
工業社会の社会形成……………………78
公共性…………………………………137
公共的集団………………………………48
　──としての社会……………………52
構成特性…………………………………47
構成特性的視点からみた社会…………48
高度情報化社会…………………………62

高度情報社会……………………………62
高度情報通信社会………………………62
国際化……………………………………10
国際的連携……………………………144
国民皆教育……………………………130
国民皆年金…………………………7,130
国民皆風景……………………………133
国民皆保険…………………………7,130
互恵社会…………………………………7
互助社会…………………………………7
個人………………………………………58
個人情報保護……………………………35
護送船団方式……………………………17
国家社会…………………………………56
コネ……………………………………125
コミュニケーション……………………31
コミュニケーション化……………11,12
混合基幹金流系列型……………………99
混合基幹結合型…………………………98
混合基幹情流系列型……………………99
混合基幹人流系列型……………………99
混合基幹物流系列型……………………99
混合結合型………………………………95
混合補助金流系列型…………………100
混合補助結合型…………………………99
混合補助情流系列型…………………100
混合補助人流系列型……………………99
混合補助物流系列型…………………100
混沌……………………………………167
コンピュータ…………19,23,30,178-180
コンピュータ化……………………11,12
コンピュータ社会………………………62

サ　行

最後の晩餐……………………………176

サイバネティックス	167	社会主義	6
サイバネティックス概念	168	社会的存在としての人間	42
採猟社会の社会形成	76	社会的連携	143
サーフェス（Surface）	27	社会	5,6,9,45-48,54,59
サブシステム	169	社会（association）	51
五月雨をあつめて早し最上川	174	社会（community）	50
サミット（主要国首脳会議）	166	社会（connection）	52
サラリーマン	8	社会（public）	52
産業化後社会	62	社会（society）	49
産業的連携	143	シャッター通り	119
産業の二重構造	117	宗縁	80
三猿の世界	7	集合時空	70
産出対象	47	集合対象	47
産出対象的視点からみた社会	47	集合対象的視点からみた社会	48
寺院と城郭	175	集合体制	47
J-3100	19	集合体制的視点からみた社会	47
CSR（企業の社会的責任）	34,165	集合絆縁	74
事業的連携	141	終身雇用	118,129
資源交換	57	需給均衡法	15
資源の流れ	89-91	趣味嗜好縁	76
自主構成性	184	狩猟採取社会	5
システム	17,166,167,169	循環器系統	174
——の階層的秩序	169	循環的秩序	168
——の過程的秩序	169	情縁	80
——の循環的秩序	170	消費者からみた組織	67
システム概念	166,168	消費生活縁	75
システム時代	166	情報	1,2,17,36,167
システムはシステムから成る	167	情報化	1,3,10,13,138
システムはシステムを巡る	167	情報概念	2
自然と宇宙	172	情報化社会	16,61,62
実在としての世界	183	情報化政策	11,12
資本主義	6	情報化投資	123
社縁	79,80	情報化パラドックス	19,31
社会形成	70,74,76	情報技術	3,138,163
——の集合絆縁	73	——は情報思考に従う	4

情報コミュニケーション技術…………4
情報産業………………………………17
情報事業活動………………………152
情報思考……………………3,138,163
情報社会……………………………17,62
　──の社会形成……………………79
情報社会主義社会……………………40
情報生活縁……………………………75
情報創出機械としてのコンピュータ…12
情報タダ現象…………………………39
情報蓄積機械としてのコンピュータ…12
情報通信社会…………………………62
情報提供事業………………………148
情報天国………………………………39
情報伝達機械としてのコンピュータ…12
情報としての世界…………………183
情報と通信の融合…………………128
情報ネットワーク化…………………63
情報ネットワーク思考………………4
情報ネットワーク社会………62,165
情報の時代…………………………166
情報はあまねく存在する…………182
情報変換機械としてのコンピュータ…12
情流型組織……………………………91
職縁……………………………………80
ショールーミング…………………140
自立性………………………………136
人為的集団……………………………48
　──としての社会…………………49
人格性………………………………136
シンクライアントコンピュータ
　……………………………124,163
神経系統……………………………174
人流型組織……………………………89
スカイプ……………………………104

スーパーウルトラパソコン…………24
スーパーコンピュータ……………163
スーパーシステム……………169,171
すべての存在それ自体が情報である
　………………………………………181
すべての通信はロンドンに通じる
　……………………………177-178
すべての道はローマに通じる……176
スマートフォン……………20,124,131
スマホ…………………………20,131
スマホ症候群………………………131
スモールワールド…………………129
生活時空と仕事時空の一致…………70
生活時空と仕事時空の分散…………72
生活時空と仕事時空の分離…………72
生活時空と仕事時空の近接…………71
生活時空と仕事時空の融合…………73
生産生活縁……………………………75
制度性………………………………137
生物多様性……………………………8
生物的存在としての人間……………42
世界拡張性…………………………184
世界そのものが情報である………182
世界は情報に満ちている…………182
世界文化遺産………………………175
世界四大文明………………………175
全体的集団……………………………48
　──としての社会…………………50
選択と集中…………………………141
専門性研究…………………………108
相互格式法……………………………15
相助性………………………………136
想定外思考……………………………7
ソーシャルインフォメーション……16
ソーシャルコミュニケーション……129

ソーシャルネットワーキングサービス
　（SNS）………………124, 155, 156
ソーシャルネットワーク………124, 129
ソーシャルビジネス………………………129
ソーシャルマーケティング………………129
ソーシャルメディア
　………………………104, 126, 129, 155, 156
ソーシャル化時代…………………………129
組織………………………6, 54, 55, 58, 66
――の時代…………………………135
組織化………………………………………55
組織形成……………………………………68
組織事業活動……………………………150
組織的連携………………………………143
組織は戦略に従う…………………………4
組織連携…………………………91, 93, 94
ソフト的結合………………………………93
ソフト的共同事業………………………148
存在情報……………………………………2

タ 行

第一次（農林業）産業……………………64
大規模小売店舗法………………………121
第三次（サービス業）産業………………64
対象経営組織………………………………92
第二次（鉱工業）産業……………………64
太陽系……………………………………173
第四次（情報サービス業）産業…………64
多機能携帯端末……………………………20
多機能携帯電話…………………………131
脱工業化社会…………………………17, 62
脱工業社会…………………………………62
タブレット………………………20, 30, 163
タブレット端末…………………………124
タブレットパソコン………………………24

団体組織…………………………………137
――の特性…………………………137
地域社会………………………………54, 56
地域的連携………………………………143
知恵情報……………………………………2
知縁…………………………………………80
知価社会……………………………………62
地球的連携………………………………144
地区社会……………………………………56
蓄積情報……………………………………2
知識社会………………………………17, 62
知識情報社会………………………………5
知識的存在としての人間…………………42
秩序…………………………………167, 168
知的構築性………………………………184
知的スーパーシステム…………………178
地方社会……………………………………56
中小企業…………………………………116
――の定義…………………………121
中小企業協同組合………………………136
中小企業組合……………133, 136, 144, 154
中小企業団体………………………133, 146
中小企業団体中央会……………………146
中世スーパーシステム…………………175
超仮想・超現実時代……………………158
超技術社会…………………………………62
超情報化社会………………………………62
超並列コンピュータ……………………163
直列コンピュータ………………………162
ツイッター…………………………104, 124
通信速度……………………………………23
つながり（連携性）……………………126
繋がり症候群……………………………131
繋がれど，依存せず………………104, 133
提携…………………………………101, 106

提携的結合……………………92
提携的取引……………………105
DP………………………………138
DP化……………………………11
データ……………………………2
データセンター………………124
デスクトップ………………20,30
データベース化………………155
電子社会………………………62
伝達情報…………………………2
電脳社会………………………62
同業種的結合…………………92
投資家からみた組織…………68
とびまり（飛翔性）…………126

ナ　行

夏草や兵どもが夢の跡………113
ナレッジ…………………………2
21世紀は日本の世紀…………113
日常生活縁……………………75
日本社会…………………………6
日本的経営……………55,118,129
日本的国家……………………129
日本的情報産業論……………182
日本的情報神話………………38
日本的神話……………………36
日本の美………………………178
ニューメディア社会…………62
ネクサス（Nexus）……………27
ネット…………………………125
ネット縁………………………76
ネットクリッカー……………181
ネットブック………………20,30
ネットワーキング……………128
ネットワーク………125,127,132,134

ネットワーク化………………123
ネットワーク社会……………62
年功序列…………………118,129
ノイシュヴァンシュタイン城…177
農業社会の社会形成…………77
農耕牧畜社会……………………5
納税者からみた組織…………68
ノートパソコン……………20,30
ノートルダム大聖堂…………177

ハ　行

パソコン（パーソナルコンピュータ）…30
バチカン宮殿…………………176
バチカン博物館………………176
ハード的結合…………………93
ハード的共同事業……………148
華の都パリ……………………177
花見酒の経済……………………9
範囲の経済……………………127
パンセ…………………………174
汎用コンピュータ（メインフレーム）
　………………………21,22,30
万里の長城……………………178
ビジネスの端緒は挨拶に始まる……158
ビジネスの端緒はホームページに始
　まる…………………………158
ビジネスマン……………………8
ビックデータ…………………124
PDA……………………………131
日の下に新しきことなし………8
費用算出法……………………15
表示情報…………………………2
ひろがり（拡張性）…………126
ファクト…………………………2
フェイスツーフェイスコミュニケー

ション（Face to Face communication）……………………………33
フェイスブック（FB）……………124
フォロ・ロマーノ………………176
ブックパソコン…………………20, 30
物的スーパーシステム……………171
物流型組織…………………………90
ブーメラン効果……………………43
プラットホーム……………………162
フランチャイジング………………121
フリーソフト………………………28
ブルジュ・ハリファ………………180
ブログ………………………………104
文明化後社会……………………17, 62
並列コンピュータ…………………163
ペーパーオクトパス…………33, 164
ペーパー洪水………………………165
便益算出法…………………………15
変換情報……………………………2
法人格………………………………137
ボーダレス化………………………119
他は我の存在条件なり……………133
補完性………………………………137
補助金流系列型……………………98
補助結合型……………………95, 97
補助情流系列型……………………98
補助人流系列型……………………97
補助物流系列型……………………98
補助プロセス………………………88
ボストーク1号……………………179
ホームページ…………………157, 181
　　――の世界……………………183
ホームページ時代………………161, 162
ホームページ社会………………161, 162
ホームページは21世紀最初の玉手箱
……………………………………183
ホー・レン・ソー（報告・連絡・相談）
……………………………………155

マ 行

マルチメディア社会………………62
ミニコンピュータ（ミニコン）……19, 30
ミニノートパソコン………………20, 30
未来学者……………………………113
未来との遭遇………………………176
向かうところ世界に敵なし………55
昔井戸端会議，今ソーシャルメディア
……………………………………41
昔携帯電話，今スマートフォン……24
昔パソコン，今タブレット………24
昔ラジカセ，今ケータイ…………104
昔ラジカセ，今ＣＤ………………24
無限拡張性…………………………185
メッシュ……………………………125
メッセージ…………………………2
メールオクトパス…………33, 162
メール洪水…………………………165
モナリザ……………………………176
モバイル社会………………………62
もはや世界に敵なし………………113
もはや戦後ではない………………9
モン・サン＝ミシェル……………177

ヤ 行

有限責任事業組合（LLP）………145
融合…………………………………102
ユースフォメーション……………2
UNIVAC-1…………………………19
ユビキタス社会……………………62

ラ 行

ラップトップ……………………20,30
リニアモーターカー……………180
稟議制度…………………………118
リンク連携………………………157
ルーブル美術館…………………177
歴代スーパーシステム…………171

連携……………101-103,106,131,132
　——の時代…………………134,158
　——の経済……………………127
連携組織…………………………146
労働者からみた組織……………68
六次の隔たり……………………129

ワ 行

ワイファイ（Wi-Fi）……………124
ワークステーション…………19,30

7．人名・社名索引

ア 行

アイビーエム社（International Business Machines：IBM）……………26
アップル社（Apple）………19,23,26,27
アマゾン社（Amazon）……………26-28
アームストロング（Neil Alden Armstrong）………………………178
アリストテレス（Aristotle）…………167
アルカテルルーセント社（Alcatel-Lucent）………………………………26
インテル社（Intel）……………………26
ウィーナー（Norbert Wiener）…167,168
梅棹忠夫……………………………17,182
エッカート（J. Presper Eckert）……180
オラクル社（Oracle Corporation）……26

カ 行

ガウディ（Antonio Gaudi y Cornet）………………………………………176
ガガーリン（Yuriy Alekseevich Gagarin）……………………………179
鴨長明……………………………………9,114
クアラコム社（Qualcomm:QCOM）……26
グーグル社（Google）……………26-28
グーテンベルグ（Johannes Gensfleish Gutenberg）……………………………63
ケネディ（John Fitzgerald Kennedy）………………………………………179

サ 行

サムスン電子社（三星電子）…………26
サンマイクロシステムズ社（Sun-Microsystems）…………………………19
シスコシステムズ社（Cisco Systems）………………………………………26
シャープ社………………………………26
ジョブズ（Steven Paul Jobs）………23
セールスフォース社（SalesForce）…26
ソニー社…………………………………26

タ 行

チャンドラー（A. D. Chandler）………4
DEC社（Digital Equipment Corporation）……………………………………19
東芝社……………………………………19

ナ 行

日本電子計算機社………………………21

ハ 行

パスカル（Blaise Pascal）………19,174
パナソニック社…………………………26
バーナード（Chester I. Barnard）………………………………………105,133
ハーマン・カーン（Herman Kahn）………………………………………113,114
ヒューレットパッカード社（Hewlett-Packard Company：HP）…26
フェイスブック社（Face book:FB）…26

ベケット（John A. Beckett）………167
ボールディング（K. E. Boulding）
　………………………………61, 127, 182

マ　行

マイクロソフト社（Micro Corporation）
　………………………………23, 26-28
マクドノウ（Adrian M. McDonough）
　……………………………………167
松尾芭蕉……………………………113, 174
マッハルプ（Fritz Machlup）……17, 166
マルサス（Thomas Robert Malthus）111
ミューラー（Robert Kirt Mueller）…125

向坊長英……………………………………133
モークリー（John William Mauchly）
　……………………………………………180
モナリザ（Mona Lisa）………………176

ヤ　行

ヤフー社（Yahoo）……………………26

ラ　行

レオナルド・ダ・ヴィンチ
　（Leonard da Vinchi）………………176
ローマクラブ（Club of Rome）………111

著者略歴

森川　信男（もりかわ　のぶお）
1976年　青山学院大学大学院経営学研究科博士課程修了
1976年　青山学院大学助手，専任講師，助教授を経て，
1991年　青山学院大学経営学部教授（現在に至る）
1987年　白鷗大学非常勤講師（現在に至る）

主要著書
1. 単著『システムと情報』学文社，2005年
2. 単著『オフィスとテレワーク』学文社，2005年
3. 単著『経営システムと経営情報』学文社，2006年
4. 単著『コンピュータとコミュニケーション』学文社，2006年
5. 単著『社会システムと社会情報』学文社，2009年
6. 単著『情報革新と経営革新』学文社，2011年
7. 単著『情報革新と組織革新』学文社，2011年
8. 単著『情報革新と社会革新』学文社，2013年
9. 編著『ビジネスコミュニケーションの基礎理論』学文社，2005年
10. 編著『IT革命と企業組織』学文社，2009年
11. 編著『中小企業の企業連携』学文社，2013年

森川ワールドプラス3

情報革新と社会革新

2013年3月30日　第一版第一刷発行

著　者　森川信男
発行所　株式会社　学文社
発行者　田中千津子

〒153-0064　東京都目黒区下目黒3-6-1
電話(03)3715-1501　(代表)　振替 00130-9-98842
http://www.gakubunsha.com

落丁，乱丁本は，本社にてお取り替えします。　　印刷／東光整版印刷㈱
定価は，売上カード，カバーに表示してあります。　　＜検印省略＞
ISBN 978-4-7620-2365-1
©2013 MORIKAWA Nobuo Printed in Japan

森川 信男 著
森川ワールド：情報ネットワーク化時代
（全6巻）

1 システムと情報
情報ネットワーク化時代の基本思考

今日の情報ネットワーク化時代における基本思考として、情報、ネットワーク、システムの3つの概念の重要性をとりあげて論じる。

2005年3月30日発行
ISBN978-4-7620-1389-8
C3334/368p
本体価格 3200円

2 オフィスとテレワーク
情報ネットワーク化時代のワークプレイス

新たなビジネスチャンスをもたらすものは、情報ネットワーク化とオフィス革新、情報、人的資源の戦略的な活用であるという視点からビジネスの未来像を考察。

2005年4月30日発行
ISBN978-4-7620-1390-0
C3334/344p
3200円

3 経営システムと経営情報
情報ネットワーク化時代の基本組織

情報技術、情報通信技術の革新による本格的な情報ネットワーク化時代が目前に迫る中、システム・情報を分析し、新しい経営組織構成原理の全体像に迫る。

2006年5月30日発行
ISBN978-4-7620-1391-1
C3334/336p
3200円

4 コンピュータとコミュニケーション
情報ネットワーク化時代の情報革新

情報ネットワーク化の進展がもたらす社会変革の様相を様々な論点から検証し、情報伝達手段の変容が社会にどのような変革をもたらすのか、多角的に論述。

2006年9月20日発行
ISBN978-4-7620-1392-8
C3334/350p
3200円

5 社会システムと社会情報
情報ネットワーク化時代の基本社会

多様化、複雑化の加速する現代社会において、どのように情報を読みとくことができるのか。今後、情報技術、情報思考、社会システムはどのように転化していくのか。包括的視点から、情報社会の未来を展望する。

2009年10月20日発行
ISBN978-4-7620-1994-4
C3334/336p
3200円

6 ネットとメディア（近刊）
情報ネットワーク化時代の社会基盤

森川ワールド：プラス
（全3巻）

1 情報革新と経営革新
ISBN978-4-7620-2166-4　C3334/224p/2500円

2 情報革新と組織革新
ISBN978-4-7620-2226-5　C3334/258p/2600円

3 情報革新と社会革新
ISBN978-4-7620-2365-1　C3334/244p/2600円